THE ROAD TO VICTORY

FROM PEARL HARBOR TO OKINAWA

二战文史眼丛书

太平洋战争图文史

从珍珠港到冲绳岛，用图片和文字记录盟军的血战历程

通往东京湾的胜利之路

[澳] 罗伯特 · 奥尼尔（Robert O'Neill）◎主编

傅建一◎译

金城出版社

GOLD WALL PRESS

· 北京 ·

图书在版编目（CIP）数据

太平洋战争图文史：通往东京湾的胜利之路：彩印精装典藏版 / (澳) 罗伯特 · 奥尼尔（Robert O'Neill）主编 ; 傅建一译 .—北京：金城出版社有限公司，2019.8
（二战文史眼丛书 / 朱策英主编）
书名原文：The Road to Victory: From Pearl Harbor to Okinawa
ISBN 978–7–5155–1879–4

I. ①太… II. ①罗…②傅… III. ①太平洋战争－史料－图解 IV. ① E195.2–64

中国版本图书馆 CIP 数据核字 (2019) 第 129867 号

太平洋战争图文史
TAIPINGYANG ZHANZHENG TUWENSHI

作　　者 [澳] 罗伯特 · 奥尼尔　主编
译　　者 傅建一
责任编辑 朱策英
开　　本 710 毫米 × 1000 毫米　1/16
印　　张 35
字　　数 503 千字
版　　次 2019 年 8 月第 1 版
印　　次 2019 年 8 月第 1 次印刷
印　　刷 小森印刷（北京）有限公司
书　　号 ISBN 978–7–5155–1879–4
定　　价 178.00 元

出版发行 **金城出版社有限公司** 北京市朝阳区利泽东二路 3 号　邮编：100102
发 行 部 (010) 84254364
编 辑 部 (010) 64271423
投稿邮箱 gwpbooks@yahoo.com
总 编 室 (010) 64228516
网　　址 http://www.jccb.com.cn
电子邮箱 jinchengchuban@163.com
法律顾问 北京市安理律师事务所 （电话)18911105819

推荐序

某个闷热潮湿的夏日，我漫步过瓦胡岛[1]的庞奇包尔公墓[2]，寻找少许荫蔽，让制服上笔挺的折缝不致软化消失。一位拄着手杖的老人注意到了我，拍了拍身旁大理石长椅上的空座。他已届耄年，饱经风雨，头戴船形帽，表明他曾是二战太平洋战场上的海军陆战队员。“糟透了，”他用患有关节炎的手遥遥扫过一排排光洁闪亮的墓碑，说道，“从珍珠港到冲绳岛，我们始终在用 1 角币的预算干 1 美元的活。人人担忧的都是希特勒和纳粹。”

他的抱怨有所夸张，但完全可以理解。1940 年，当美国领导人正在深思熟虑，决定是否再度加入世界大战时，他们存有一种心照不宣的默契，那就是将对抗欧洲的轴心国势力奉为首要之务。由于当时的美国人大多具有欧洲血统，战争策划者的这种反应或属自然。接着，在 1941 年 12 月 7 日，日本无耻地袭击了夏威夷的美国军队和设施，使两线作战成为现实。珍珠港事件的爆发，使美国的战争策划者陷入了一阵转移重心的狂乱之中。美国国会和全国上下一片愤慨，要求立刻对日本帝国发动反击，但美国领导人老调重弹——3 天后，美国对德宣战。

在美机的猛烈轰炸下，罗伊岛的日军设施燃起大股白烟。罗伊岛为日军航空基地，位于马绍尔群岛的夸贾林环礁。时为 1944 年初，美航母舰载机袭击了岛上的据点，为美陆战队突击部队的登陆行动清扫障碍。美军在中太平洋发动了持续攻势，期间夺取了夸贾林环礁。（图源：Topfoto）

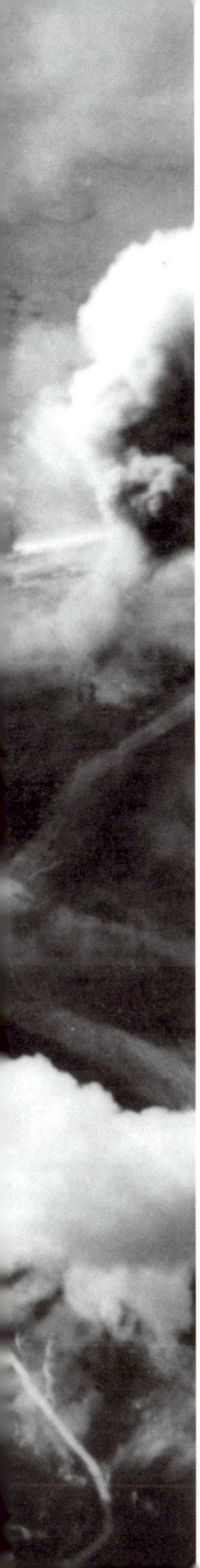

此举既有实际原因，也有理性原因：美国用于在太平洋开展对日海战的打击力量，已在珍珠港遭到重创。美国需要时间、金钱和人力来重振这些部队，使之准备就绪，在辽阔的太平洋上开启一场漫长而血腥的斗争，遏制日本在太平洋的胜利态势，使澳大利亚和新西兰等同盟国免遭征服。在此期间，陷入日军围攻的美军指挥官——包括菲律宾的道格拉斯·麦克阿瑟将军和夏威夷的切斯特·尼米兹将军，则被迫专注于保存有生力量，而非反攻。

1942 年，随着珊瑚海海战和瓜达尔卡纳尔岛 [3] 战役的爆发，形势开始逆转。其中，珊瑚海一役是海战史上的首次超视距航母编队对决，瓜岛一役则是美军首次发动地面进攻。两场战役中，美军均以微弱优势险胜。因此，盟军策划者很快明白，太平洋上的战争将是场残酷的“跳岛”作战，主要目的在于夺取日军手中的重要机场。为向浴血奋战于前线战场（战场的名字常常难以发音）的步兵、水兵和陆战队员提供支援和补给，美国及其盟友不得不依赖一条横跨数千里大洋的后勤补给线。而在战争初期，这片广阔的海域尚处在日军机群和舰群的巡逻、控制和袭掠之下。

从南太平洋到中太平洋，在美军航母周围行动的水面舰艇与潜艇，均遭遇了训练有素、熟习夜战的日本海军部队，水兵们从中得到了来之不易、代价高昂的教训。在塔拉瓦 [4]、塞班和佩莱利乌 [5] 等太平洋小岛上，步兵部队与疯狂的守军展开了殊死对决，但他们往往不得不凑合使用手头的装备。补给之路漫长而遥远，征用物资常需数月才可到位。战况残酷至极，与欧洲战区的战事存有诸多不同。太平洋战场的陆战队员和步兵战士遭遇了一支顽敌，后者以一种狂热偏执、毫不留情的心态作战，与西方人的作战方式存有天壤之别。

其他二战战场上，盟军的前进和胜利总伴随着大张旗鼓的宣传，但太平洋战场上的部队大多无此待遇。即便如此，他们仍然完成了使命。1944 年 D 日[6]以后，当太平洋的战士们读到庆祝盟军欧战行动的新闻简报，或听到此类电台广播时，他们常会生起一种错位的自豪之情。太平洋战场上的海军陆战队员自称为“山姆大叔的迷途之子”(USMC)[7]。在日军对菲律宾的高压攻势中幸存的美国陆军战士，则把自己称作“巴丹[8]的战斗杂种，没娘，没爹，没山姆大叔”。毫无疑问，他们在太平洋所做的一切，绝非是为了赢得光荣或赞誉。他们在莱特湾战斗，在硫磺岛的喋血黑沙上战斗，在冲绳岛经历了惨烈的“绞肉机”之战，直至战争结束。在他们心中，光荣或赞誉是再遥远不过的事物。

他们只想履行职责，生存下去，活着回家——战争在哪里打断他们的生活，他们就在哪里再度启程。自由地生活在今天的我们，有 70 年的时间来思索他们的贡献与牺牲。但我们做得还不够，不足以让依然在世的年迈老兵明白，这些贡献与牺牲，对我们的生活方式有多么重要。本书一类作品便致力于弥补这种不足。这是我们最起码的分内之务。

前美国海军陆战队上尉 代尔·戴[9]

2011 年 5 月

注释

[1] 瓦胡（Oahu）岛为夏威夷群岛主岛之一，珍珠港位于其南岸。——译注（本书注释如无特别说明则均为译者所加，以下不再逐一标注）

[2] 庞奇包尔公墓（Punchbowl Cemetery）即太平洋国家纪念公墓（National Memorial Cemetery of the Pacific），位于美国夏威夷州火奴鲁鲁（即檀香山）北面一个名为庞奇包尔火山口（Punchbowl Crater）的死火山口上。“庞奇包尔”的本意为“潘趣酒

碗”（Punch bowl）。

[3] 瓜达尔卡纳尔（Guadalcanal）岛简称瓜岛，位于所罗门群岛。

[4] 塔拉瓦（Tarawa）是吉尔伯特群岛中的一组环礁，由 24 座岛屿组成。

[5] 佩莱利乌（Peleliu）岛又称贝里琉岛。

[6] D 日指一次作战或行动的发起日，当与数字和负号或正号一起使用时，表示指定行动发起前后的时间。例如，D+6 日表示 D 日的 6 天后。最著名的 D 日是诺曼底登陆日，即 1944 年 6 月 6 日。

[7] “山姆大叔的迷途之子”（Uncle Sam’s Misguided Children）与美国海军陆战队（United States Marine Corps，简称 USMC）的首字母缩写相同，故有此戏称。其他类似的绰号还包括：“山姆大叔的摩托车俱乐部”（Uncle Sam’s Motorcycle Club）、“科学、音乐及文化大学”（University of Science, Music and Culture）等。

[8] 巴丹（Bataan）指巴丹半岛，位于菲律宾吕宋岛西南部。

[9] 代尔·戴（Dale Dye），生于 1944 年，退役军人、演员、编剧、制片人、导演，曾参加越南战争和黎巴嫩内战。其代表作品包括《拯救大兵瑞恩》《刺杀肯尼迪》《野战排》《天与地》等，还是美剧《太平洋战争》和《兄弟连》（同时饰演“辛克上校”一角）的军事顾问。

军事符号一览

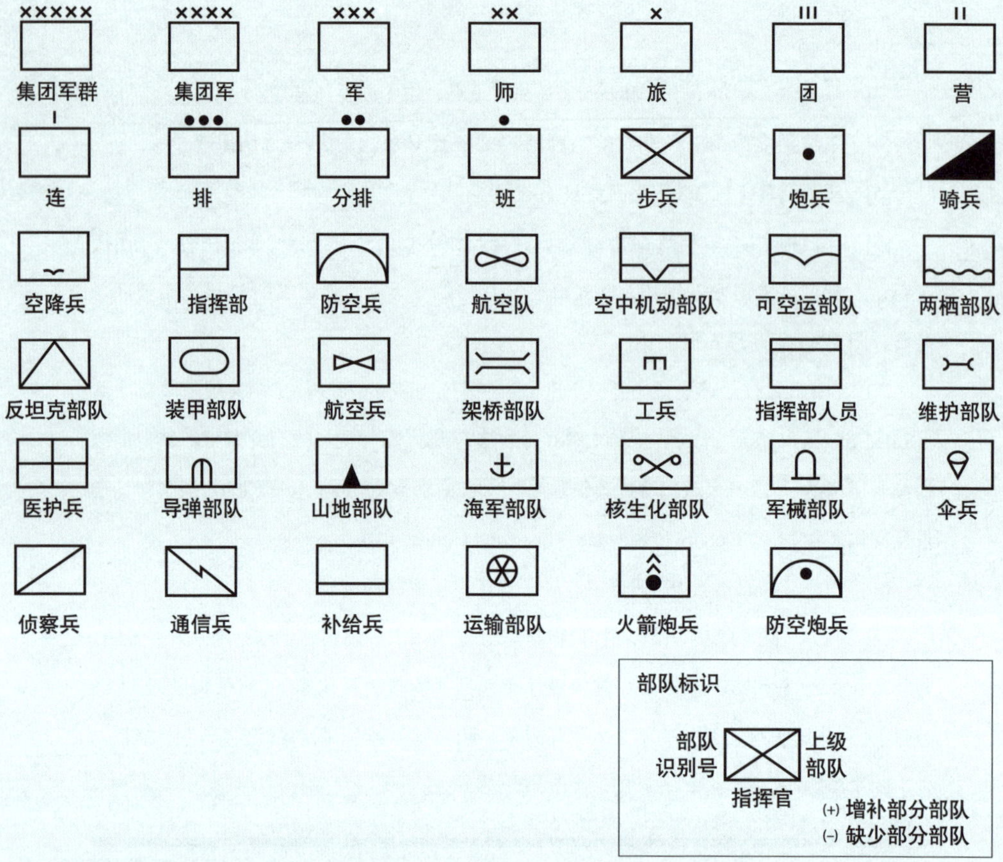

全书写作范围说明

卡尔·史密斯（Carl Smith）：第一章；

马克·斯蒂尔（Mark Stille）：第二章、第三章；

约瑟夫·米勒（Joseph Mueller）：第四章；

德里克·赖特（Derrick Wright）：第五章、第九章；

戈登·罗特曼（Gordon L. Rottman）：第六章，第七章（合写），第十章；

吉姆·莫兰（Jim Moran）：第七章（合写）；

伯纳德·爱尔兰（Bernard Ireland）：第八章。

目录
CONTENTS

第五章 塔拉瓦

第六章 马绍尔群岛

第七章 佩莱利乌岛

第八章 莱特湾

第九章
硫磺岛

第十章
冲绳岛

硫磺岛折钵山上的美国海军陆战队队员。他们正用金属丝将美国国旗绑在杆子上，这面国旗将成为折钵山上竖起的第一面旗。后来，由于此旗被认为“不够引人注目”，他们又找了面更好、更大的国旗以及旗杆，由此催生出了太平洋战场最著名的照片[1]。（图源：汤姆·伦莱因 [Tom Laemlein]）

前言

1941 年 12 月 8 日夜，我和父母紧挨着坐在收音机前，收听关于日本袭击珍珠港的第一波报道。那年我只有 5 岁，但这些消息带来的影响之大，使我至今依然记忆犹新。虽然我们当时身处澳大利亚墨尔本，与美国的这场变故相隔遥远，但挡在我们与来势汹汹的日本帝国军队之间的，仅有势单力薄的英国、荷兰和澳大利亚部队。2 天后，“威尔士亲王”号和“反击”号在马来亚沿岸沉没的消息，使我们震动不已。这两艘战舰是地区海域中仅有的英国主力舰。我们开始在后花园里修筑防空洞，考虑要不要疏散到乡下去。父亲是空袭防卫队的巡防员[2]，负责在夜间巡逻街道，对房屋和户外照明实施灯火管制，使日本轰炸机无从寻觅瞄准标记。

对美国及其友国和盟国而言，这场灾祸为何来得如此迅疾？日军的推进之势能否受到阻遏？要将日军逐回本土，迫其投降，需要付出什么代价？对于第二和第三个问题，这本生逢其时的作品做出了深刻的解答，但请让我通过回答第一个问题，来谈谈自己的一些想法。我想在此感谢我的祖父。1900 至 1901 年，他曾在中国与义和团运动的拳民交战。一战期间，他曾与日本人以盟友身份联手作战。他拥有 40 年的海军经验

（1888 到 1928 年），并敏锐地观察着太平洋战场的战略问题。因此，在我十几岁时，他就帮助我培养了对这些问题的兴趣。

19 世纪 80 年代，日本看到了现代海军力量的潜力。通过英国海军的指导，以及购买英国战舰，日本很快拥有了一支由称职军官率领的强大舰队。在 1894 年（鸭绿江[3]）和 1895 年（威海卫）的两场重大战役中，日本击败了中国海军，证明了自己是东北亚的头号海军强国。日本一直在培养一名非凡人物的专业能力，此人就是后来有着“东方纳尔逊”之名的东乡平八郎大将，日本将他送往英国接受了 7 年的培训和深造。1902 年，英国甚至与日本建立了正式的同盟关系——一战期间，这一同盟关系对英国、澳大利亚和新西兰抵抗德国的压力尤有助益。有了更具威力的英制战舰，以及东乡平八郎的领导，日本人得以在 1905 年的对马海战中击败俄国遣至远东的强大舰队。此战之后，日本一跃成为太平洋的主要海军强国。

在海军航空力量的发展上，日本花费的时间相当之短。1914 年 9 月，在青岛战役中，日本海军飞机成功袭击了德国军队，首开舰载机空袭之先河。[4] 对野心勃勃的日本海军领导层而言，德国海军被逐出西太平洋水域后，美国海军便成了唯一的潜在对手。而自日本 1905 年战胜俄国以来，美国就一直密切关注着日军动向。1906 年，为维护美国在太平洋地区的利益，挫败日本海军未来对此构成的任何威胁，美国开始制订作战计划。1924 年，美国当局正式采纳了这项计划的最终版本，即“橙色计划”。不过，该计划的来源可追溯至雷蒙德·罗杰斯（Raymond P. Rodgers）少将在 1911 年的构想。根据“橙色计划”的设想，战争爆发时，日本将首先向菲律宾及美国的太平洋小岛基地发动攻势。经过一段时间的动员集结，美国将予以回应，夺回己方的岛屿基地，并将日本人逐出他们的岛屿基地。与此同时，美国海军部队将前去解救菲律宾。随后，美军舰队将与日本帝国海军交锋，一战定胜负。在此之后，日本将受到海上封锁，就此屈服。

对日本人而言，他们准确评估了此项美国作战计划的本质，并制订了自己的计划。根据计划，日军将允许一支美国舰队抵达菲律宾，但在其行进期间动用日本海航和潜艇部队予以袭击，制造损失。在随后的大海战中，这支实力削弱的舰队将被日军歼灭。美国的“橙色计划”也设想了一场类似的大海战。

因此，美、日舰队打击力量在20世纪二三十年代的发展，对太平洋战争的进程起到了至关重要的作用。日本掌握的另一项有利因素在于：它从国际联盟[5]获得了一些位于北太平洋和中太平洋的托管地，包括加罗林群岛、马里亚纳群岛和马绍尔群岛。这些托管地的所属岛屿实质上施行的是日本法律。不过，与所有托管国一样，日本也并未获准在托管岛屿上修筑防御工事。但日本恰恰这么做了，由此构筑了一道战略屏障。在日后的战争中，美军若想解救菲律宾，就得从这道屏障中杀出一条路来。

一战后不久，日本成为美国的外交施压对象。美国人欲终止英日同盟，并遏制日益壮大的日本海军力量。在1921至1922年的华盛顿会议上，这两个目标均告实现。日本人对此次会议的结果感到羞辱和愤怒，这种心态加剧了太平洋区域的紧张局势，最终引发了战争。20世纪二三十年代期间，日本对美移民受到了严重限制，并被迫退出德国在华前殖民地。加之贸易上的限制，日本人的怒火进一步升级。凡此种种，都被日本军事和政治领导人加以操控。他们想利用日本在太平洋地区的海军实力，在太平洋和中国建立起国际新秩序。

与此同时，美、日两国均在持续推进全通甲板[6]航空母舰的计划和研制工作。因此，到20世纪30年代，美、日海军均拥有了强大的航空力量。尽管日本和美国存有诸多分歧和敌意，但双方还是付出了断断续续的努力，尝试以和平手段解决分歧。事实证明，这些努力是失败的，日本最终在1941年决定使用武力。反之，英国却弱化了其在太平洋的存在，不再是该区域的顶级海军强国。英国在新加坡开建大型海军基地的做法，也导致了日本的疏远。到1941年，英国已深陷欧洲、北非和中东战场，几乎无力抽兵他顾。当日本人决定发起进攻时，心头之患唯有美国。因此，日本得以实施大胆而复杂的计划，攻击珍珠港基地内的美国海军部队。

本书审视了珍珠港事件前的一系列复杂事件，1941 年 12 月 7 日的珍珠港事件本身，以及随之而至的血腥后果。我想请读者对以下各章呈现的专家观点进行研究和评价，并思考一个问题：在 21 世纪中，这样的大灾难是否会降临到太平洋地区的某个大国身上？

罗伯特·奥尼尔（Robert O’Neill）教授

2011 年 6 月

注释

[1] 这张照片名为《国旗插在硫磺岛上》（Raising the Flag on Iwo Jima），又译《星条旗插上硫磺岛》或《美国士兵在硫磺岛竖起国旗》等，由美联社随军记者乔·罗森塔尔（Joe Rosenthal）摄于 1945 年 2 月 23 日。

[2] 空袭防卫队（Air Raid Precautions，简称 ARP）是英国在二战前设立的组织（在少数澳大利亚城市亦有设立），致力于保护平民免遭空袭危害。空袭防卫队的巡防员（warden）多为志愿者，他们的职责包括：在灯火管制期间巡逻街道，确保灯光管制条令得到遵守；拉响防空警报；引导平民安全进入公共防空洞；分发、检查防毒面具等等。

[3] 指鸭绿江江防之战。

[4] 1914 年 9 月 5 日，日军水上飞机母舰“若宫丸”号出动飞机参战。

[5] 国际联盟（League of Nations）简称国联，二战后被联合国取代。

[6] 全通甲板（Through-deck）指从舰首铺到舰尾、中间无舰桥隔断（可加设岛式建筑）的木制或钢制甲板，一般用于航空母舰或航空战列舰等。

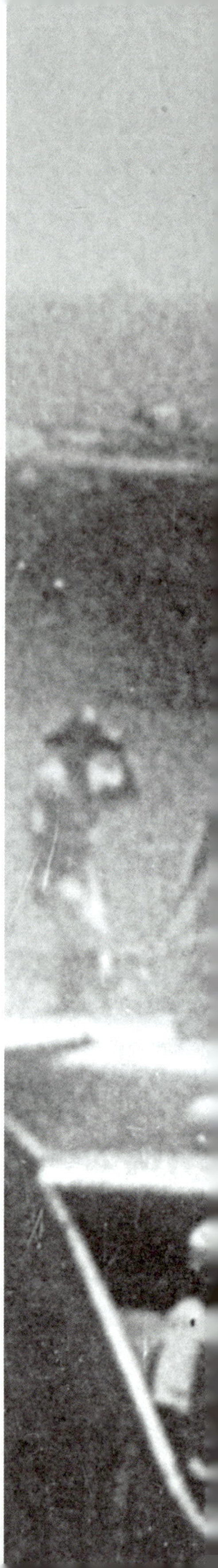

1941 年 12 月 7 日晨，日海军 99 式舰载轰炸机（代号“瓦尔”）准备从航母上起飞。背景舰为日军航母“苍龙”号。（图源：美国海军）

1941年12月7日，“肖”号（Shaw）驱逐舰的弹药库在遇袭后爆炸。（图源：美国海军，Topfoto）

第一章 珍珠港

战役肇始

机身下方，蓬松的厚云布满蓝天。松崎三男大尉推杆向前，驾驶中岛B5N2“97”式舰载攻击机（盟军代号“凯特”[Kate]）迅速下降，潜入了更加蔚蓝的天空，向远方破出地平线的低地陆块飞去。他的观测员、行动指挥官渊田美津雄中佐目光警惕。夏威夷绿意盎然，格外平静。他窥探着地平线。情况好得令人难以置信，除他的机队外，再不见其他飞机。

现在是夏威夷时间1941年12月7日7时30分。渊田的目标是美国太平洋舰队驻地——珍珠港。停泊于此的太平洋舰队和3艘航母均是重点目标。根据计划，日本的对美宣战声明应已于1小时前递交华盛顿。此次空袭将成为日本帝国与美国间的首个战争行为。

双方指挥官

美军指挥官

赫斯本德·金梅尔（绰号“老公”）[1]上将是珍珠港的海军指挥官。1941年2月，他升任太平洋舰队总司令（CINCPAC），成为美国海军的高阶上将。作为太平洋舰队总司令，金梅尔进驻了太平洋舰队的大本营——珍珠港。他对夏威夷和珍珠港的防务安排感到不满。当时，美国陆军和美国海军的职责相互分离：陆军负责陆防和空防，海军则负责海军造船厂本身。侦察任务由海军承担，但陆军控制着雷达站以及空防和岸防，防范敌人入侵。此外，海、陆两军还不得不在补给和物资分配上相互竞争。金梅尔对这张错综复杂的责任之“网”殊为不满，并将他的强烈感受传达了出去。虽然他提出了自己的异议，但身为一名职业军官，他仍选择服从命令。

沃尔特·肖特中将是珍珠港的陆军指挥官。他的部队训练有素，但在其指挥下，各级指挥官对弹药和物资等消耗品的使用情况盯得很紧。肖特逐字逐句服从命令，但却未能领会字里行间的言外之意。日本对珍珠港的突袭使他大为震惊。珍珠港事件发生 10 天后，他被召回至华盛顿，其职务由迪洛斯·埃蒙斯（Delos Emmons）中将接替。

哈罗德·斯塔克（绰号“贝蒂”）上将于 1939 年出任美国海军作战部长（CNO）。他克服了美国国内强烈的孤立主义情绪，开始建造现代海军舰艇，建设现代海军基地。斯塔克强化了驻扎珍珠港的太平洋舰队

“昨天，1941 年 12 月 7 日——一个将作为耻辱传诸后世的日子——美利坚合众国遭到了日本帝国海空部队有预谋的突然袭击……作为陆、海军总司令，我已指示采取一切措施进行防御……只要相信我们的军队，只要依靠人民无比坚强的决心，我们就一定能获得最终的胜利，愿上帝保佑我们。”

——富兰克林·罗斯福总统

1941 年 12 月 8 日

金梅尔上将（中）与他的作战参谋德莱尼（Delaney）上校（左）和助理参谋长史密斯（右）。虽然金梅尔斗意旺盛，常备不懈，但他与肖特中将是珍珠港事件的共同责任人。日军的大胆突袭出乎二人意料之外。此前，几乎所有人都认为珍珠港所在的瓦胡岛固若金汤，不会成为袭击目标。（图源：美国海军）

的实力。此外，在“魔术”[2]的情报支持下，他得知日美关系正急转直下，愈发接近战争状态。他向指挥官们发出了警告，但由于当时人们普遍认为珍珠港防备坚固，他觉得日本会在别处发起攻击。1941 年 12 月 7 日，野村[3]大使收到的宣战信息被“魔术”破译后，斯塔克开始向珍珠港发送电报，但乔治·马歇尔将军向他保证，陆军方面能够同样迅速地将电文送达珍珠港。实际上，待电文送抵时，空袭已经开始。1942

年 3 月 7 日，斯塔克卸任美国海军作战部长一职，但马歇尔的职位保持不变。

1939 年 9 月 1 日，富兰克林·罗斯福总统任命乔治·马歇尔将军为陆军参谋长，并晋升他为四星上将。虽然马歇尔在珍珠港事件中身居要职，但与其他许多军方高层不同的是，马歇尔并未因这场惨痛失利而蒙受污名。马歇尔完全支持“优先击败德国”的战略。他在战争计划的制订与实施上行事谨慎，后来，许多人将太平洋战争的旷日持久归咎于此。

日军指挥官

在 1930 年的伦敦海军会议上，仅是大佐的山本五十六在谈判中成功为日本争取了更大的海军限额。他以外交英雄的身份返回日本，出任海军次官。山本五十六偏好空中力量，他让日本的钢铁海军退居次席，反对建造“大和”号和“武藏”号战列舰，认为这是陈旧过时的技术。他称：“这些（大舰）……的用处堪比武士刀。”他支持建造新航母，并承认自己对日本赢下一场持久海战的能力不抱信心。

1939 年 8 月中旬，山本五十六升任联合舰队司令长官。对部下而言，他成了隆美尔式的人物，善于以信心鼓舞他们付出更大努力。通过不分天气、不分昼夜的训练，他提升了日本帝国海军的战备状态和舰艇适航性。山本五十六并不愿与美国开战，但一旦政府做出决定，他便会全身心投入其中，为日本争取决定性优势。正是他确定了珍珠港一役当以空中力量取胜，而非战列舰。而且，最终的攻击计划也出自他。

渊田美津雄进入海军兵学校后，与后来的源田实中佐成为好友，因为他们发现了彼此对于飞行的共同热爱。他们之间的友谊和尊重将持续多年，就许多方面而言，这都对空战的理念以及偷袭珍珠港起到了塑造作用。在华服役期间，渊田美津雄掌握了鱼雷轰炸的艺术，他也是日本帝国海军上下公认的鱼雷王牌。

受大西泷治郎少将指示，源田实中佐开始撰写一份针对日本袭击珍珠港计划的可行性研究。源田实中佐完成了此项研究，并制订了一项包含10个要点的战略，其中大多数要点都被纳入了最终方案。他发展了第1航空队的鱼雷项目，并提议在初袭珍珠港后数日再次发动袭击，以期歼灭美军舰队。他始终待在“赤城”号航空母舰上，担任南云忠一中将的航空参谋，并在甲板上迎接渊田美津雄机队的归来。

南云忠一中将是职业海军军官兼鱼雷战专家。虽然他对海军航空兵并不熟悉，缺乏相关经验，但他还是被任命为了机动部队——第1航空舰队司令。偷袭珍珠港期间，他坐镇旗舰“赤城”号指挥第1航空舰队。

珍珠港事件发生时，野村吉三郎大将是日本驻华盛顿大使，他在不经意间扮演了反面角色。裕仁天皇和山本五十六均坚持：在珍珠港

图为日制珍珠港模型，如实展示了珍珠港事件中美方舰船的位置。该模型制作于珍珠港事件后，用于拍摄一部影片。（图源：美国海军历史中心[4]）

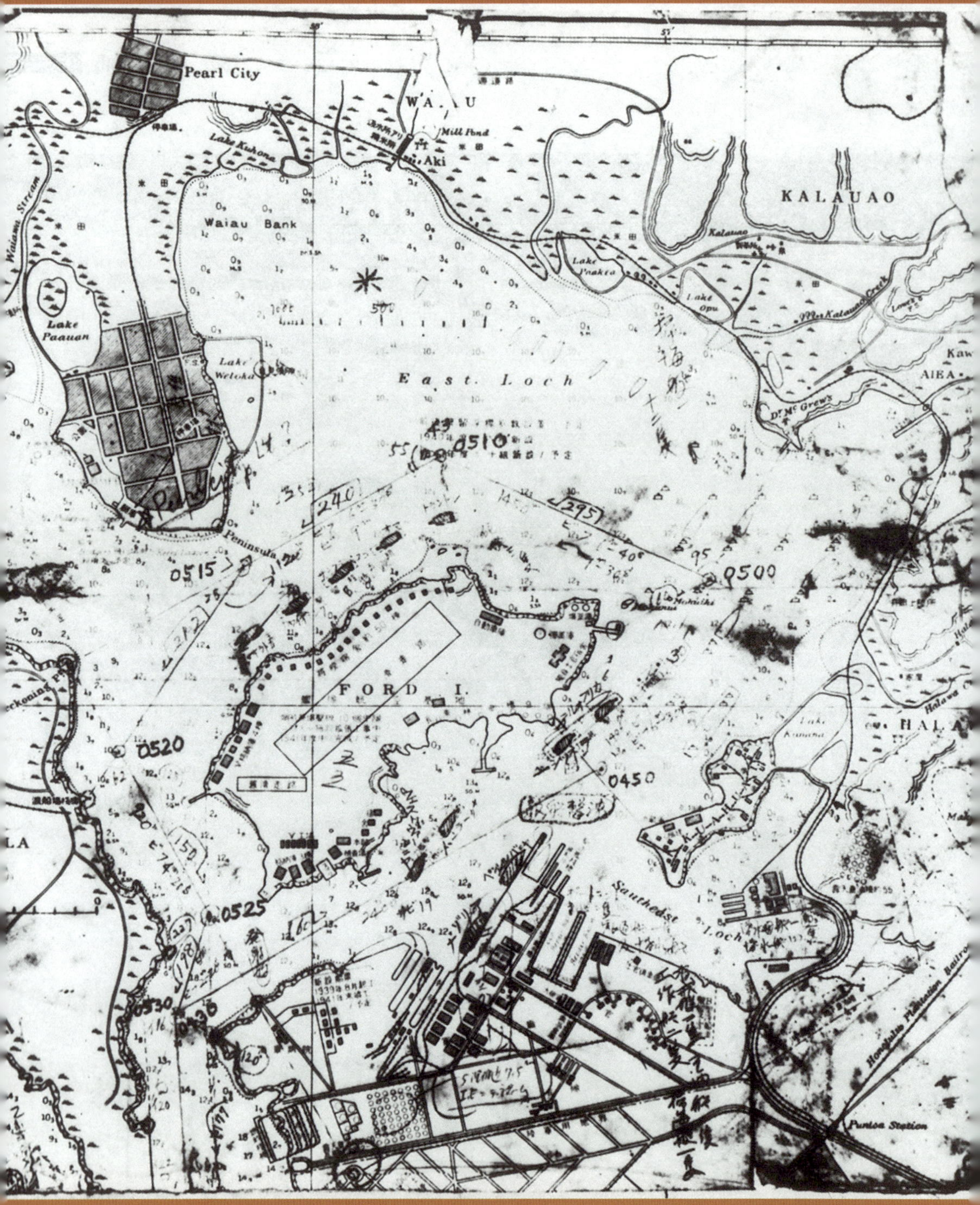

日军的袭击行动计划周详，详尽标绘了袭击目标。这张同期地图缴获自日本袖珍潜艇“HA-19”号，艇长为酒卷和男少尉。注意该地图为英文地图，但注释为日文。（图源：美国国家档案和记录管理局 [NARA]）

战事爆发前，应至少提前30分钟向美国递交宣战通知。野村收到了一份电文——根据计划，他将于华盛顿时间13时将其交予美国国务卿科德尔·赫尔（Cordell Hull）。该电文共分为14部分发送，一经送达便得到了解译。由于电文密级较高，野村找不到具备足够密级许可的合格打字员。最终人选工作进度缓慢，野村不得不将约定时间推迟至14时。14时20分，野村方与赫尔会面，递交电文。赫尔在会面中表现得愤怒而唐突。野村很快发觉了赫尔这种反应的原因所在：珍珠港已遭到日本袭击。赫尔随后立即向媒体宣布，他从未见过这样充满“谎言和歪曲的文件……我做梦也想象不出……竟有如此谎话连篇、颠倒黑白的政府”。

日军计划

日本早已怀着极大忧虑关注着珍珠港的扩张。很显然，珍珠港是美国最强大的海军基地，也是美国通向远东的第一站。受日俄战争（1904—1905）经历的影响，加之在旅顺港和对马海峡取得的胜利，日本最高统帅部中有许多人都奉行对美国海军的“大决战”战略。经过缜密的设计，日军战舰已优于美军战舰，在火炮、速度、鱼雷发射管数量等任何方面都超越了后者。

日本帝国海军中，战列舰将领与较年轻的海航将领存在不和：前者笃信“大决战”理论；后者则从英国在塔兰托的胜利看到了海战的未来——在1940年的塔兰托战役中，英国航母令意大利舰队威风扫地。受此影响，山本五十六开始着手为空战训练青年军官。

1941年初，山本五十六开始为“南方作战”做准备。日本计划通过“南方作战”攫取亚洲的资源丰富地区。此项作战行动的组成部分之一，便是包含突袭珍珠港在内的夏威夷作战。日本的计划很明确：若到1941年11月23日，谈判仍未成功，日本便会诉诸军事手段。

日本帝国海军把珍珠港的细节摸得一清二楚。由于珍珠港从城内便可一览无遗，游客还可搭乘空中观光飞机飞越军港，行程途经大部分军事驻地附近，因此，间谍活动相对容易进行。数月内，日本帝国海军便得到了珍珠港所有驻泊舰艇的完整记录，包括它们的日程安排，哪些舰艇正在维修，哪些舰艇已出海执勤，以及飞机的部署情况。

美国海、陆军司令部并非没有采取预防措施。出于对阴谋破坏活动的顾虑，肖特中将命令将所有陆军飞机集合起来，以便加强守卫——不过，这种做法也使它们在遭遇空袭时只能坐以待毙。肖特还下令确保弹药安全，海岸炮进入戒备状态，雷达站在上午 7 时关闭。金梅尔上将开始派遣航母轮流出港，并建立起海上与空中巡逻。各舰艇均得到警告，注意敌方潜艇对航运造成的威胁。不过，尽管金梅尔认为珍珠港急需飞机，“列克星敦”号航空母舰还是奉命前往中途岛，向那里运送飞机。

纵有种种防范措施，但没人真正想过会遭遇空袭。人们设想过战舰来犯，设想过暗中破坏活动乃至敌军入侵的可能性，但是空袭？没人觉得这有多大可信度。

珍珠港事件前数月中，美国政府的密码员一直密切监听着日方的无线电通信。华盛顿方面虽仍保持中立，但已与伦敦方面达成一致，赞成同盟国应首先集中力量击败德国。因此，伦敦方面得到了 3 台属于超级机密的“魔术”密码破译机，但珍珠港却连 1 台也没有收到过。此外，在“优先击败德国”的思想影响下，许多本该用于支援太平洋作战的人力物力，都转而投入了大西洋战场。

偷袭珍珠港

开局谋动

野村吉三郎并不知晓 11 月 22 日的重要性所在，但他得到训令，必须在此日前结束谈判。不过后来，这一最后期限还是推迟了 7 天。野村不知道的是，“南方作战”的特遣舰队就在最后期限当天开拔起航。

1941 年 11 月 22 日，日军舰艇三三两两摸出了锚泊地，驶向千岛群岛的集合地单冠湾。这些舰艇将于 11 月 26 日起航，取道北路航线，以免被常走南路的美国舰船或飞机偶然撞见。偷袭舰队自出发起便保持无线电静默。同时，日本本土附近则会发出许多假的无线电通信，使盟军监听人员误以为这支舰队仍位于日本海域。

夏威夷作战

日本的军事计划分为三个阶段。第一阶段是奇袭珍珠港，使美太平洋舰队失去作战能力，拓展外围防线，将威克岛、吉尔伯特群岛、北所罗门群岛、新几内亚岛大部、爪哇岛、苏门答腊岛、马来亚、缅甸（东至缅印边界）、泰国、菲律宾和婆罗洲囊括在内。第二阶段是加强其在新外围防线上的军事存在。第三阶段为防御性质：保护该外围防线，歼灭任何来犯之敌。日本帝国陆、海军将同步出击，扑向珍珠港、菲律宾和马来亚。陆军将在菲律宾和马来亚登陆，并向爪哇岛发起猛攻。威克岛、泰国、关岛和香港也将沦陷于日本陆军之手。“潮”号和“涟”号驱逐舰将炮轰中途岛，从珍珠港返回的航母也将对威克岛下手，消灭岛上的任何守军。虽然没有总指挥官全盘掌控，但日本陆、海军的攻击行动还是会同时进行——只消一次迅速突击，物产丰饶的太平洋便会落入日军之手。

厉兵秣马

根据日军计划，针对珍珠港的突袭行动，将离不开以俯冲轰炸、高空轰炸和鱼雷轰炸为一体的集中攻击。轰炸机开始进行高空和俯冲轰炸飞行训练。飞行员的训练成绩不断提高，投弹命中率大幅上升。鱼雷轰炸机同样展开了训练，但训练成绩逊色不少。虽然源田实已在职权范围

10月下旬，福特岛（中）、东南湾处的油罐群（位于照片左中侧，与福特岛相对）以及希卡姆机场（左上）都是日常基地。欧洲和中国正陷于战火，但不曾想，戒备森严的珍珠港也会受到波及。（图源：美国海军）

内竭尽全力，但无论训练如何刻苦，他的部下还是无法突破一道障碍。对当时的常规鱼雷而言，珍珠港水深过浅。因此，日本的91式改1型鱼雷入水后会扎得过深，卡在珍珠港底部的海泥里。

纵有英国鱼雷的塔兰托成功战例在先，美国还是未在珍珠港中设下防鱼雷网——架设防鱼雷网极为耗时，而且人们普遍认为，珍珠港水深过浅，常规鱼雷无法在此发挥作用。珍珠港看似坚不可摧的防御，又进一步加深了这种虚假的安全感。总之，发生海上轰炸的可能性微乎其微。

日本以塔兰托战役为依据，做出了正确判断：要摧毁美太平洋舰队的舰只，最有效的方式便是投放炸弹、施放鱼雷。不过，主要问题依然存在，那就是珍珠港水深过浅。

渊田美津雄、源田实和村田重治少佐坚持认为，必须提升鱼雷在33英尺（10米）水深内的攻击效率。鱼雷投放后，入水深度通常约为65英尺（20米）。经过训练，鱼雷机飞行员的技能得到了提高，但他们仍无法达到33英尺的要求。几近绝望时，他们审度现状，最终找到了巧妙的解决办法：在鱼雷上加装“木鳍”，提供额外的稳定性与浮力。如此一来，演习命中率大大提升，达到了70%，对静止舰船的命中率则更高。

为了识别目标，日军将珍珠港划分为5个区域：A区（福特岛与海军造船厂之间的区域），B区（福特岛西北区域），C区（东湾），D区（中湾），E区（西湾）。其中，A区又分为5个子区域：海军造船厂西北部的船坞，系泊柱，海军造船厂的修船坞，码头，以及余下区域。

12月3日，日军已获悉：“俄克拉荷马”号战列舰、“内华达”号战列舰、“企业”号航空母舰、2艘重巡洋舰和12艘驱逐舰已驶离珍珠港；抵达此港的则有5艘战列舰、3艘重巡洋舰、3艘轻巡洋舰、12艘驱逐舰和1艘水上飞机母舰。似乎没有任何异动能表明美国正为抵御袭击做准备。与往常一样，水兵们的登岸假仍然得到了批准。12月4日，舰船部署如故，且未出现异常的飞机起降。12月5日，“俄克拉荷马”号和“内华达”号战列舰返港，“列克星敦”号航空母舰和5艘巡洋舰离港。根据情报，当日珍珠港内的舰只停泊情况为：8艘战列舰、3艘轻巡洋舰、16艘驱逐舰和4艘火奴鲁鲁级轻巡洋舰，外加5艘驱逐舰。“犹他”号教练舰和1艘水上飞机母舰重返港内，但“企业”号航母仍在海上演习。情报还表明，港内没有升起防空气球，没有实施灯火管制，没有布设防鱼雷网，也没有明显的飞行巡逻。

日军珍珠港特遣舰队各部各司其职，负责袭击特定区域和特定目

隊司令長官
撃ヲ此ノ
粉骨砕
其ノ任ヲ完
（終）

1941年12月7日晨，日本“翔鹤”号航母舰长目送战机升空，奔袭珍珠港。左上角的日本汉字意在鞭策飞行员尽忠职守。（图源：美国海军）

标：第1航空舰队的航空战队（“赤城”号、“加贺”号、“飞龙”号、“苍龙”号、“翔鹤”号和“瑞鹤”号航母）负责空袭；第1水雷战队[5]（第17驱逐队[旗舰“长良”号]和第18驱逐队[旗舰“秋云”号]）负责屏护和护航；第3战队[6]和第8战队[7]负责屏护和支援；第2潜水队（“伊-17”号[旗舰]、“伊-21”号和“伊-23”号）负责巡逻；第7驱逐队负责攻击中途岛航空基地；第1补给队（“极东丸”号[旗舰]、“健洋丸”号、“国洋丸”号和“神国丸”号）和第2补给队（“东邦丸”号[旗舰]、“东荣丸”号和“日本丸”号）负责日常加油。

日军希望在珍珠港将美军航母“列克星敦”号、“萨拉托加”号和“企业”号一网打尽。但当日军发起攻击时，“萨拉托加”号正位于圣迭戈，“企业”号正向威克岛运送飞机，“列克星敦”号则正驶往中途岛。（图源：美国海军）

“攀登新高山”

1941 年 11 月 26 日，珍珠港特遣舰队向珍珠港进发，无线电操作员在保持无线电静默的同时，也收听着电讯。山本五十六向南云忠一发出了一则密电——“攀登新高山”，意即攻击行动将按计划推进。12 月 2 日 17 时，南云忠一中将又收到了一则电报，指示他打开一个绝密信封。在信封里，南云找到了一则命运攸关的电文：“帝国已决定于 12 月上旬对美国、英国和荷兰开战。”电文将开战时间定在了 12 月 8 日（珍珠港时间12月7日)。进攻开始了。

第一波攻击

天已破晓了1小时有余,“交嘴雀”号(Crossbill)和“神鹫”号(Condor)扫雷艇正在珍珠港入口浮标以南约2英里巡逻。3时42分,在“神鹫”号上值班的拉塞尔·麦克洛伊(R. C. McCloy)少尉发现了一条白色航迹,并询问航海军士乌特里克(Uttrick)此为何物。透过望远镜,乌特里克认出这是一具潜望镜,并于3时57分联系了正在入口处巡逻的“沃德”号驱逐舰,请后者详加调查。乌特里克打出的信号灯灯语为:“西侧航道发现水下潜艇,航速9节。”

威廉·奥特布里奇(William Outerbridge)上尉时任“沃德”号指挥官,这是身为新晋军官的他首次担任舰长之职。他明白美日关系正在恶化,因而断定乌特里克看见的最有可能是艘日本潜艇。他请求“神鹫”号发送状况报告,得知后者最后一次目击可疑潜艇的时间是3时50分。当时,可疑潜艇正向珍珠港入口驶去。“鸣响战斗警报!”奥特布里奇下令。

随后1小时,“沃德”号对该区域进行了徒劳无获的声呐扫描。4时35分,奥特布里奇解除了“沃德”号的战斗警报。4时58分,珍珠港入口的防护网按预定时间打开,供扫雷艇通过。防护网将开放至8时40分。他们所不知道的是,那艘潜艇很可能想悄然尾随扫雷艇潜入港内,就像混在归圈羊群中的狼。

这类目击事件虽不常见,但也非闻所未闻,并且均得到了及时记录。“沃德”号继续巡逻。4时58分,外出执勤的“交嘴雀”号和“神鹫”号入港返回泊位。不过,珍珠港的防潜网仍未合上。

5时30分,日军突击舰队转向东北,逆着28节的疾风航行。6时15分,第一波飞机已准备升空。瓦胡岛以北约250英里,执行第一波攻击的日军战机从 6 艘航母上相继起飞，在空中盘旋，等待此波攻击的所有 183 架日机集结完毕。6 时 30 分，机群以 V 形编队向南西南方向飞去，直扑珍珠港。

6 时 20 分，珍珠港以西，18 架 SBD[8] 俯冲轰炸机自“企业”号航母起飞，执行常规侦察任务，然后在福特岛降落。虽然飞行员们明白日美关系剑拔弩张，但此次飞行任务似乎纯属例行训练，他们计划在 8 时左右准时抵达珍珠港吃早餐。眼下，“企业”号正位于瓦胡岛以西 200 英里，向珍珠港返航。

“心宿二”号（Antares）补给船的船员同样看到了疑似潜艇之物，并于 6 时 30 分通知“沃德”号驱逐舰。一架 PBY“卡特琳娜”水上飞机亦发现该潜艇，并在“沃德”号抵达现场时投掷了发烟标示弹。奥特布里奇上尉看到类似潜艇指挥塔之物破水而出。虽然这艘潜艇可能来自友方，但它并未上浮，也未尝试与外界联络。按照常规命令，身份不明的舰船即视同敌人，奥特布里奇于 6 时 45 分下令开火。一发炮弹洞穿了该潜艇的指挥塔，同时，“沃德”号还用深水炸弹覆盖了这艘不明潜艇的预计路线。PBY 水上飞机也盘旋了两圈，在潜艇的各个通路上各投下一枚深水炸弹。就这样，在不自知的情况下，美国人打响了珍珠港之战的第一枪。

这艘潜艇再未浮出水面，奥特布里奇料想它已被击沉。6 时 53 分，奥特布里奇向第 14 海军军区（14th Naval District）指挥部发出加密电报，内容为：“向一艘在防区内活动的潜艇开火攻击并投掷深弹。”PBY 水上飞机亦向第 2 巡逻联队（Patrol Wing 2）指挥部做了报告。

当有飞机从美国本土飞来时，夏威夷的无线电台常常彻夜播送音乐。因此，对于步步逼近的日军而言，无线电台发出的信号既响亮又清晰。7 时，渊田美津雄中佐下令，利用该无线电广播定位方向。不到 5 分钟后，奥帕纳岭（Opana Ridge）上的美国陆军移动雷达站中，陆军士兵洛卡德（Lockard）和埃利奥特（Elliott）在雷达屏幕上发现了不明

在 12 月 7 日的第二波攻击中，日本帝国海军“瑞鹤”号（或“翔鹤”号）航母的一架 97 式舰载攻击机正在起飞，甲板上的舰员一片欢呼。（图源：美国海军历史中心）

"帝国已决定于 12 月上旬对美国、英国和荷兰开战。"
——日本的宣战电文

光点。光点表明，瓦胡岛以北 132 英里，有支身份未明的庞大机群正向珍珠港接近。他们对机群来自何方大为不解，怀疑雷达站的设备出了毛病。如果光点属实，那么其所代表的机群规模将在 50 架以上。

7 时 10 分，埃利奥特通知了位于沙夫特要塞（Fort Shafter）的司令部，但陆军通信兵部队的话务员答道，该部所有人员都吃早餐去了。到了此时，光点已到达瓦胡岛以北 100 英里，并仍在接近。

7 时 15 分，第 14 海军军区的值勤官收到了奥特布里奇的电报，但解译上出现了延误。同一时间，在瓦胡岛以北约 260 英里，第二波日军攻击机群——共 168 架战机——已离舰腾空。

7 时 20 分，话务员向奥帕纳岭雷达站回电。他找到了一名陆航军官，即克米特·泰勒（Kermit Tyler）中尉，后者在航迹标绘板上注意到了晨间的这些活动。在听取洛卡德汇报不明光点接近一事时，泰勒忆起了无线电里彻夜播放的音乐，因而断定有部分来自美国本土的飞机即将抵达。洛卡德并未提及光点的大小，但就算说了，泰勒的看法也不会有变。

同一时间，远在华盛顿，日本政府"最后通牒"电文的最后一部分，即第 14 部分也已破译完毕。电文中说道："即使今后继续谈判，亦无法达成协议……日本政府深表遗憾。"虽然电文的措辞无疑表明发生战争的可能性很大，但华盛顿还是做出决定，不向珍珠港发送任何警告。

7时38分，一架爱知E13A1“11”型零式水上侦察机（盟军代号“杰克”[Jake]）经目视侦察，确认美太平洋舰队主力位于珍珠港内：“锚泊中的……敌方舰船，含9艘战列舰、1艘重巡洋舰、6艘轻巡洋舰。”侦察机飞行员向接近中的第一波攻击机群传达了珍珠港上空的气象状况：“风向80度，风速14米，敌舰队上空云高1700米，云量7。”第二架侦察机报告，袭击难度小得多的拉海纳（Lahaina）深水锚地不见敌方舰船。因此，水深较浅的珍珠港锚地将成为重点袭击对象。日军在鱼雷上的种种新改进，将迎来战火洗礼。报告完毕，侦察机向南飞行，作大范围搜索，试图找到美军航母。但侦察机并未西飞，“企业”号航母也因而未被发现。

7时39分，受奥帕纳岭后山丘引起的地面杂波干扰，埃利奥特和洛卡德“跟”丢了正在接近的可疑光点。7时49分，渊田举起信号枪，打出一发信号弹，命令手下飞行员展开成攻击队形，指示“鱼雷机先攻击”。他的无线电员敲出了“托-托-托”（即“Tosugekiseyo”[意为“冲锋”]的头一个音节）的攻击信号。渊田认为板谷茂[9]少佐可能没看到自己的信号弹，于是又打了一发。两发信号弹都被高桥赫一[10]少佐看在眼里，使他产生误解，以为是命令俯冲轰炸机发起强攻。村田重治[11]少佐明白其中必有误会，但已无从纠正，便率领鱼雷机队进入攻击模式。机群降低高度，机队指挥官各自挑出指定目标奔袭而去。

为了阻止美军的一切反击，距珍珠港8英里的美军机场兼基地——惠勒机场，成了日军的首要打击目标。惠勒机场既无堑壕，也无防空炮，飞机也齐齐整整地摆放在跑道上。一句话，惠勒机场形同束手待毙。零式战机侧倾转弯，低空袭来，火力全开，所过处一片残藉。随后，7时51分，自“瑞鹤”号航母起飞的“瓦尔”[12]俯冲轰炸机对惠勒机场实施了毁灭性轰炸。

7时53分，卡内奥赫（Kaneohe）和埃瓦系泊杆机场（Ewa Mooring Mast Field）也遭到攻击，渊田在宽频带向特遣舰队发出“虎，

图为灾难性的珍珠港袭击事件期间，珍珠港上空的一架日军 99 式舰载俯冲轰炸机。（图源：汤姆·伦莱因）

虎，虎”（攻击–摧毁）的无线电信号，表明奇袭行动截至目前大获全胜，令美海、陆军设施猝不及防。日军打击机群呼啸而去，留下遍地燃烧的“野猫”战斗机[13]和侦察轰炸机残骸，通用飞机更是毁于一旦。而日军的伤亡呢？不过是区区 1 架零式战机。

正当鱼雷轰炸机向“战列舰大街”[14]展开突击时，日军的第一波攻击机群正扑向福特岛和希卡姆机场——到了此时，珍珠港自身也遭到了攻击。这个星期日的早晨，太平洋舰队的一切事务都在按“标准作业流程”（SOP）进行。教堂礼拜活动已得到安排，部队食堂和厨房正准备早餐，往返于战舰和港岸间的汽艇即将出发，轮值人员也在为值班做准备。日军飞机从晨空中猛然窜出，牢牢锁定了各艘美军主力舰。7 时 55 分，洛根 · 拉姆齐（Logan Ramsey）少校站在福特岛指挥中心窗前，观看护旗队升旗。一架飞机嗡鸣而过，他不禁喝令：“把那家伙的机号记下！”然后他回神道：“我看见有样东西……从那架飞机里掉了出来……”话音未落，机库方向就传来了爆炸的巨响。拉姆齐立刻冲过走廊，命令无线电员发报：“空袭，珍珠港。这不是演习！”电报于 7 时 58 分以当地频率传了出去。

就在美军发出战斗警报之际，日鱼雷机队开始下降，再拉平机身，将夺命鱼雷施放入水。“犹他”号教练舰和“罗利”号（Raleigh）轻巡洋舰均在鱼雷爆炸中趔趄。“罗利”号开始向左舷倾斜，其舰员立即就位，操作 3 英寸（76.2 毫米）防空炮。

7 时 57 分，福特岛以南的 1010 码头（1010 Dock）也遭到猛烈攻击。“战列舰大街”上空，后藤仁一中尉径直飞向“俄克拉荷马”号战列舰，施放鱼雷，然后向上爬升。在日军的重点目标——“亚利桑那”号战列舰舷外不远，“维斯塔尔”（Vestal）号修理船上响起了战斗警报。船员从甲板下和食堂区涌出，不到 10 分钟，“维斯塔尔”号的防空炮就开始对入侵者喷吐火力。8 时左右，在“PT-23”号鱼雷巡逻艇上，艇员赫夫曼（Huffman）和德容（De Jong）以双联装 .50 口径机枪对来袭日机开火。其中一架日机被击落，这或许是美军防空火力取得的首例战果。

“俄克拉荷马”号战列舰被鱼雷炸得摇摇晃晃。舰员们奔向弹药库，但发现它已紧紧锁上。虽然舰员后来强行打开了弹药库，但没有压缩空气来操作枪炮。这艘战列舰又吃了几枚命中要害的鱼雷，开始严重倾斜。救援队将舰员沿弹药升降机拉上甲板，副舰长杰西·肯沃西（J. L. Kenworthy）中校意识到，“俄克拉荷马”号正处于倾覆的危险中。“俄克拉荷马”号身中第 8 枚鱼雷时，肯沃西下令全体人员从右舷一侧弃舰，趁舰体翻滚倾覆时，从右舷舰壳爬上底部。

战斗警报鸣响之际，弗朗西斯·托马斯（F. J. Thomas）少校是“内华达”号战列舰上的高阶军官，小约瑟夫·陶西格（J. K. Taussig Jr）少尉是舰上的值更官和代理防空官。陶西格奔向最近的一门防空炮。8 时 05 分，“内华达”号向一架鱼雷机猛烈开火。该鱼雷机正向“内华达”号的左舷正横方向迫近，已开始冲刺，准备施放鱼雷。“内华达”号的 5 英寸（127 毫米）炮和 .50 口径机枪向该机倾泻火雨。虽然这架鱼雷机被击中起火，但还是设法施放了鱼雷。鱼雷引发的爆炸在“内华达”号右舷舰首处炸出了大洞——舱室进水，舰体逐渐向左舷倾斜。托马斯下令向右舷对称注水，但“亚利桑那”号泄漏的燃油在水面燃烧，渐渐向“内华达”号漂来。期间，陶西格大腿中弹。他拒绝接受救治，而是坚持指挥一队炮手。“内华达”号拖着黑烟，歪歪斜斜地向珍珠港出口挣扎而去。

8 时 05 分，一颗炸弹击中了“亚利桑那”号 4 号炮塔后方，“维斯塔尔”号也挨了一颗。至此为止，外侧舰船已承受了鱼雷造成的大部分破坏，但在珍珠港上方的高空中，轰炸机的嗡鸣声近了。随后，一粒粒炸弹自高空落下，砸向“战列舰大街”中所有靠内的舰船。8 时 06 分，就在“俄克拉荷马”号倾覆的同时，“亚利桑那”号和“维斯塔尔”号也再次遇袭。炸弹穿透了“亚利桑那”号前部的弹药库，引起了剧烈爆炸。“亚利桑那”号迸出巨大的火球，近旁“维斯塔尔”号上的损管[15]队甚

珍珠港遇袭期间，海军造船厂（左）和福特岛（中）腾起浓烟。防空炮向天空喷吐炮弹，炸出团团黑点。震惊之余，美海军舰艇做出了尽可能迅速的反应。因此，日军第二波攻击机群来袭时，已面临着强有力的挑战。（图源：美国海军）

至被气浪掀下了船。“亚利桑那”号立刻开始下沉。在这一毁灭时刻，共有 1177 名舰员随“亚利桑那”号遇难，其中就包括艾萨克·基德（Isaac Kidd）少将。

整个珍珠港内，舰载通信系统和公共广播系统高声播放着战斗警报。一架架飞机奉命升空，试图找出敌人所在。舰船也开始慢腾腾做出回应，烟囱先缓后稳地喷吐出黑烟，防空炮的零星火力缀入天空，空中尽是涂着旭日机徽的战机。“犹他”号靶舰开始下沉、翻转，颤动中的“俄克拉荷马”号业已倾覆。“罗利”号上的损管队奋力抢修，使舰体恢复正直漂浮状态。此时，约 20 艘遇袭舰船的第一缕浓烟已飘上晨空。

珍珠港及其周边机场的守军仅装备了 .30 口径春田步枪[16]，但在日军发起后续攻击前，他们的装备得到了加强。（图源：汤姆·伦莱因）

8时，12架自美国本土逐一飞来的B-17轰炸机（它们起初被误认为是雷达屏幕上的光点）飞近瓦胡岛，开始降落。这些飞机装备不整，未配武器。同一时间，来自“企业”号航母的18架侦察型SBD俯冲轰炸机也开始接近福特岛。其中一些被敌机逮了个正着，另一些则囿于美军殊死的防空炮火。

金梅尔上将在寓所中目睹了袭击的发生。他召来司机，火速赶往司令部。金梅尔抵达太平洋舰队司令部后，无助地看着一架架敌机俯冲、转弯、盘旋，像一只只在浓烟滚滚的锚泊舰船上空展翅的秃鹫。他后来说道：“我主要考虑的是手下舰船的命运。”交战期间，一架来自“企业”号的SBD俯冲轰炸机成功降落，另一架则被美军的防空火力不顾一切打了下来，栽入海中，但机组成员获救。与此同时，日机又击落了5架美机。当天晚些时候，余下美机要么抵达了福特岛海军航空站（NAS），要

珍珠港美军基地附近，海军航空站中的.30口径高射机枪。照片摄于日军的毁灭性打击之后。（图源：汤姆·伦莱因）

么降落于埃瓦机场。它们将接受整修，前去猎杀日本舰队。

从美国本土飞来的 B-17 轰炸机本应降落在希卡姆机场，但机场当时遭到了日机的袭击。炸弹撕碎了夏威夷航空补给站（Hawaiian Air Depot）、1 架转运线上的 B-24 轰炸机和 2 个机库。部分日机略过了地面上的美机，喷着火舌直扑飞临珍珠港的 B-17 轰炸机。后者四散而去，躲避袭击者。硝烟散尽时，希卡姆机场半数以上的飞机已化为燃烧或破碎的残骸。

在此期间，当地的 KGMB 电台中止广播节目，改为播放以下信息：

日军突袭期间，“内华达”号战列舰驶离珍珠港杀场。
（图源：汤姆·伦莱因）

“所有陆军、海军和海军陆战队人员，立即到岗！”珍珠港内，“西弗吉尼亚”号战列舰两度中弹，开始向左舷严重倾斜。两颗炸弹间隔很短，所以第二颗听起来就像是第一颗的余爆。“西弗吉尼亚”号的3号炮塔很快陷入火海。当日结束前，“西弗吉尼亚”号共身中9枚鱼雷、2枚炸弹。

8时12分，金梅尔向太平洋舰队和华府发出电文：“与日本的战争始于珍珠港空袭。”然而，透过浓烟与火焰，一线希望映入了所有目睹这场灾难的海陆人员眼中：一艘驱逐舰已从浓烟中奋力挣出，向珍珠港入口驶去。这艘驱逐舰是“赫尔姆”号（Helm），正高速驶向开阔海域，于8时17分离开珍珠港。

金梅尔站在办公室窗边注视着战况，突然，一颗乏弹击穿了玻璃，打中了这位海军上将的胸部，将他击退了几步。在旁人惊愕的目光中，金梅尔缓缓俯身，拾起这颗废弹端详片刻，然后喃喃道：“我要是能被它打死就好了。”

第二波攻击

日军的第一、第二波攻击间并无真正间隔，有的只是连续打击中的片刻停顿。死亡的弹雨很快就会再度落下。若说第一波攻击一帆风顺、几无损失的话，那么在第二波攻击中，日军将会领教到美军猛烈的抵抗火力。尽管美军防空力量起初被打了个措手不及，损失惨重，但余下的防空力量决心还以颜色。7时51分，美军飞行员乔治·韦尔奇（George Welch）和肯尼思·泰勒（Kenneth Taylor）少尉突闻枪炮大作，炸弹在附近砸出巨响，便立刻命令地勤人员为其P-40飞机做好战斗准备。9时刚过，二人驾机腾空。另有一些P-36和P-40战机也设法升空。

珍珠港内，“艾尔温”号（Aylwin）驱逐舰开始朝港外驶去。炸弹掀起的水浪四处飞溅，“艾尔温”号在颠簸中缓缓前进，奉命突围。一颗炸弹落在“艾尔温”号扇形舰尾的咫尺之外，将舰尾拍向一个锚浮

珍珠港事件中，美舰“亚利桑那”号中弹爆炸。（图源：汤姆·伦莱因）

标，致使1名舰员受伤。“艾尔温”号上的指挥人员仅为少尉军衔，其他军官均在岸上。9时32分，此舰驶入了开阔海域。

与此同时，遭受重创的“内华达”号战列舰正缓缓驶离福特岛东南方的泊位。在模糊视线的浓烟中，“内华达”号的舰员试图操舰辗转出海。海风穿过“内华达”号支离破碎的舰首，一个大豁口赫然在目。

8时55分，岛崎重和少佐率领的第二波攻击群飞临卡内奥赫附近，机群中包括54架高空轰炸机、78架俯冲轰炸机和36架战斗机。8时55分，在零式战斗机的护卫下，18架来自“翔鹤”号航母的高空轰炸机袭击了卡内奥赫的柏油停机坪和机库，机库中的飞机当场爆炸燃烧。一轮轰炸过后，能野澄夫大尉率领8架零式战机继续向南，飞向贝洛斯机场（Bellows Field），向一些试图升空的美机实施扫射。

戈登·琼斯（Gordon Jones）和厄尔·琼斯（Earl Jones）两兄弟于1941年12月2日派驻卡内奥赫，仅仅5天过后，他们就会迎来战火的洗礼。在两波攻击之间，他们一直忙于灭火，将损伤较轻的飞机转移至相对安全处。第二波攻击降临时，他们完全没有理由怀疑这波攻击与第一波有何不同。戈登回忆道：“新一波战机来袭时，我们得到的命令是立即跑开，寻找掩蔽物。我们中的大多数人都跑向了距离最近的钢制机库……这轮轰炸让我们意识到机库不可久留……我们几个人向北跑到一个废弃的军官俱乐部，藏身其下，直到此处也遭到敌机扫射。我设法爬了出来，脱下白制服，因为有人告诉我，穿着白衣服等于是活靶子。然后，我爬到了一大丛荆棘灌木下……出于某种原因，我感觉这里要安全得多，比整场空袭中我待过的任何地方都安全。”对卡内奥赫的多数人员而言，除了寻找掩蔽物，挨过这场毁灭性空袭之外，他们几乎无计可施。

航空军械军士长[17]约翰·威廉·芬恩（John William Finn）是名役龄15年的海军老兵，他在卡内奥赫负责看管所属中队的机枪，但12月7日是周日，是他的休息日。机枪的开火声打破了他的梦乡，他驱车快速驶离营房，前往机库和他的军械工场查看情况。眼前的混乱与毁灭令他火冒三丈，他架起一挺 .30 口径和一挺 .50 口径机枪，在一处完全暴露的停机坪区域操枪还击，引来了敌机的猛烈扫射。他后来回忆道："我气得发疯，无所畏惧。"芬恩英勇地向日机还击，期间多次被弹片击中，但当其他水兵前来为他补给弹药时，他依然坚守机枪。后来，芬恩获颁国会荣誉勋章，表彰他在战斗中表现出的超乎职责所在的英勇无畏精神。饭田房太[18]大尉的零式战机在战斗中坠毁，但除此损失外，日军对卡内奥赫的空袭达成了预定目标。事发时，有 3 架 PBY 水上飞机在外巡逻，但留在机场的 PBY 水上飞机遭了殃，有 33 架被毁。饭田房太的随行战机开始重新编队，向惠勒机场飞去。就在此时，这些日机的机身上多出了一个个弹洞——它们遭到了攻击！美军战斗机喷吐着机枪火舌，正在后方紧追不舍。第 46 驱逐中队（46th Pursuit Squadron）的 4 名飞行员已驾驶 P-36 战斗机从惠勒机场成功升空，经导航飞往卡内奥赫。饭田房太的副手、此时负责指挥机队的藤田怡与藏击落了 1 架 P-36 战机，但他自己的战机也遭受重创，与另 2 架受损的零式战机一同退出战斗。在北部海岸，他们又遭到了 2 架 P-36 的攻击。藤田无法向被击落的部下施以援手，自己也差点未能返航。

珍珠港内处处是燃油与烈焰，滚滚浓烟遮天蔽日，笼罩在美军战舰扭曲的金属舰体上。掉队者和幸存者被送往急救中心或司令部。9 时 05 分，日军俯冲轰炸机对"战列舰大街"发起突袭，炸弹击中了"新奥尔良"号巡洋舰、"卡辛"号（Cassin）驱逐舰和"唐斯"号（Downes）驱逐舰。"卡辛"号和"唐斯"号驱逐舰很快陷于火海，舰员被迫弃舰。9 时 07 分，一架日军俯冲轰炸机投弹击中了"宾夕法尼亚"号战列舰的右舷侧。这一击造成的结构性破坏相对较小，但 18 名官兵因此丧生，30 人负伤。

"布卢"号（Blue）驱逐舰动身前往珍珠港出口。2 架日军 99 式俯冲轰炸机从舰身上方轰鸣而过，遭到了 .50 口径防空火力的阻截。其中一架日机坠落于航道入口附近，"布卢"号则向开阔海域突进，展开巡逻。"布卢"号用声呐发现了一艘潜艇，随即投掷深水炸弹。水面上浮

鸟瞰福特岛旁的“战列舰大街”。日军对驻泊此处的舰船实施了水平轰炸。照片摄于轰炸之初，图中舰船（从左至右）分别为：“内华达”号战列舰；“亚利桑那”号战列舰与相邻的“维斯塔尔”号修理船；“田纳西”号战列舰与相邻的“西弗吉尼亚”号战列舰；“马里兰”号战列舰与相邻的“俄克拉荷马”号战列舰。（图源：美国海军历史中心）

起了一片拖连200英尺（60米）的气泡和油污，表明目标已被击沉。

与此同时，日军俯冲轰炸机正对较大的舰只发起攻击。挺过了第一波攻击的“罗利”号轻巡洋舰，此刻又挨了一记重击，另有一颗炸弹在舰尾近旁爆炸。一颗炸弹穿透了“罗利”号的甲板，距其航空燃料库[19]不到4码（3.7米）。“罗利”号踉跄而行，随时有倾覆的危险。经过无比艰苦的努力，“罗利”号舰长才得以使其保持正直漂浮状态。

乔治·韦尔奇和肯尼思·泰勒的战机在埃瓦系泊杆机场上空现身。泰勒驾机一头扎进了正在低空扫射的日军俯冲轰炸机群，机群来自“飞龙”号和“赤城”号航母。他先是冒着后方一架日机的火力，击落了前方的一架日机，最后共斩获2例战果。韦尔奇同样击落了2架日机。二人在惠勒机场降落，补充燃料与弹药。

滚滚黑烟中，一个残损不堪的舰首破烟而出——这是向南逃离的“内华达”号战列舰。数分钟前，它刚从水面上救起了一些“亚利桑那”号的幸存者，并逐渐加速。23架日军99式俯冲轰炸机对“内华达”号群起攻之。在“加贺”号航母机队的全力打击下，“内华达”号中弹12次。另有8颗炸弹落在“内华达”号近旁，爆炸产生的弹片扎进舰侧，掀起的水柱冲上甲板。“内华达”号原本有望逃出珍珠港，避免进一步受损，但一颗炸弹在艏楼前爆炸，终结了这份希望。

托马斯少校明白个中危险所在。“内华达”号的操纵愈发吃力，他意识到此舰正在进水。若它在此处沉没，便会阻塞珍珠港的出口，使仍在港内、尚未受损的舰船束手待毙。托马斯下令向左转弯，“内华达”号缓缓做出了反应，舰首冲上了医院角（Hospital Point）的滩岸，舰员被震得匍匐而行。“内华达”号就此搁浅，舰首仿佛被咬掉了一般，上部结构也有所变形——但它并未沉没！这虽然只是个小小的胜利，但每一艘未被击沉的舰船，日后都会把战火烧向敌人。

其间，珍珠港一片混乱。燃烧的油料向“加利福尼亚”号战列舰漂去。“马里兰”号战列舰正奋力驶离“俄克拉荷马”号舷侧，后者已倾

干船坞中的“卡辛”号驱逐舰。照片摄下时，日军袭击者已离去，珍珠港事件总算尘埃落定。（图源：汤姆·伦莱因）

覆翻沉。“亚利桑那”号战列舰正郁郁燃烧。

在舰长鲁德（Rood）上校的指挥下，“圣路易斯”号（St. Louis）轻巡洋舰向前航行。9时40分，“圣路易斯”号的发动机全速倒车，无视港内通常的8节航速限制，加速驶过航道。鲁德确信，日军飞机随时会发现并攻击“圣路易斯”号。“圣路易斯”号的航速逐渐攀升至22节，于10时04分驶离了珍珠港。鲁德无疑认为“圣路易斯”号已脱离危险，但是随后，值班舰员发现两道鱼雷尾迹正向舰尾接近。鲁德命令“圣路易斯”号立即采取规避。鱼雷撞上了珊瑚礁，引发的爆炸震得舰体怦然作响。一艘日军袖珍潜艇浮出了水面，“圣路易斯”号的炮手对其开火，但该潜艇的指挥塔已消失不见。珍珠港遇袭期间，“圣路易斯”号是最后一艘离港的舰只。轰炸过珍珠港后，99式俯冲轰炸机群又杀向希卡姆机场、惠勒机场和埃瓦机场，低空扫射机场和建筑物。韦尔奇和泰勒在惠勒机场补充了燃油，刚要关闭座舱整流罩，“加贺”号航母的99式俯冲轰炸机就开始扫射机场。二人双双驾机升空，击落了基地外沿的2架敌机。他们又对其他敌机展开追击，击落了其中2架。然后，韦尔奇飞向埃瓦机场，再立战功。

岛崎重和少佐率97式舰载攻击机队袭击了希卡姆机场，俯冲轰炸机也加入其中，对机库以及跑道上的美机展开低空扫射。B-17轰炸机

向1010码头的干船坞望去，“卡辛”号和“唐斯”号驱逐舰（中后方）正冒出滚滚浓烟。“海伦娜”号（Helena）轻巡洋舰位于码头边，背景中可见干船坞中的“宾夕法尼亚”号战列舰。如图中央，“奥格拉拉”号（Oglala）布雷舰已经倾覆。（图源：美国海军）

承受了重创，但它们的坚韧顽强，再一次显示了自己无愧于“飞行堡垒”的名号。由于任务基本完成，且需赶往会合点，岛崎重和的机队飞离了希卡姆机场。11 时，渊田美津雄中佐开始在瓦胡岛上空进行侦察与评估。他仔细记录了正在燃烧、业已倾覆、徐徐下沉以及未受损伤的舰船的位置。渊田在海港上空逗留，继续观察并集合掉队飞机。当最后一波攻击队的最后一架战机转而西去时，渊田望了望头顶的太阳，向“赤城”号航母飞去。

10 时，实施第一波攻击的日机返回特遣舰队，开始在“赤城”号、“加贺”号以及其他航母上降落，这些航母均位于瓦胡岛以北 260 英里。瓦胡岛上，夏威夷州州长波因德克斯特（Poindexter）宣布全州进入紧急状态。他先是在报纸上发布了紧急状态令，又在 15 分钟后通过无线电广播发布了此令。医院开始发来平民伤亡报告，到 10 时 42 分，所有无线电站均关闭了发射机，以免后者被来袭日机当作归航信标。与此同时，当第一波关于敌军登陆部队入侵夏威夷的不实报道开始流传时，肖特中将与波因德克斯特州长交换意见，商议将夏威夷全州置于军事管制之下。所有学校均奉命关闭。当夜，以及不久后的每一夜，夏威夷都将实施灯火管制。

残存的美军飞机从受损的机场起飞，即刻开始搜寻袭击者。它们飞了 360 度，但未发现日军特遣舰队。12 时 30 分，在美国联邦调查局的协助下，火奴鲁鲁警方突降日本大使馆，在废纸篓旁找到了日方领事人员，纸篓中满是灰烬和仍在燃烧的文件。

13 时，渊田美津雄中佐的飞机在“赤城”号航母上着陆。他与南云忠一中将讨论发起第三波攻击的事宜，但南云认为他们做得已足够好，决定不再攻击。16 时 30 分，南云忠一率特遣舰队撤返。渊上忠雄[20]于 11 时 45 分将华盛顿发来的电报递送到了肖特中将的指挥部。不过，该电报仍需解译，3 小时后才可为肖特所见。珍珠港遇袭后近 7 小时，肖特才读到了这份电报。电报就这场已经过去的袭击发出了警告，但它至少应在 7 个半小时前送达，才可发挥作用。

日军空袭珍珠港期间（或此后不久），在沉没的“西弗吉尼亚”号战列舰旁，水兵搭乘摩托艇援救一名幸存者。“田纳西”号战列舰位于“西弗吉尼亚”号内侧。注意“西弗吉尼亚”号中央较低处的上层建筑已严重变形，这是因数枚鱼雷在该处下方爆炸所致。（图源：美国海军）

结局与影响

就日本方面取得的胜利而言，他们的损失微乎其微，实际上可以忽略不计：仅有64人阵亡（负伤人数未知）。美国方面的损失则高得惊人：2390人死亡（海军及海军陆战队2108人，陆军233人，平民49人），1178人受伤（海军及海军陆战队779人，陆军364人，平民35人）。

“亚利桑那”号的伤亡最为惨重，占了海军伤亡总数的一半。珍珠港事件共诞生了16枚国会荣誉勋章、51枚海军十字勋章、53枚银十字勋章、4枚海军及海军陆战队勋章、1枚杰出飞行十字勋章、4枚杰出服役十字勋章、1枚杰出服役勋章和3枚铜星勋章，表彰那些在历时110分钟的战斗中表现突出者。

据统计，共有21艘美军舰船沉没或受损，这也印证了日军袭击行动的精准性。5艘战列舰、1艘布雷舰、3艘驱逐舰、2艘勤务船和1艘辅助舰沉没；1艘巡洋舰和1艘辅助舰重度受损；3艘战列舰、2艘巡洋舰、1艘驱逐舰和1艘辅助舰中度受损。美军失去了171架飞机（海军97架，陆军74架），另有159架飞机受损。

对日军指挥官而言，最终战果并不明确。由于攻击任务重复交叠带来的混淆，有的指挥官将其他指挥官的战果计入名下，但此次袭击的成功性仍毋庸置疑。

下为美太平洋舰队的实际损失，以及各艘舰船的后续命运：

美军舰船损失情况

“亚利桑那”号战列舰（舷号：BB39）。身中2枚炸弹。沉没。今为其遇难舰员的安息之地[21]。

“加利福尼亚”号战列舰（舷号：BB44）。身中2枚鱼雷、1枚大型炸弹，另有1枚（或更多）炸弹在近处爆炸。沉没。后被打捞并修复。

“马里兰”号战列舰（舷号：BB46）。身中2枚炸弹。受损。后被修复，并接受现代化改装。

“内华达”号战列舰（舷号：BB36）。身中 1 枚鱼雷、5 枚（或更多）炸弹，另有 2 枚炸弹在近处爆炸。重度受损。在海滩上搁浅，后被修复，并接受现代化改装。

“俄克拉荷马”号战列舰（舷号：BB37）。身中 5 枚（或更多）鱼雷。倾覆沉没。

“宾夕法尼亚”号战列舰（舷号：BB38）。身中 1 枚炸弹。受损。后被修复。

尽管日军伤亡寥寥，但并非所有飞行员都能安全返航。空袭期间，这架三菱重工 A6M2 “00” 型战斗机[22]——即“零战”，被击落于毗邻希卡姆机场的军械机械工场旁。飞行员及 3 名士兵身亡。（图源：美国国家档案和记录管理局）

“田纳西”号战列舰（舷号：BB43）。身中2枚炸弹。受损。后被修复。

“西弗吉尼亚”号战列舰（舷号：BB48）。身中2枚炸弹、5至7枚鱼雷。沉没。后被打捞并修复，接受现代化改装。

“海伦娜”号轻巡洋舰（舷号：CL50）。身中1枚鱼雷。重度受损。后被修复。

“火奴鲁鲁”号轻巡洋舰（舷号：CL48）。1枚炸弹在近处爆炸。中度受损。后被修复。

“罗利”号轻巡洋舰（舷号：CL7）。身中1枚鱼雷、1枚炸弹。重度受损。后被修复，并接受改装。

“卡辛”号驱逐舰（舷号：DD372）。身中1枚炸弹，并遭受了深水炸弹引发的二次爆炸。受损过重，无法修复。

“唐斯”号驱逐舰（舷号：DD375）。身中2枚炸弹，并遭受了深水炸弹和鱼雷引发的二次爆炸。受损过重，无法修复。

“赫尔姆”号驱逐舰（舷号：DD388）。1枚炸弹在近处爆炸。中度受损。后被修复。

“肖”号驱逐舰（舷号：DD373）。身中3枚炸弹，舰首被炸断。后被修复。

“奥格拉拉”号布雷舰（舷号：CM4）。1枚鱼雷在其下穿过。沉没。后被打捞并修复。

“柯蒂斯”号（Curtiss）水上飞机母舰（舷号：AV4）。身中1枚炸弹。受损。后被修复。

“索托约莫”号（Sotoyomo）港口拖船（舷号：YT9）。沉没。后被打捞并修复。

“犹他”号（Utah）靶舰（舷号：AG16）。身中2至3枚鱼雷。倾覆。后沉没。

“维斯塔尔”号修理船（舷号：AR4）。身中2枚炸弹。重度受损。搁浅后再度浮起，得到修复。

“YFD-2”号浮式干船坞。沉没。后被打捞并修复。

日军袖珍（双人）潜艇由体型较大的潜艇运往珍珠港。图中这艘袖珍潜艇被深水炸弹炸得坑坑洼洼，并遭到了“莫纳汉”号（Monaghan）驱逐舰的冲撞，在海滩搁浅。（图源：美国国家档案和记录管理局）

美军飞机损失情况

贝洛斯机场：3 架。

埃瓦海军陆战队航空站：33 架。

福特岛海军航空站：26 架。

希卡姆机场：18 架。

卡内奥赫海军航空站：28 架。

惠勒机场：53 架。

“企业”号航空母舰：10 架。

日军损失情况

飞机：9 架战斗机，15 架俯冲轰炸机，5 架鱼雷机。

潜艇：5 艘袖珍潜艇。

伤亡：55 名飞行人员，9 名袖珍潜艇艇组成员。

珍珠港的浓烟还未散尽，美国就打破了中立。2 小时空袭过后，战列舰的时代已一去不返，一如骑兵的时代。曾为许多国家接纳、但仅止于表面文章的空中力量，此时已跃升为了一个军种。

山本五十六有句话是对的，那就是日本对珍珠港的袭击唤醒了一个沉睡的巨人，因为这次袭击使美国人民联合起来，同仇敌忾。美国人团结在珍珠港的象征周围，就像许多年前，美国人聆听着“记住阿拉莫”的民族主义口号。与日本之间的战争，将于 1945 年 9 月 2 日 9 时 03 分在东京湾的“密苏里”号战列舰甲板上结束。但这场战争的一切，皆始于 1941 年 12 月 7 日 6 时 45 分的珍珠港。

注释

[1] 赫斯本德·金梅尔（Husband E. Kimmel）之所以有“老公”（Hubby）的绰号，是因为“赫斯本德”一词原意为“丈夫”，而“Hubby”一词是英语中对丈夫的昵称。

[2] “魔术”（MAGIC）是二战时期美军的一个密码分析项目，从日本的“紫色密码”外交电报中破译了大量情报。

[3] 指野村吉三郎，珍珠港事件时任日本驻美大使。

[4] 美国海军历史中心（US Naval Historical Center）是美国海军历史与遗产司令部（US Naval History and Heritage Command）的前身。

[5] 日军水雷战队主要由驱逐舰组成。日语中的“水雷”指鱼雷。

[6] 第 3 战队为战列舰战队。

[7] 第 8 战队为巡洋舰战队。

[8] SBD 是“Scout Bomber Douglas”的缩写，意为道格拉斯侦察轰炸机。

[9] 板谷茂是当时的日军战斗机队指挥官。由于云层遮蔽，他未能看到渊田打出的信号弹。

[10] 高桥赫一是当时的日军俯冲轰炸机队指挥官。日本偷袭珍珠港时预备了两套攻击方案：一是奇袭，由鱼雷机率先发动攻击；二是强攻，由俯冲轰炸机先行攻击。奇袭和强攻分别以一发和两发信号弹为指示。

[11] 村田重治是当时的日军鱼雷机队指挥官。

[12] 瓦尔（Val）是日本海军 99 式舰载俯冲轰炸机（日文：九九式舰上爆擊机，简称九九舰爆）的盟军代号。产于 1945 年的该型飞机，多被改装为了神风自杀飞机。

[13] “野猫”战斗机即格鲁曼公司研制的 F4F 战斗机，昵称“野猫”，是美国海军和海军陆战队在 1941 至 1942 年唯一可用的战机。该型战机在速度、机动性和航程上均不如日本的零式战斗机。

[14] 战列舰大街（Battleship Row），又译“战舰列”等，指当时珍珠港内 8 艘美国战列舰的驻泊航道。“Row”亦有“列”之意——当时这 8 艘战列舰正是成列驻泊的。

[15] 损管是损害管制（damage control）的简称，指舰船为保持或恢复自身生命力所采取的预防、限制和消除损害的措施及行动。

[16] 春田（Springfield）步枪又名斯普林菲尔德步枪，后者为音译。

[17] 在如今的美国海军中属三级军士长（Chief Petty Officer，E-7）。1958 年以前，该级别是美国海军士兵军衔中的最高等级。

[18] 饭田房太当时是“苍龙”号航母的零式战斗机中队大尉中队长。在油箱被击中后，饭田驾机直接冲击美军机库，成为太平洋战争开始后对美军进行自杀式攻击的第一人。

[19] “罗利”号轻巡洋舰上载有 2 架水上飞机。

[20] 渊上忠雄（Tadao Fuchikami）是名日裔少年，时为美国无线电公司（RCA）在火奴鲁鲁的一名电报投递员。

[21] 1962 年 5 月，美国总统肯尼迪将亚利桑那号战舰沉没处定为国家陵园，并在此处水上建立了亚利桑那战舰纪念馆（Arizona Memorial），纪念馆于 1980 年落成。

[22] 三菱重工 A6M2 战斗机在 1940 年正式为日本海军所采用，由于 1940 年是日本皇纪 2600 年，后两个数字刚好是“00”，故被称为零式战斗机。日军飞行员称之为“零战”（Reisen）。

日军“翔鹤”号航母正在酝酿一场空袭。（图源：美国海军）

第二章 珊瑚海

战役肇始

美国人的幸运之处在于，珍珠港事件发生时，太平洋舰队的航空母舰均不在港内。有这些航母在手，加上全新的军事学说，美国海军开始思考如何扭转日军的扩张态势。偷袭珍珠港的成功大大超出了日本帝国海军的预想。将舰队中的大型航空母舰聚集起来，形成紧密结合的单一作战单位，再加上航母配备的一流飞机和优秀空勤人员——这一理念催生了海战革命。美军战列舰队的毁灭，清晰地表明了空中力量已是海战的主导因素。与美国人一样，海战的发展也使日本帝国海军的战前筹谋落了空。为了将太平洋握于掌中，日本帝国海军也在为“大舰巨炮”间的决定性交锋扩充舰队。然而，这样的决战永远不会发生。不过，由于在航母上优势明显，日本帝国海军此时已有能力实施扩张战争，并希望借此在太平洋建立起不可动摇的地位。

日本陆军和海军在扩张计划上取得了一致。作为计划的一部分，日军需在第一段作战中占领菲律宾、马来亚、荷属东印度、缅甸和拉包尔[1]。日军初期战役的标志之一，就在于日本帝国海军航母部队（即机动部队）的所向披靡。珍珠港作战结束后，日军机动部队于 1942 年 1 月为夺取拉包尔的行动提供掩护，并于 2 月掩护日军攻陷荷属东印度。4 月，日军航母移师太平洋，大肆袭击英国海军部队和海上航运。

盟军海军部队无力阻挡日军推进。美国的确发起了一些攻击行动，例如对马绍尔群岛和吉尔伯特群岛日军实施航母打击，以及对日本首都东京发动空袭。从心理层面而言，这些行动提振了美军士气，使日军担忧本土会再度遭到空袭。但无论效果如何，为实施行动，太平洋舰队投入了半数航母。如此一来，面对日军 5 月初在南太平洋发起的下一步攻势，美军将无法做出回应。根据日本的构想，在第二段作战中，日军将进一步向南太平洋的新几内亚东部、新不列颠、斐济和萨摩亚扩张。眼下，日军已做好了实施上述计划的准备，加之“企业”号和“大黄蜂”号（Hornet）航空母舰已奉命前去轰炸东京，无法调用。因此，当美军料到日军将于 5 月初发起进攻时，太平洋舰队司令手中可调往南太平洋的航母仅有 2 艘。同时，日军机动部队也抽调兵力，支援南太平洋作战行动。史上首次航母之间的对决，即将拉开帷幕。

双方指挥官

日军指挥官

到 1942 年初，趁突袭珍珠港得胜之势，山本五十六大将在塑造日本海军战略上的首要地位得到了奠定。山本反对在南太平洋采取进一步行动。他倾向于在中太平洋展开行动，将美太平洋舰队拖入决战，而南太平洋作战在他看来是背道而驰。但即便如此，山本还是勉强同意对莫尔兹比港[2]发起攻击（代号：MO 作战），甚至还抽调了机动部队的相当一部分兵力。这一行动不仅将对珊瑚海海战产生重大影响，还将有力牵动随后的中途岛战役。

井上成美中将是第 4 舰队（又称南洋部队）的司令长官。他曾任海军航空本部长，因而通晓飞机在当下海战中扮演的角色。他不仅极力推动日军扩大在南太平洋的行动，还是日军进军珊瑚海的策划者。

高木武雄少将[3]是MO航母打击部队的指挥官，负责攻击莫尔兹比港。此前的爪哇海海战中，他率领第5战队[4]取胜。战争初期，高木麾下的巡洋舰未曾与日本帝国海军航母部队协同作战。因此，高木对指挥航母没有任何经验。高木及其参谋对航母的陌生，使他将航母作战全权委托给了第5航空战队指挥官原忠一。

原忠一少将奉命指挥的第5航空战队，拥有2艘日本帝国海军最新式、最现代的航空母舰。该战队曾参与珍珠港和印度洋的突袭行动。因此，到1942年5月，原忠一已在短时间内积累了丰富的航母作战经验。

“MO作战”中，高木武雄中将肩负着最关键的角色——指挥航母打击部队。他曾数度有机会对美军航母造成毁灭性打击，但都一一浪费。最终，他既没能保护入侵部队，又未能消灭美军航母。（图源：美国海军学会[US Naval Institute]）

美军指挥官

二战期间，欧内斯特·金是所有美国海军战略背后的最高人物。在珍珠港后的人事震荡中，欧内斯特·金升任美国舰队总司令。3 月，他被任命为美国海军作战部长，在一切美国海军战略和行动上拥有最高权威。他利用这一高度权威，迅速设法扩大海军在太平洋的行动自由——在“德国优先”战略下，太平洋战场被清晰地界定为次要战场。金上将决定为争夺南太平洋而战，并尽快发起攻击行动。

切斯特·尼米兹上将被任命为新一任太平洋舰队司令，该任命自 1941 年 12 月 31 日起生效。尼米兹沉着果决的举止风范，使他超越了许多更有资历的海军将领，在珍珠港灾难的余波中接任太平洋舰队指挥官。4 月 3 日，尼米兹被任命为太平洋战区总司令（辖北太平洋战区、中太平洋战区和南太平洋战区），同时身兼太平洋舰队司令。这意味着，尼米兹有责任将金上将的进攻性作战计划尽快付诸实施。

珊瑚海之役中最重要的美国海军将领，当属弗兰克·杰克·弗莱彻（Frank Jack Fletcher）少将。虽然他缺乏航空经验，但到珊瑚海海战时，他已是美国海军中最老练的航母指挥官之一。在实际航母战斗阶段，弗莱彻将航母特遣编队的战术控制权交予奥布里·菲奇（Aubrey Fitch）少将。当时，菲奇指挥着太平洋舰队的两支航母分队之一（另一支则由美国海军的资深海航将领威廉·哈尔西中将指挥）。菲奇较弗莱彻资历虽浅，但具备相当丰富的航母指挥经验。1930 年，菲奇以 47 岁之龄获得了飞行员资格。因此，在那些终其职业生涯都是飞行员的军官口中，菲奇多了个外号——“晚到的强尼”[5]。

珊瑚海一役中，两艘美国航空母舰的舰长均为海军飞行员。按照美国海军的规定，所有航母舰长都应具备海军飞行员资格。“约克城”号航母的舰长是埃利奥特·巴克马斯特（Elliott Buckmaster），他以航海

现代史上，偷袭珍珠港是最具政治灾难性的海军作战行动。入侵中途岛是个可以避免的重大挫折。在南太平洋与美军展开的空中消耗战，更是一场灾难。然而，山本五十六在策划这些行动时，却得到了同僚的高度尊重。个中原因尚不明晰。（图源：美国海军学会）

1942 年 6 月 30 日，金上将在“宾夕法尼亚”号战列舰上向切斯特·尼米兹上将（左）颁发杰出服役勋章，表彰他在珊瑚海和中途岛之役中对太平洋舰队的杰出领导。（图源：美国海军历史中心）

弗兰克·弗莱彻少将，摄于1942年9月。尽管弗莱彻饱受批评，但他是珊瑚海海战的胜利者。太平洋战争中，他是首位在战略上击败日本帝国海军的盟军海军指挥官。（图源：美国海军历史中心）

弗雷德里克·谢尔曼上校，摄于1938年。彼时，谢尔曼尚未担任“列克星敦”号航空母舰舰长。虽然“列克星敦”号航母在珊瑚海海战中沉没，但弗雷德里克·谢尔曼的职业生涯未受影响，此后继续指挥航母特遣编队。（图源：美国海军历史中心）

技术高超、愿让飞行员放手历练闻名。“约克城”号的飞行大队已是太平洋舰队中的佼佼者。绰号“特德”的弗雷德里克·谢尔曼（Frederick Sherman）上校执掌“列克星敦”号航空母舰2年之久，在他的努力下，这艘航母进入了高效作战状态。一批美国海军军官率先认识到了将多艘航母集中于一个特遣编队的价值，弗雷德里克·谢尔曼便是其中之一。尽管此类原则与当时流行的美国海军理论相悖，但还是在珊瑚海海战中得到了运用。

双方舰队

日本帝国海军航母部队

1942年初，日本帝国海军航母部队如日中天。机动部队（确切地说是“打击部队”）完成了奉命执行的每一项任务，粉碎了盟军的一切反抗，并且没有损失一艘航母。不过，机动部队尚未与美国海军航母部队交手。1942年5月时，与美国对手相比，日本帝国海军的航母部队在数量和质量上均占优势。假如这支部队继续像战争第一阶段那样集中兵力，便能在任何战役中对美海军航母部队保有数量优势。但在珊瑚海一役中，日军仅投入了3艘航母。

“MO作战”的核心在于2艘翔鹤级航母——“翔鹤”号和“瑞鹤”号，二者组成了机动部队的第5航空战队。“翔鹤”号和“瑞鹤”号可谓日本航母设计的典型之作，代表着当时太平洋区域最强大、最平衡的航母设计。二者体型庞大，但却无比迅捷，并拥有强大的防御火力，装备了8座89式127毫米双联装高炮，均配备火控指挥仪。为二者提供支援的是“祥凤”号航母。“祥凤”号原是艘高速给油舰，后来十分成功地改造为轻型航母。“祥凤”号航速可观，但缺乏足够的防御武器。

与美军航母不同的是，开战之初，日军航母均未安装雷达。这种情况一直延续到了中途岛战役后。雷达的缺失，使控制防空战斗机的任务变得殊为困难。太平洋战争初期，在各艘航母的18架舰载战斗机中，专用于防御的占了半数。由于没有雷达，防空任务是通过持续不断的战机巡逻来完成的。不过，在航母得到充分预警的情况下，留在空中的飞机往往只是少数（通常是3机编队），其余战机则随时待命，准备紧急升空迎敌。此外，日军飞机的无线电质量低劣，一旦飞机升空，航母便几乎不可能对其加以控制，使战斗机防御问题雪上加霜。

近窥 97 式舰载攻击机的飞行员座舱和 91 式空射鱼雷。日本帝国海军将这种速度较快的鱼雷机与性能优异的鱼雷相结合，获得了一流的反舰能力。（图源：美国海军历史中心）

航母抵御空袭的手段主要有二：一是舰载战斗机，二是航母舰长在空袭下操纵航母巧妙机动的能力。日军航母遭遇空袭时，其护航舰艇将独立机动，给予航母最大的机动空间。相比之下，美军航母的护航舰艇同样会让出空间，供航母紧急机动，但仍会处于不远之外，提供防空火力支援。

开战之初，日军善于将航母的空中力量集结起来，这是他们的一项重要优势。1941 年 4 月，日本将所有舰队航母合为单一编队——即第 1 航空舰队。第 1 航空舰队的作战力量是机动部队。机动部队由 3 支航空战队组成，包括拥有“翔鹤”号和“瑞鹤”号这两艘新式航母的第5航空战队。1942年期间，包括珊瑚海海战中，日本帝国海军都能以远甚于美国海军的水平集结多艘航母联合行动，在作战协同上也更胜一筹。

每艘日本航母都有各自的飞行大队。各飞行大队均以母舰命名，并永久配属于母舰。飞行大队的飞行员和所有飞机保障人员均纳入母舰编制。

翔鹤级航母的飞行大队由3类飞行单位组成：战斗机、俯冲轰炸机和鱼雷轰炸机。虽然舰载机的损失相对较小，但到1942年5月，日本帝国海军已无力为第5航空战队的2艘航母提供约63艘舰载机。作为一艘轻型航母，“祥凤”号仅装载了2种类型的舰载机中队，分别为战斗机和舰载攻击机。因此前损失所致，其舰载机数量仅有18架。

美国海军航母部队

美国海军的航母部队在珍珠港事件中毫发无损。12月7日当天，“企业”号和“列克星敦”号航母均位于珍珠港海域，但实际上都不在港内。从数量上看，1942年时，美国海军拥有与日军不相上下的舰队航母部队，但在人员配置、战机性能和人员训练上，双方航母部队存有很大差异。

“列克星敦”号是美国海军第一艘真正意义上的舰队航空母舰。该航母由战列巡洋舰改装而来，排水量超3.6万吨。这艘航母最显著的特征（其姐妹舰“萨拉托加”号亦同），在于右舷单舰岛后方的巨大烟囱。“列克星敦”号航速快，但由于长度原因，机动性不是很强。不过在1940年，“列克星敦”号的烟囱前部安装了CXAM对空搜索雷达。至于防空保护方面，“列克星敦”号装备了5英寸/25倍径[6]防空炮和大批自动武器，其中包括.50口径机枪。

“约克城”号航母及其2艘姐妹舰，是美国海军第一批真正意义上的现代舰队航母。这些2万吨巨舰体型庞大，足以应用鱼雷防护装置。4英寸（102毫米）厚的舷侧装甲带覆盖了机械舱、弹药库和汽油库。垂直防护装甲的厚度被限制为1.5英寸（38毫米），覆盖于机械舱之上。主甲板为机库甲板和轻型钢制造的无装甲飞行甲板。约克城级航母的设计重点主要在于：为一支大型飞行大队提供足够的运作空间。此外，为防范敌军空袭，该级航母还配备了火力强大的防御武器，包括新式5英寸（127毫米）/38倍径高平两用炮。实践证明，对任何一国海军而言，这种舰炮都是二战中的最佳远程防空武器。另一项重要改进在于雷达的运用。“约克城”号航母是首批安装CXAM对空搜索雷

1933年2月，夏威夷群岛海域的“列克星敦”号航空母舰。这艘航母的战列巡洋舰“血统”，以及小舰桥后的大烟囱，均清晰可辨。美国海军注重于在航母上装载一支大型飞行大队，这一点也可见于飞行甲板前后部的大群飞机。（图源：美国海军历史中心）

1942年4月，“约克城”号航母甲板上的无畏式俯冲轰炸机。这些俯冲轰炸机隶属于第5轰炸中队。无畏式俯冲轰炸机是美海军航母飞行大队的首要进攻武器，这一点将在珊瑚海海战中得证。（图源：美国海军历史中心）

达装置的舰只之一。

由于美国人认为其航母面对空袭极为脆弱，战前的军事理论指出，航母应分开行动，以免被同时发现、同时摧毁。不过，雷达的确带来了重大优势，但雷达无法给出可靠的高度数据。加上相关经验的普遍缺乏，以及更为广泛的通讯问题，战斗机指挥问题的复杂性大大增加。

通常情况下，半数航母战斗机都需用于舰队防空。白昼期间，这些战机将在航母上空持续开展2至3小时的战斗空中巡逻（CAP）。余下战斗机则会加注燃料、补充弹药，在甲板上整装待发，准备升空加强巡逻。

1942年初，与日本帝国海军施行的航母打击理论相比，美军航母打击理论尚不成熟。通常而言，一群俯冲轰炸机将会在晨间起飞，执行侦察任务。一

“妙高”号为妙高级重巡洋舰首舰。该级重巡洋舰威力强大，共有4艘同级舰，其中2艘担纲MO航母打击部队的主要屏护舰只。该级重巡装备了10门8英寸（203毫米）舰炮和16具24英寸（610毫米）鱼雷发射管，武器配置超过了1942年时的任何一艘盟军巡洋舰。（图源：大和博物馆）

旦锁定目标，便会尽快以所有可用俯冲轰炸机和鱼雷机发起攻击。战斗机中队往往一分为二，一半执行打击护卫任务，另一半实施战斗空中巡逻。美国海军航母打击理论存在的问题，在于仍旧注重单艘航母上单支飞行大队的行动。日本海军则取得了军事思想的飞跃，将所有舰队航母集合为单一整体，使多艘航母上的舰载机能够统一参与作战。此外，美军舰载机的航程也逊色于日军舰载机。

双方计划

日军计划——军令部 VS. 联合舰队

日军第二段作战的首个阶段进展顺利，于 3 月 8 日占领了巴布亚新几内亚的莱城（Lae）和萨拉马瓦（Salamaua）。不过，日军连战连捷、所向披靡的错觉，在 3 月 10 日被美军打破。当日，美军航母舰载机对日本侵略部队发起攻击，阻止了日军推进的步伐。该区域的日军唯有得到增援，才可应对美国航母将来可能的介入。

因此，日军能否在南太平洋持续扩张，就取决于山本五十六是否愿意抽调联合舰队的部分航母予以增援。不过，山本更倾向于推迟南太平洋的一切远征行动，直到他打完中途岛的决定性一战。4 月的第一周中，关于日后战略的问题尘埃落定。结果如山本所愿，他的中途岛攻击计划获得了批准。不过，为了安抚军令部[7]，机动部队的第 5 航空战队将为莫尔兹比港的行动提供支援，然后再参与中途岛作战。

莫尔兹比港是巴布亚新几内亚最大的城镇。莫尔兹比港攻击行动代号“MO 作战”。在“MO 作战”打击部队中，两艘舰队航母的首要任务是敲掉澳大利亚的盟军航空基地，而非与美军航母交战。参战航母将对汤斯维尔[8]发起突然袭击，然后补充燃料，向位于珊瑚海中央的阵位机动，拦截盟军海军部队。根据预期，后者直到此时才会对日军入侵

日军航母上的飞机准备出击。（图源：akg）

行动做出回应。此外，参战航母还可根据需要，对其他美军航空基地实施额外空袭。参战航母（含“祥凤”号）最终将返回日本，加入“MI作战”（入侵中途岛）的庞大战群。

整个“MO作战”的特点在于，有一支约含60艘舰艇的部队被分派到了井上成美中将指挥的南洋部队中，其中包括2艘大型航母、1艘轻型航母、6艘重巡洋舰、3艘轻巡洋舰和15艘驱逐舰。该部队余下部分由各种辅助舰艇组成。参战飞机共约250架（不含水上飞机）左右，其中约140架位于3艘航母上。

作为日军作战策划的典型一例，“MO作战”方案的实施，依赖于广为分散的各支部队间的密切协同。该方案任何一环的迟延，都可能导致全盘行动陷入危局。这一点可以一例作充分说明，即MO航母打击部队将9架零式战机从特鲁克[9]运往拉包尔的那次任务。该任务看似简单，但正是由于它的延误，使日军航母抵达珊瑚海的时间向后推延，令整个作战行动岌岌可危。更有甚者，“MO作战”方案还

珊瑚海一战中，所有美军重巡洋舰都配备了图中的制式5英寸（127毫米）高炮。图为“阿斯托里亚”号（Astoria）重巡洋舰的3号炮位。（图源：美国海军历史中心）

未实施，就遭到了候选指挥将领的严厉抵制，后者愈发怀疑美军航母会出现在行动区域中。这促使村田重治少佐于 4 月 29 日认可高木武雄取消对汤斯维尔的空袭行动，前提是无法达成空袭突然性。同样是在当天，山本五十六也做出权衡，下令取消所有针对澳洲目标的航母打击行动，并命令 MO 航母打击部队做好与敌航母交战的准备。山本五十六的命令，实际上意味着“MO 作战”入侵舰队将不再具备足够的空中掩护，尽管盟军的陆基飞机占据了压倒性优势，打击范围覆盖了作战海域。

“MO 作战”计划的最大命门，在于全然无视敌方行动。山本五十六仅调拨了机动部队的部分兵力参战，不仅危及了“MO 作战”的成功，还使参战部队易遭各个击破。航母部队是日本帝国海军对美国海军航母部队的决定性优势所在，一旦参战航母沉没或受损，便无法参与山本五十六对中途岛展开的决定性突击。

美军计划

金上将对太平洋舰队司令下达的头几道命令，是守住位于夏威夷和中途岛的中太平洋战略要点，并保护美国至澳大利亚的海上交通线。金上将决意不让“德国优先”的战略妨碍他实施进攻行动。日本向南太平洋的扩张之势，无形中确保了金上将能够独行其是。日军于 1 月 23 日夺占拉包尔后，人们愈加担忧斐济或新喀里多尼亚（New Caledonia）会成为日军的下一个目标。

4 月 22 日，尼米兹向弗莱彻下达命令。他就日军即将发起的攻势向弗莱彻发出警告，并使后者对敌军部队的规模（3 至 4 艘航母）有了大致了解。尼米兹的指令之核心，包含于以下措辞：“你的任务是抓住有利战机，摧毁船舶运输和飞机，协助遏制敌军在上述区域（新几内亚至所罗门群岛一带）的进一步推进。”值得注意的是，尼米兹并未在命令中告知弗莱彻如何完成任务。任务的完成方式完全取决于弗莱彻。

4 月 29 日，尼米兹向各指挥官发布详细指令。此时，弗莱彻也获得了额外情报。现在看来，几乎可以确定敌军欲对莫尔兹比港和图拉吉发起攻击。面对大兵压境的日军，弗莱彻手中仅握有“约克城”号航母，以及护卫该航母的 3 艘巡洋舰和 4 艘驱逐舰。这些舰只组成了第 17 特遣编队（TF-17）。“列克星敦”号航母（以及同属第 11 特遣编队 [TF-11] 的 2 艘巡洋舰和 5 艘驱逐舰）自 3 月 26 日起短暂驻留于珍珠港，而后奉命离港，于 5 月 1 日同弗莱彻的航母编队在珊瑚海东部会合。届时，弗莱彻将担任这支联合航母部队的指挥官。手握 2 艘航母的弗莱彻担负着一项基本任务：掩护莫尔兹比港和所罗门群岛。5 月 1 日，弗莱彻在新喀里多尼亚西北 300 英里与第 11 特遣编队会合。随后，弗莱彻决定向瓜岛以南 325 英里处机动，准备应对日军的任何动作。为弗莱彻提供支援的，是道格拉斯·麦克阿瑟将军的西南太平洋战区海军部队，该部队组成了第 44 特遣编队（TF-44）。这支部队将于 5 月 4 日前来会合，会合点位于瓜岛西南 350 英里，会合后由弗莱彻统一指挥。麦克阿瑟还调拨了 4 艘美国海军潜艇，负责在日占海域巡逻游弋。

总体而言，弗莱彻的计划简单而不失灵活。由于太平洋舰队中半数可用的航母都交到了他手上，他展现出了一种稳健的行事风格，既谨慎小心，又善于抓住机会大胆出击。他注重保护莫尔兹比港，因为这里似乎面临着最大的威胁。空中侦察与后勤资源的不足，使他处处掣肘，但二者都是他所无法控制的。若说他的计划有什么瑕疵，那就是过于关注珊瑚海和莫尔兹比港附近海域。空中搜索的重点无一涉及所罗门群岛以东海域，但正是在弗莱彻一无所知的这片海域中，潜藏着最大的危险。

尼米兹和金上将均对美军航母的能力过于自信，并且能够接受在劣势条件下作战。即使在情报显示日军阵中航母将多达 4 艘时，尼米兹还是决定向珊瑚海中的日军航母部队开战。若他能削弱对手实力，日本帝国海军的进攻能力便会整体下滑。

珊瑚海之战

开局谋动

5月3日晨，珊瑚海之战打响了第一枪。吴镇守府第3特别陆战队在图拉吉岛和加武图岛顺利登陆，未遇抵抗。但当日还未过去，对同步性要求甚高的“MO作战”计划就陷入了麻烦。MO航母打击部队担负着一项看似简单的任务：将9艘零式战斗机从特鲁克运往拉包尔，进一步确保日军在该区域的空中优势。这项任务本该在5月2日完成——当天，南下的航母打击部队与拉包尔的距离最近。不过，9架战斗机起飞后，因天气恶劣被迫返回航母。翌日，9架战斗机再度尝试飞往拉包尔，但因天气原因再次遇挫，还损失了其中1架战机。此时，航母打击部队的行动已落后原定计划2天时间。这段插曲表明了“MO作战”计划的基本弱点：将计划的顺利实施首先系于9架战斗机这样的小因素。

就在日军航母试图完成输送战机的任务时，弗莱彻从报告中得知，图拉吉已于5月3日19时左右落入日军之手。5月3日早些时候，第17特遣编队正缓慢西行，向珊瑚海中央驶去。第11特遣编队加油完毕时，弗莱彻和第17特遣编队已离开了“列克星敦”号航母。实际上，“列克星敦”号早就加完了油，距弗莱彻的位置很近，但严格的无线电静默使弗莱彻无从获悉这一情况。因此，当弗莱彻得知图拉吉遭到日军入侵时，他决定立即以第17特遣编队独力予以回应。20时30分，弗莱彻率部北上，以最高27节航速进入预定阵位，准备于5月4日拂晓对图拉吉附近海域日军发动攻击。弗莱彻明白，此举将会

1942 年 5 月 2 至 6 日的美、日两军动向图示。（图源：鱼鹰出版有限公司）

1942 年 2 月 24 日，一架来自“企业”号航母的道格拉斯 TBD“蹂躏者”鱼雷轰炸机飞过威克岛上空。在“蹂躏者”鱼雷轰炸机的早期战争经历中，珊瑚海一役可谓突出。此役中，“蹂躏者”鱼雷机投下的数枚鱼雷命中了日军轻型航母“祥凤”号。在 1 个月后的中途岛战役中，“蹂躏者”鱼雷机的真正弱点才暴露了出来。（图源：美国海军历史中心）

暴露美军航母在该区域的存在，但他更关心如何奇袭日军，给予其沉重打击。

5 月 4 日的美军航母突袭

到 5 月 4 日，入侵图拉吉的日军部队已无空中掩护。“祥凤”号已驶往北方，为运输莫尔兹比港攻略部队的护航舰船提供掩护，后者当时正驶离拉包尔。MO 航母打击部队仍滞留于拉包尔海域，试图完成输送战机的任务。5 月 4 日晨，当美军航母舰载机出现在图拉吉上空时，日军完全被打了个措手不及，基本上毫无防备。

6 时 30 分，“约克城”号开始出动战机，这波战机是四波战机中的第一波，于 8 时 20 分发起空袭。密集的空袭换来的却是无比失望的结果。弗莱彻宣称击沉 2 艘驱逐舰、1 艘货船和 4 艘巡逻舰艇，并迫使 1 艘轻巡洋舰搁浅，但真实战果要小得多。实际上，仅有“菊月”号驱逐舰、3 艘扫雷艇和 4 艘登陆驳船被击沉。美军最重要的战果，或许是让日军损失了 5 架 97 式飞行艇[10]。日军共有 87 人死亡，124 人负伤。

5 月 5 至 6 日——机动觅敌

弗莱彻空袭图拉吉后，又高速向南。日军对发动空袭的航母位于何处毫无头绪，弗莱彻因而得以轻易逃脱日军反击。同一时间，日军航母部队仍在黑暗中摸索。空袭图拉吉的美军飞机发现了正在所罗门群岛以北补充燃料的日军航母。高木武雄得知美军发起突袭后，指挥航母部队火速驶向东南，以期在图拉吉以东找到美军航母。搜寻无果后，高木确定了自己的想法，率部从所罗门群岛东部某海域进入珊瑚海。

麦克阿瑟的空中侦察单位向弗莱彻送来了大量情报，报告所罗门海域活跃着许多日军单位，并汇报了它们的位置和动向。报告中也提到了日军航母。5 月 4 日正午时分，一架美军轰炸机报告，在布干维尔[11]附近海域发现一支部队，其中包括 1 艘航母。5 月 5 日，另一份报告提到，1 艘日军航母正在布干维尔西南方活动。麦克阿瑟的飞行员发现的航母，正是向北航行的“祥凤”号。“祥凤”号此行意在为 MO 攻略部队提供掩护，后者已于 5 月 4 日从拉包尔启程。

5 月 6 日，弗莱彻行使了尼米兹授予他的权力，将另 2 支特遣编队[12]并入第 17 特遣编队。此时，他的全部力量包括：2 艘航母，8 艘巡洋舰

（含 2 艘澳大利亚巡洋舰），和 11 艘驱逐舰。弗莱彻命令这支联合编队向东南航行，航行持续了一天。由于盟军航空部队的侦察范围仍集中于所罗门海和路易西亚德群岛，弗莱彻依然无从得知日军航母部队的实际方位，而后者此时正位于其东北方。5 月 6 日 10 时 15 分，美军雷达发现，第 17 特遣编队所在海域出现了一个侦察单位，但执行战斗空中巡逻任务的战斗机无法确定其位置。尼米兹提供的信号情报也表明，日军航母的任务是在 5 月 7 日对莫尔兹比港发起攻击。

日军率先获得了敌军航母所在方位的可靠情报。情报显示，第 17 特遣编队正位于图拉吉西南 420 英里。原忠一不想向美军暴露自己的存在，决定既不发起远程打击，也不开展空中搜索。他继续向南，直至 5 月 6 日 19 时 30 分。此时，原忠一的舰队距第 17 特遣编队已不到六七十英里。

5 月 7 日的交锋

5 月 7 日晨，第 17 特遣编队位于罗塞尔岛（Rossel Island）以南约 150 英里，恰好介于两支日军主力——MO 攻略部队和 MO 航母打击部队之间。弗莱彻依然将目光聚焦于打击日军航母，但对后者的实际方位毫无头绪。日军也发现自己并未处于完全有利的阵位。虽然日军仍欲对毫无戒备的美军航母设下埋伏，但他们未能根据以下事实对“MO 作战”计划加以调整：一方面，MO 航母打击部队姗姗来迟，落后于预定计划；另一方面，一支美军航母部队正在阻挡攻略部队前进。弗莱彻可以选择等待，根据日军动向做出反应。日军则必须当机立断，使作战行动如期展开。

对双方而言，胜利的关键在于侦察。5 月 7 日，双方指挥官均对己方侦察机的行动失望透顶，而种种侦察失误将会塑造这场海战。盟军航空部队的飞机继续重点搜索路易西亚德群岛以北海域和所罗门海，“约克城”号也出动无畏式俯冲轰炸机参与搜索。日军同样利用陆基飞机和航母舰载机展开了大规模搜索。哪一方能更快收到真实可靠的敌情报

5 月 1 日，“尼欧肖”号油船向“约克城”号航母加油。5 月 7 日，“尼欧肖”号遭到日军航母舰载机轰炸，最终于 5 月 11 日自沉。整场战役期间，弗莱彻都十分注重使麾下舰队保持燃油充足。（图源：美国海军历史中心）

“我们已唤醒了一个沉睡的巨人，并向它灌注了可怕的决心。”

——山本五十六大将

告，哪一方就很可能率先发起进攻，夺取胜利。

同样在5月7日黎明，弗莱彻决定派出英国海军少将约翰·克雷斯[13]率领的第17特遣编队第3特遣群（TG-17.3）。克雷斯指挥着3艘巡洋舰和3艘驱逐舰。他的任务是阻止MO攻略部队通过路易西亚德群岛南面。这一做法颇具争议，因为弗莱彻的航母屏护部队本就薄弱，此时又分出了1/3兵力，将一支没有空中掩护的部队置于日军陆基飞机的活动范围内。但弗莱彻的理由在于，如果像美国海军战前演习中常常出现的那样，双方舰队在航母交锋中两败俱伤，那么克雷斯的部队便会就位，与进入珊瑚海的日军交战。在这种情形下，弗莱彻的做法似乎是稳妥之举。

由于活动区域相对较小，机动的舰船和航母数量又相对较多，双方指挥官很快收到了可靠的敌情报告。7时22分，从"翔鹤"号上起飞的2架97式舰载攻击机报称，发现一支由1艘航母、1艘巡洋舰和3艘驱逐舰组成的美舰编队，距日军航母编队以南仅163英里。原忠一准备发起全面进攻。到8时15分，由78架舰载机（18架战斗机、24架鱼雷轰炸机和26架俯冲轰炸机）组成的空中打击部队已呼啸而去，在高桥赫一少佐的指挥下直扑美军航母。

情形似乎对日军十分有利，但希望很快化为了潜在的厄运。9时刚过，攻击机群抵达了报告中的遇敌地点，但高桥赫一只找到了1艘油船和1艘护航驱逐舰[14]。机群扩大了搜索范围，但再无任何发现。更糟的是，高桥赫一收到报告，称美军航母在罗塞尔岛东南方现身。美军阵中有2艘航母，其中之一为萨拉托加级。10时08分，美舰编队正着手发起攻击。面对这一危险变化，高桥赫一于11时取消攻击，但他的鱼雷轰炸机已击沉了那艘驱逐舰，并对油船造成重创[15]。

日军浪费了伏击美军的机会，战果却仅仅是2艘无关紧要的舰船。直到15时后，攻击机群的最后一架飞机才返回航母。因此，要在当天对真正的美军航母发起攻击，已不可希求。对原忠一而言幸运的是，对油船编队的攻击并未暴露他的位置。当天晚些时候，弗莱彻得知油船遭到攻击。但无论是油船，还是护航驱逐舰，都未在沉没或退出战斗前发出求救信号。

就在日军竭力辨明当前情势之际，相似的情况也落到了美军身上，只是对美军更为有利。早在7时35分，弗莱彻就收到了侦察机回报的日军活动情况。侦察机先是在罗塞尔岛西北方发现2艘巡洋舰。日舰编队位于第17特遣编队西北225英里，超出了战斗机和鱼雷机的作战航程。但根据报告，日舰编队正向南航行，而弗莱彻正向北航行。他判断，全面出击的可能性已经成熟。弗莱彻又等了1个多小时方才动手，但从9时26分起，“列克星敦”号的攻击机群已开始升空，其中包括10架战斗机、28架俯冲轰炸机和12架鱼雷轰炸机。9时44分，“约克城”号两波攻击机群中的第一波也离舰腾空，其中包括8架战斗机、25架俯冲轰炸机和10架鱼雷轰炸机。

不过，就在美军机群北上时，战事的走向也出了岔子。侦察日军动向的飞机已经返航，但据其反映，此前汇报的2艘航母，实为4艘轻巡洋舰和2艘驱逐舰。弗莱彻陷入了原忠一此前面临的困境，但他没有取消攻击。他通过盟军航空部队发回的情报得知，日军在预定攻击海域活动频繁。10时22分，情况变得明朗起来。弗莱彻收到来自莫尔兹比港的报告，称2小时前，一架B-17轰炸机发现了包含1艘航母在内的大部队，位置就在此前的误报地点以南不远处。弗莱彻将这一新情报发给了空中的打击机群，让其继续前往目标海域，希望能找到合适的目标。

航母之死

“祥凤”号航母所在海域天气晴朗，向其奔袭而去的美机共有93架。“祥凤”号的第一战，也是最后一战，注定速见分晓。10时40分左右，“列克星敦”号航母机群在北面约40英里发现了“祥凤”号。“祥凤”号的4机巡逻编队方才降落，1架舰载攻击机和其他3架飞机刚刚起飞，其他数架飞机仍在甲板上准备。“列克星敦”号机群率先进击。11 时 18 分，2 颗 1000 磅（454 千克）炸弹击中了“祥凤”号，在机库甲板上引发了熊熊大火，甲板上已加注燃油的飞机又使火势愈演愈烈。在俯冲轰炸机展开攻击的同时，鱼雷机也于 11 时 19 分发起进攻。5 枚鱼雷命中“祥凤”号，足以对其造成致命破坏。

“约克城”号航母机群随后而至，对已经倾斜的“祥凤”号实施打击。据美方统计，这艘已无力机动的航母共被击中 15 次，日方的数据则为 11 次。中弹累累的“祥凤”号至此陷入瘫痪。密集的炸弹和鱼雷将“祥凤”号炸得千疮百孔，834 名舰员中仅 203 人幸存。美军仅损失 3 架飞机。

到 14 时 50 分，两支美军空袭机群均已返回各自航母，为下一步打击行动做准备。弗莱彻的航空兵出色地完成了当天任务，让日本损失了开战以来的第一艘航母。由于已无可能赶在天黑前出击与返航，加之天气恶劣，弗莱彻决定不再发起第二次进攻。虽然弗莱彻避开了日军的空中打击，但第 17 特遣编队第 3 特遣群则未能幸免，因为该特遣群处在日军陆基飞机的打击范围之内。不过，凭借克雷斯的巧妙机动和猛烈的防空火力，第 3 特遣群逃过此劫，但日军仍然相信自己取得了不俗战果。

“祥凤”号沉没后，井上成美将莫尔兹比港登陆作战的时间向后推迟了 2 天，并命令护航运输船队撤出作战海域。

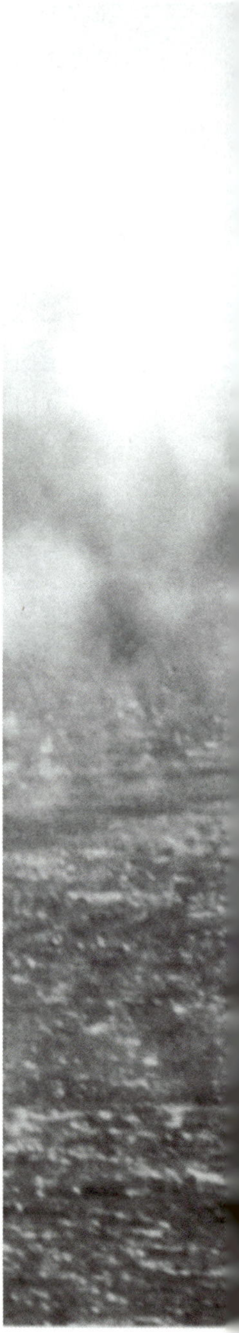

5 月 7 日晨，“祥凤”号轻型航母遭到了 93 架美机的攻击，这些美机来自 2 艘美军航母。15 分钟内，“祥凤”号就被约 13 颗炸弹和至少 7 枚鱼雷炸得支离破碎。这艘日军航母迅速沉入水下，人员损失惨重。（图源：美国海军历史中心）

美军对“祥凤”号的攻击，令高木武雄和原忠一愈发感到紧迫。“祥凤”号遭遇的美机数量清晰地表明，有 2 艘美军航母正在作战海域游荡。“MO 作战”已是一团糟。接下来的一切，都取决于航母打击部队能否扫除美军航母，使作战行动回归正轨。因此，原忠一倾向于在黄昏冒险出击。“瑞鹤”号航母上的 9 架舰载攻击机和 6 架舰载轰炸机飞行人员被选中参与行动，另有来自“翔鹤”号航母的 6 架舰载攻击机和 6 架舰载轰炸机加入其中。此次冒险显然夹杂着不止一星半点的无望情绪。部分行动成员参加了当天早些时候长达 7 小时的空袭行动，不久前刚刚返航。而此时，他们却得在愈发恶劣的天气条件下再度起飞，打击一个行踪未定的目标。

可以预见的是，此次行动并不顺利。日本人并不知道美军航母就在约 150 英里外，隐藏于浓云之下。日军攻击机群抵达指定区域时，海上已空无

珊瑚海海战中，燃烧的日军航母“翔鹤”号做出规避动作，躲避美机炸弹。从“翔鹤”号身后的那道尾迹线可以看出，这艘航母来了个急转弯——但无济于事。（图源：基斯顿公司，盖帝图像）

一物。草草侦察一番后，三支日军机队就抛下弹药，开始返航。返航途中，这群日机与美军航母撞了个正着。在雷达的指引下，“野猫”战斗机对第一队日机进行了拦截，击落了6架舰载攻击机和1架舰载轰炸机。“野猫”战斗机则被击落3架。第二和第三队日机在夜幕中飞临美军航母上方，将后者误认为己方航母，准备降落。在美军的防空火力中，又有1架日军攻击机被击落。所有27架升空的日机中，有18架最终返航，成绩不俗。不过，日军损失了9架宝贵的舰载攻击机，这一损失带来的影响将在次日显现。据返航的日军飞行员汇报，美军第17特遣编队位于西面仅40至60英里。现在，双方都知道对方就在不远之外。这场战役的决定性交锋，定将于次日上演。

5月8日——战前准备

美日双方都明白，快速、准确的侦察行动，是左右5月8日对决结果的关键所在。海战前夜，双方均试图进入有利阵位，在即将到来的战斗中占得上风。克雷斯命令手下部队向西航行，在莫尔兹比港东南方向就位，拦截任何在航母战打响后向莫尔兹比港前进的日军部队。5月8日晨，第17特遣编队拥有117架作战飞机（含31架战斗机、65架俯冲轰炸机、21架鱼雷轰炸机）。其中，18架SBD俯冲轰炸机需要执行360度全方位空中搜索任务。北部的搜索航线延伸至200英里外，南部的搜索航线则限制在125英里内。白昼期间，每艘航母均派出8架战斗机执行战斗空中巡逻任务，“约克城”航母还派出了8架SBD俯冲轰炸机，开展反鱼雷轰炸机巡逻。两艘美军航母的余下飞机均整装待发，一旦收到定位信息，便会发起攻击。

与第17特遣编队相比，MO打击部队所能召集的舰载机少了21架。双方的主要差别在于，美军在俯冲轰炸机上优势明显。6时，美军飞机在第17特遣编队东北约220英里发现MO航母打击部队，后者所在海域天气恶劣。在 5 月 8 日的海战中，天气扮演着重要角色。锋面边缘已向北方和东北方移动了 30 至 50 英里，使第 17 特遣编队脱离了恶劣天气（恶劣天气在一定程度上保护了美军编队免遭敌方侦察）。第 17 特遣编队所在海域薄雾轻掩，能见度大大提升。与此相反的是，日军航母此时正在天气恶劣的海域航行，乌云蔽空，风雨阵阵。这种天气增加了美军飞行员的行动难度。

美军奔袭 MO 航母打击部队

6 时 15 分，日军搜索机队已经升空。6 时 35 分，第 17 特遣编队的 18 架 SBD 俯冲轰炸机也离舰升空。不久后，双方都发现了自己的目标。日军率先取得进展。8 时 02 分，“约克城”号的雷达显示，东北 18 英里有敌情出现，但第 17 特遣编队的战斗空中巡逻机队未能发现目标或予以拦截。8 时 22 分，日军搜索机队发回报告，称发现 2 艘美军航母，距 MO 航母打击部队 235 英里，方位 205 度。“列克星敦”号和“约克城”号上的无线电情报人员均确认了一个事实，那就是日军飞机已发现第 17 特遣编队，并已发回报告。

8 时 20 分，弗莱彻和菲奇收到了第一份报告。当时，一架 SBD 俯冲轰炸机在恶劣天气中发现了 MO 航母打击部队。经过航线标绘，他们判断日军舰队距第 17 特遣编队 175 英里，方位 28 度，正与美军航母背道而行。175 英里外的日军航母，勉强位于 TBD“蹂躏者”鱼雷轰炸机打击范围的边缘。尽管如此，美军仍决定发起全面打击。第 17 特遣编队向发现敌情处驶去，缩短打击距离，使攻击机群能更快返航。

美军攻击机群率先升空。9 时，“约克城”号出动 39 架战机（6 架战斗机、24 架俯冲轰炸机、9 架鱼雷轰炸机）发起攻击。9 时 07 分，“列克星敦”号的 36 架战机（9 架战斗机、15 架俯冲轰炸机、12 架鱼雷轰炸机）也随之升空出击。由于空战已正式开始，9 时 08 分，弗莱彻将第 17 特遣编队的战术控制权交予奥布里·菲奇。根据美军的作战理论，2 支空中打击机群分开行动，彼此相距甚远，不设单独的打击行动指挥官。9 时 34 分，后续报告显示，日军航母距第 17 特遣编队 191 英里。晨间执行侦察任务的飞机返航后，菲奇立即计划驶向东北，缩短与日军航母的距离。

“约克城”号攻击机群飞抵 MO 航母打击部队所在区域时，后者已兵分两部。“瑞鹤”号航母由 2 艘重巡洋舰和 3 艘驱逐舰护卫，位于“翔鹤”号前方约 1.1 万码（10 公里）。“翔鹤”号航母则由 2 艘巡洋舰护卫。美军俯冲轰炸机进入攻击位置时，“瑞鹤”号航母编队遁入了风雨大作的海域。“翔鹤”号则仍位于能见度良好的海域，成了首当其冲的目标。24 架 SBD 俯冲式轰炸机的 1000 磅（454 千克）炸弹两度命中“翔鹤”号，但鱼雷机的攻击则完全失败。“列克星敦”号的打击机群在暴风雨中四散分离，总体战果比“约克城”号还要令人失望。大多数飞机在恶劣的天气中完全错过了目标，仅有 1 枚 1000 磅炸弹命中了“翔鹤”号。

“翔鹤”号身中 3 枚千磅炸弹，受损严重，但无下沉之虞。舰上共有 109 人死亡，114 人受伤。虽然“翔鹤”号上的火势很快被扑灭，但炸弹造成的破坏使之无法出动飞机。在 2 艘驱逐舰的护卫下，“翔鹤”号奉命以 30 节航速撤出交战区。“瑞鹤”号则已经逃脱。

日军攻击第 17 特遣编队

就在美军打击机群逼近之际，在“翔鹤”号和“瑞鹤”号航母的甲板上，18 架零式战斗机，33 架 99 式舰载轰炸机，以及挂载鱼雷的 18 架 97 式舰载攻击机，已准备就绪。与美军的作战思路不同的是，这些日机于 9 时 30 分出发后，形成了单一作战机群，由高桥赫一统一指挥。高木武雄的航母部队以 30 节速度尾随机群南行。假如高木武雄保持其方位不变，美军的近程 TBD 鱼雷轰炸机将绝无可能到达日军航母所在区域。

对于日军在晨间发动的进攻，奥布里·菲奇候时已久。他全力安排了万无一失的战斗空中巡逻。8 架“野猫”战斗机已经升空，执行反鱼雷机任务，另有 18 架 SBD 俯冲轰炸机为其提供支援。10 时 55 分，“列克星敦”号和“约克城”号的雷达发现了大群日机，9 架“野猫”战斗机和 5 架 SBD 俯冲轰炸机随即腾空。其中，新起飞的 9 架“野猫”战斗机奉命沿方位线前进，尽可能拦截这群日机，掩护第 17 特遣编队。不过，美军战机未能截住日军的鱼雷轰炸机。

日军的 18 架 97 式舰载攻击机中，有 14 架负责攻击“列克星敦”号，而攻击“约克城”号的仅有 4 架。美军航母虽有战斗空中巡逻机队保驾护航，但还是有 15 架 97 舰攻突破防御，实施攻击。攻击“约克城”号航母的 4 架 97 舰攻均未得手，其中 2 架被击落。而在“列克星敦”号航母这边，由于参与攻击的 97 舰攻多达 14 架，加之“列克星敦”号体型庞大，机动性有限，日军的战果要好得多。2 架 97 舰攻投下的鱼雷命中了“列克星敦”号左舷。其中，第一枚鱼雷命中于 11 时 20 分，炸弯了“列克星敦”号右舷的航空燃油舱，造成小裂缝，导致汽油蒸汽外溢。第二枚鱼雷击中了舰岛下方，距锅炉舱不远。

高桥赫一命令俯冲轰炸机占据迎风位置，使其在鱼雷攻击后数分钟再加入战斗。他命令“翔鹤”号的 19 架俯冲轰炸机负责对付“列克星敦”号，余下的“瑞鹤”号俯冲轰炸机负责袭击“约克城”号。虽然日机勇敢地在愈发猛烈的防空火力中实施强攻，但结果却大失所望。一连串炸弹在两艘美军航母近旁爆炸，命中目标的却仅有 3 颗。面对“约克城”号的防空火力、2 架“野猫”战斗机的组合攻击、巴克马斯特[16]上校优秀的操舰技术以及侧风对投弹造成的影响，14 架“瑞鹤”号俯冲轰炸机投下的炸弹仅仅命中 1 颗。日军空袭造成的破坏并不像美军料想的那样严重。“约克城”号的舰员很快扑灭火势，锅炉舱也重新配备人员，将航速提升至 28 节。甚至是受损情况严重得多的“列克

一张有些模糊但却充满张力的“列克星敦”号航母遇袭照，由某架参与袭击的日机拍下。照片中，“列克星敦”号已中弹起火。这艘航母周围飞溅的水柱之多，表明此舰是在日军俯冲轰炸机的攻击下中弹的。（图源：美国海军历史中心）

星敦”号，似乎也仍能坚持战斗，无下沉危险。攻击结束后，高桥赫一于 11 时 25 分通过无线电回报，声称 1 艘萨拉托加级航母身中 9 枚鱼雷和 10 枚炸弹，已被击沉。虽然美军的战斗空中巡逻机队付出了最大努力，但日机的损失相对较轻。不过，此次攻击行动的指挥官高桥赫一阵亡。

硝烟之后

在 5 月 8 日的战斗中，日军和美军的舰载机群均遭重创。双方都无法立刻恢复战斗。出于对“列克星敦”号受损及燃油状况的担忧，弗

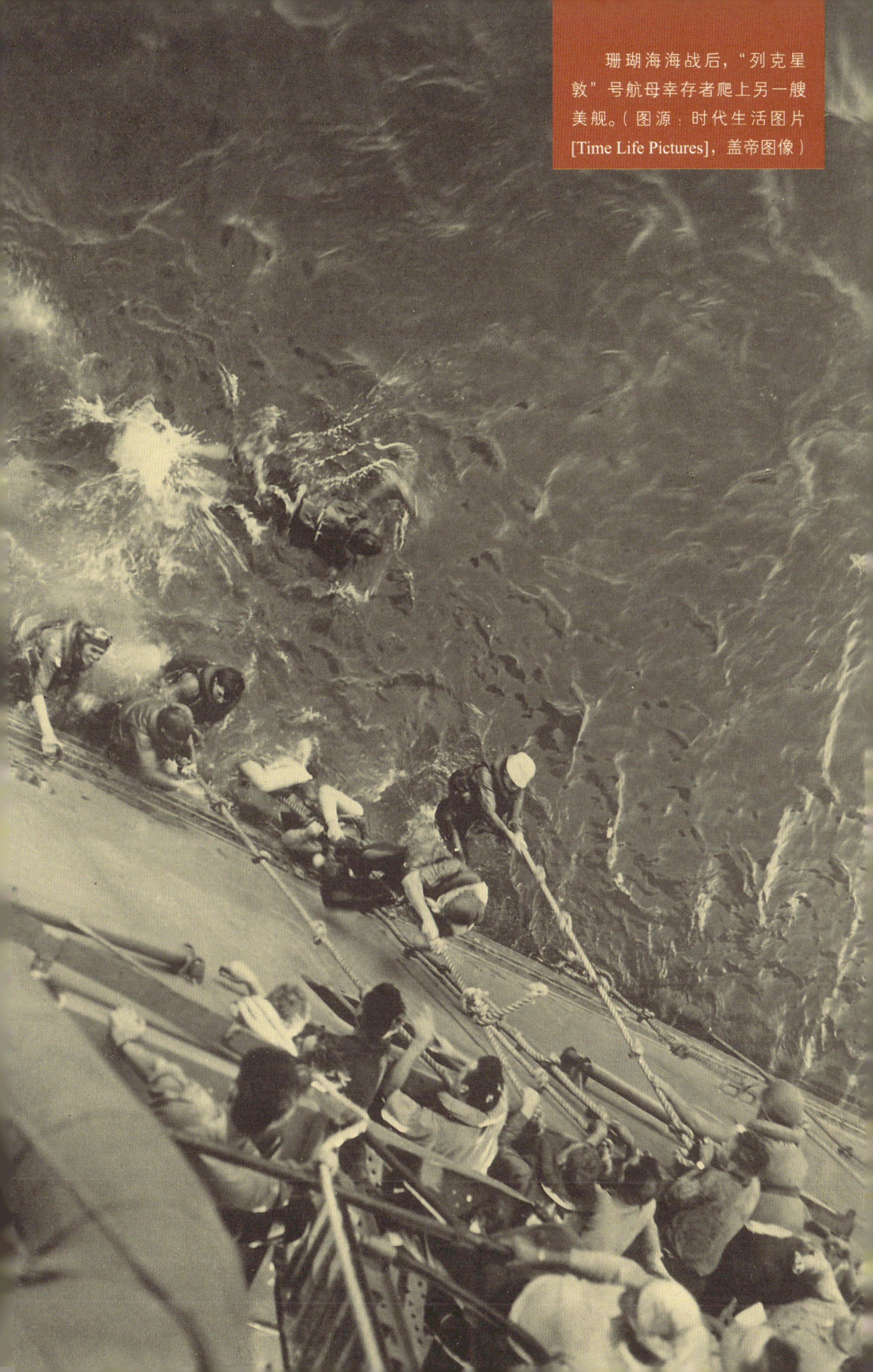

珊瑚海海战后，“列克星敦”号航母幸存者爬上另一艘美舰。（图源：时代生活图片[Time Life Pictures]，盖帝图像）

莱彻于13时15分建议第17特遣编队南撤休整。到了这时，珊瑚海之战实际上已经结束。事实证明，鱼雷对“列克星敦”号造成的破坏是致命的。外溢的汽油蒸汽进一步引发了爆炸和大火。最终，舰长不得不下令弃舰。19时52分，“列克星敦”号被美军自行击沉。

不过，由于MO航母打击部队未能歼灭美军航母，“MO作战”也就此告吹。山本五十六得知海战进展后，当即采取行动。22时，他命令井上成美继续追击美舰，全歼残敌。MO航母打击部队在5月9日补充燃料后，于5月10日再度驶入珊瑚海，在增援日机的协助下寻敌再战。5月10日黎明，高木武雄位于图拉吉西南约340英里。他从此处展开搜索，但未发现美军踪影。5月11日，继续行动显然已是徒劳，日军航母打击部队向北方驶去。

由于麦克阿瑟的飞机已报告了日军攻略部队护航船队的北行动向，弗莱彻可以有把握地认为，莫尔兹比港的入侵危机已经结束。在5月8日的余下时间中，他向南进入珊瑚海，继续高速撤离作战海域。

结局与影响

在太平洋战争的首次航母交锋中，交战双方均付出了高昂代价。日军入侵莫尔兹比港的计划受挫，但将图拉吉列入了征服清单。日本帝国海军的损失之重，甚于开战以来的任何一役。葬身水下的“祥凤”号轻型航空

燃烧的“列克星敦”号航母发生剧烈爆炸，将甲板上的一架战机掀飞。（图源：科比斯图片社）

母舰，是日军自开战以来损失的最大一艘舰只。此外，在美军航母对图拉吉的突袭中，日军还损失了1艘驱逐舰和数艘次要船艇。最重要的是，“翔鹤”号航母中弹受损，一直在船厂中待到了1942年7月。航母舰载机同样损失惨重。美军方面的最大损失则是“列克星敦”号航母，后者占据了太平洋舰队航母作战力量的25%。“约克城”号航母轻微受损，但它的保全，使美军能够名正言顺地宣布取得战略性胜利。

人们普遍接受的观点认为，珊瑚海之战虽然是美军的战略性胜利，但也是美军的战术性失利。倘若单独看待这场海战，这一观点或许成立。美国海军虽然击沉了1艘轻型航母，重创了1艘舰队航母，但却损失了太平洋舰队4艘作战航母中的1艘。然而，上述观点缺乏可信度，因为这场战役不可孤立审视。对日军而言，这一仗或许只是个支线行动，但其影响却无疑具有战略意义。1942年初，山本五十六的主要目标是攻击美国海军，更具体地说，是攻击美国海军的航母。在他看来，后者是美军在太平洋的重心所在。这一目标与“MO作战”的目标虽无交集，但却是“MI作战”（进攻中途岛的行动代号）的首要目标。根据计划，“MI作战”将在莫尔兹比港攻略行动后旬月内展开。为了成功实施“MI作战”，山本五十六的作战方案有赖于日军保持舰队航母优势。山本抽调了1/3的机动部队航母参与“MO作战”，违反了兵力集中原则。虽然“翔鹤”号和“瑞鹤”号均未在作战中沉没，但却双双退出了“MI作战”战斗序列。由于仅能出动4艘航母，山本五十六已丧失了航母方面的决定性优势。而在随后与美国海军的决战中，这一优势是确保胜利的必备条件。自珊瑚海开始，日军的作战态势发生转折，最终导致日本于1945年8月投降。

注释

[1] 拉包尔（Rabaul），又译腊包尔，位于西太平洋俾斯麦群岛中的新不列颠岛。

[2] 莫尔兹比港（Port Moresby）位于新几内亚岛东南巴布亚湾沿岸。

[3]　高木武雄于1942年5月1日升为海军中将。

[4]　第5战队为巡洋舰战队。

[5]　晚到的约翰尼（Johnny Come Lately）指新手、生手。

[6]　5英寸/25倍径（5 in/25），指火炮的口径为5英寸（127毫米），炮管长度为口径的25倍，即125英寸（3.2米）。倍径主要指炮管长度与口径之比，倍径越大射程越大。

[7]　军令部（Naval General Staff）为日本帝国海军的最高军事指挥机关，日本战败投降后被废除。

[8]　汤斯维尔（Townsville）为澳大利亚昆士兰州东部港口城市。

[9]　特鲁克（Truk）位于加罗林群岛核心。太平洋战争期间，特鲁克是日本在太平洋上最重要的海空基地。

[10]　97式飞行艇是二战初期的日军水上飞机，用于海上巡逻侦察等。机身为船形，以便在水上漂浮。

[11]　布干维尔（Bougainville）岛是所罗门群岛中最大的岛屿。

[12]　即第11特遣编队和第44特遣编队。

[13]　约翰·克雷斯（J. G. Crace）是澳大利亚人，效力于英国皇家海军。在1942年的珊瑚海海战中，他负责指挥第17特遣编队第3特遣群，即此前的第44特遣编队（澳美支援舰队）。

[14]　指“西姆斯”号（Sims）驱逐舰。

[15]　“尼欧肖”号油船遇袭后并未立即沉没，而是在海上漂流了4天。5月11日，前来救援的“亨利”号驱逐舰救出了“尼欧肖”号的船员，然后奉命将这艘油船击沉。

[16]　指“约克城”号舰长埃利奥特·巴克马斯特（Elliott Buckmaster）。

中途岛战役前，美海军某鱼雷轰炸机中队飞行员的合影。他们中后来只有一人生还，其余全部阵亡。（图源：时代生活图片，盖帝图像）

第三章 中途岛

战役肇始

正如日军策划的那样，入侵中途岛，与美太平洋舰队余部交战，将成为日本帝国海军的最后一搏。日本帝国海军的全部8艘作战航母，以及联合舰队的11艘战列舰，尽皆投入其中。日本帝国海军的18艘重巡洋舰中，有14艘参与作战，外加大部分轻巡洋舰和驱逐舰。这支部队由28名海军将领指挥。如此规模的一支部队，无疑是对成功的保证。一旦美太平洋舰队遭到重创，日军就会再度南下，切断美国与澳大利亚间的海上交通线。如若失去美国海军的保护，夏威夷自身也会成为日军的潜在目标。

对尼米兹而言，他拥有一项无可估量的优势——情报。美国出色的情报工作，使尼米兹掌握了敌军的实力与意图。虽然美方情报远未达到无所不知的程度，但这些情报与尼米兹勇于进取的天性和战略眼光相结合，便能确保美国余下的海军力量部署于最佳位置，对日军造成最沉重的打击。尼米兹将手中余下的部队尽数派往中途岛加强防卫，包括全部3艘航空母舰。

与盛行的谬见不同的是，珍珠港事件中，美国海军在太平洋的战列舰力量并未覆灭。到1942年6月，太平洋区域中有7艘可作战的美军战列舰。上级一再要求尼米兹以富有侵略性的方式运用战列舰，但尼米兹谨记珍珠港的教训，没有执行这些要求，而是将战列舰遣回美国西岸。不同于山本的作战计划，面对即将来临的大战，尼米兹的作战计划几乎全部依赖于太平洋舰队的航母。由于山本在中途岛押上了日本帝国海军的全部力量，尼米兹准备以其现存所有兵力保卫中途岛。这场太平洋战争中最富戏剧性、最举足轻重的战役，已徐徐拉开大幕。

双方指挥官

日军指挥官

中途岛之战背后的策动者，是日本联合舰队司令长官山本五十六大将。山本五十六以才智出众、赌技高超闻名。他在赌博方面的名声，既源于战前时日，也得自珍珠港一役。不过，5 月的珊瑚海之战，造成了战术与战略上的双重失败。虽然山本五十六向来是空中力量的倡导者，但在中途岛一役中，他的作战计划更多地让人联想到日本的战前计划——在西太平洋与美军展开战列舰决战。这是个关键性错误。

55 岁的海军中将南云忠一，再次成为山本五十六战略构想的贯彻执行者。就当时而言，南云忠一是世界上最富经验的航母指挥官。南云忠一对研究错综复杂的航母战不怎么上心，他十分依赖自己的幕僚。南云忠一的参谋长是草鹿龙之介少将。虽然草鹿龙之介自 1926 年就进入了海航部队，但他并非飞行员，对空战也无深刻了解。南云的幕僚中，最重要的人物当属航空军官源田实中佐。源田实是组建第 1 航空舰队的推动者之一，得到了南云忠一的完全信赖。

第 2 航空战队占据了南云忠一航母部队的半壁江山。该战队的司令官是 50 岁的海军少将山口多闻，他在日本帝国海军中拥有很高声望。

在突袭珍珠港和中途岛的行动中，南云忠一中将是第1航空舰队的司令长官。他是海军航空领域的“局外人”，对该领域几乎一无所知。在珍珠港和中途岛作战中，他因指挥有失而受到严厉批评。中途岛战役后，南云忠一继续指挥航母部队，但在1942年10月的圣克鲁斯海战后被遣送回国。1944年，在塞班岛被美军荡平之际，身为塞班岛日军指挥官的南云忠一自杀毙命。（图源：美国国家档案和记录管理局）

山口多闻少将是最具“航空头脑”的日本海军将领之一。与山本五十六一样，山口多闻也曾担任驻华盛顿海军武官，并曾进入普林斯顿大学深造。他深受舰队指挥官器重，自1940年11月起任第2航空战队司令官，并率领该战队参与了珍珠港和中途岛的攻击行动。6月5日，在中途岛一役败局已定之际，山口多闻选择与他的旗舰“飞龙”号一同沉入海底。

美军指挥官

中途岛之战是属于切斯特・尼米兹上将的战役。尼米兹拥有一种不可思议的能力：他总能挑选出优秀的将领，并给予其所需空间完成任务。

1942 年 6 月时，弗莱彻少将是最富作战经验的美军航母指挥官。由于在珊瑚海海战中有功，他得到了尼米兹的举荐。弗莱彻搭乘受损的“约克城”号航母返回珍珠港后，尼米兹对他委以重任，让他全盘指挥中途岛海域的美军航母部队。在最初的打击行动中，弗莱彻将扮演重要角色。但在整场战役的大部分时间中，美军航母部队的实际指挥者是弗莱彻的部下斯普鲁恩斯。雷蒙德・斯普鲁恩斯少将是名水面作战指挥官，不具备航空经验。不过，他对航母作战确实有所了解，因为自太平洋战争爆发以来，他就一直负责指挥威廉・哈尔西中将的巡洋舰屏护部队。在哈尔西因病（他患上了一种使人虚弱乏力的皮肤病）被迫登岸休假接受治疗后，斯普鲁恩斯接替了哈尔西的职务，指挥后者手下的所有部队。中途岛一战中，斯普鲁恩斯居功至伟，并赢得了冷静沉着、深谋远虑的名声。

双方部队

日军舰队

日军机动部队由 3 支航空战队组成，各航空战队分别拥有 2 艘航母。第 1 和第 2 航空战队均出战中途岛。其中，第 1 航空战队拥有日本帝国海军最大的航母，第 2 航空战队则拥有体型较小、但更为灵活的苍龙级航母。第 1 机动部队的旗舰为“赤城”号。“赤城”号由战列巡洋舰改装而来，故航行快速、防护优良、载机量大（尽管该航母仍比美军航母小）。第 1 航空战队的另一艘航母是“加贺”号。“加贺”号由战列舰改装而来，因此，在机动部队的航母中，“加贺”号的航速和机动性均居末位，但载机量最大。

日本的航母设计哲学，在2艘苍龙级航母——“苍龙”号和“飞龙”号上得到了集中体现。二者既拥有相对较大的载机容量，又具备航速快、重量轻的舰体。“苍龙”号和“飞龙”号所能装载的作战飞机数量，可与体型大得多的“赤城”号和“加贺”号媲美。强劲的机械动力和巡洋舰式的舰体，赋予“苍龙”号和“飞龙”号以极高的航速。不过，在机械设备和弹药库段的装甲防护上，两艘航母均存在严重不足。

当斯普鲁恩斯少将奉命接替抱病在身的哈尔西，出任第16特遣编队司令时，他还从未有过指挥航母的经历。不过，他思维灵活，悟性非凡，拥有敏锐而沉稳的判断力。由他出任指挥官，对中途岛作战的特殊情形而言再合适不过。从许多方面来看，他都称得上是“适才适所”。虽然在中途岛战役前，斯普鲁恩斯并不为日军所知，但从1942年6月起，他将确立自己的地位，成为太平洋战争中美国海军部队最优秀的指挥官之一。（图源：美国国家档案和记录管理局）

机动部队的第 3 航空战队由 2 艘翔鹤级航母——“翔鹤”号和“瑞鹤”号组成。不过，“翔鹤”号在珊瑚海海战中遭受重创，正在修理。“瑞鹤”号虽未受损，但因舰载机队损失惨重，同样退出了中途岛作战。日本方面没有尽力为“瑞鹤”号补充舰载机，使之加入即将到来的战役，其过度自负可见一斑。

机动部队的突出优势，在于开展大规模协同空中作战的能力。因此，在 1942 年间，日军自然能以远优于美军的方式操控航母。同时，这种优势又与训练有素、经验丰富的飞行人员结合了起来。在日军航母舰载轰炸机的飞行人员中，有 70% 都是参与过珍珠港之战的老手。在日军航母舰载攻击机的飞行人员中，这一数字更是高达 85%。

不过，尽管日军舰载机的损失相对较小，但日本的航空工业还是无法及时补足差额。因此，与近在数月前的珍珠港一战相比，参与中途岛作战的 4 艘日军航母少了 16% 的舰载机。日本帝国海军虽然极善于集结和协调空中打击力量，但却无力为航母提供有效保护。雷达的缺乏，以及防空武器的形同虚设，使日军航母的防御能力大打折扣。这一致命软肋，将在中途岛一役中暴露无遗。

美国海军航母部队

面对日军即将发起的中太平洋攻势，尼米兹着手制订作战计划予以应对。但就在 3 周前，“列克星敦”号航母在珊瑚海一战中沉没。因此，尼米兹手中仅余 3 艘约克城级航母。该级航母的设计得益于舰队方面的经验，在役期间成就斐然。约克城级航母的 4 英寸（102 毫米）厚舷侧装甲带和 1.5 英寸（38 毫米）厚垂直装甲覆盖了机械舱段，此外还配备有 5 英寸 /38 倍径高平两用防空炮，这些装备将在中途岛一役发挥不可估量的作用。美军航母通常使用甲板停机坪，这意味着与日军航母相比，它们能够装载更多飞机。

珊瑚海一战后，美国海军航母部队在1942年间的突出弱点，仍在于难以实施协同的空中作战。中途岛战役进一步凸显了这一痼疾。这一痼疾的存在，意味着防御脆弱的鱼雷轰炸机将独自发起攻击，结果自然可想而知。由单一机队独自发起攻击的作战理论，一旦与天气恶劣、通讯不畅或导航不良等因素相结合，便可能酿成灾难性后果。只有凭借指挥官本人的勇气与决断，才可弥补这一作战理论弱点。

根据尼米兹的计划，斯普鲁恩斯所率第16特遣编队（TF-16）的2艘航母，将构成主要打击力量——一旦发现日军航母，这2艘美军航母便会全力出击。在弗莱彻的率领下，以“约克城”号航母为核心的第17特遣编队，将作为搜索部队和后备部队使用，由弗莱彻自行调度。中途岛战役期间，为了不重蹈珊瑚海的覆辙，弗莱彻藏了一手：他将“约克城”号的舰载机队留作后备，应对任何突发情况。

珊瑚海一战中，美军战斗机半数用于实施战斗空中巡逻，半数用于执行打击护航任务。日本海军

“约克城”号航母在珊瑚海海战中遭受重创，以至于日本帝国海军认为它已经沉没。5月27日，“约克城”号蹒跚驶入珍珠港。返港后，该航母进入1号干船坞接受修复，在短短48小时内便回归了作战部队。虽然“约克城”号的许多维修工作充其量只是权宜之举，但它在中途岛的出现，还是起到了决定性作用。（图源：罗杰·切斯诺 [Roger Chesneau]）

航空兵充分展露实力后，美军战斗机的分配方式也发生了改变，这种改变有利于提升中途岛一役的舰队防空能力。

面对即将来临的战斗，尼米兹根据现有作战理论，决定将手中的航母分别置于 2 支特遣编队中。弗莱彻又相应做出了另一项决定：让 2 支特遣编队分开行动，彼此相距 10 至 15 英里，近至能够相互提供战斗机支援。美国海军情报部门为尼米兹带来了关键优势，使他能在中途岛之战中将部队置于最有利的位置。不过，一旦战斗打响，情报上的优势并不意味着美军部队必然取胜。

双方计划

日军计划

根据计划，“MI 作战”将于 6 月 3 日晨开始实施，由南云忠一的航母部队率先向中途岛“挥”出致命一击。中途岛位于北太平洋，介于夏威夷和东京之间。南云的部队拥

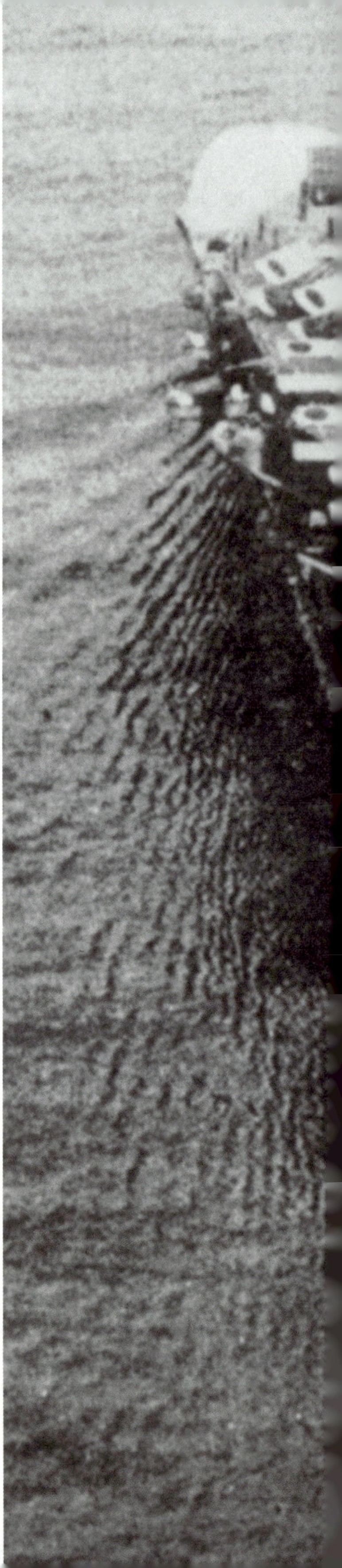

“MI 作战”期间，威严的第 1 航空舰队旗舰“赤城”号。“赤城”号原为天城级战列巡洋舰，因华盛顿海军条约的签订而改建为航母。“赤城”号于 1925 年 4 月下水，舰体前部有三层飞行甲板。（图源：罗杰·切斯诺）

日军人员正为零式52型战斗机加油，地点很可能位于塞班岛。（图源：汤姆·伦莱因）

有 6 艘航母，其护航舰只为：2 艘战列舰、2 艘重巡洋舰、1 艘轻巡洋舰和 11 艘驱逐舰（与偷袭珍珠港的部队相同）。这支部队将从西北方向接近中途岛，一举敲掉该岛的空中力量。与偷袭珍珠港一样，中途岛作战自然也应带有战略和战术突然性。根据设想，在登陆开始前，南云部队还将于 6 月 4 日对中途岛实施进一步空袭。6 月 5 日，一支水上飞机母舰部队将占领中途岛以西 60 英里的库雷岛（Kure Island），建立水上飞机基地。

上述所有前期行动完成后，日军的 5000 人登陆部队便会按计划于 6 月 6 日在中途岛登陆。根据预期，登陆部队快速拿下该岛后，2 个建设大队便会迅速使岛上基地恢复运行。在与美军舰队的预期冲突爆发前，他们仅有 1 天时间来完成任务。届时，中途岛基地将成为名副其实的堡垒，不仅将拥有南云航母部队的战斗机，还将拥有装载于运输船上的 6 艘“甲标的甲型”袖珍潜艇、5 艘鱼雷快艇、94 门加农炮和 40 挺机枪。

夺取中途岛，仅仅是日军目标核心部分的序曲。山本计划的整个前提一方面在于，对中途岛的攻击会迫使美太平洋舰队加入战斗；另一方面在于，在美军从对日军突袭的震惊中恢复过来，自珍珠港出击之前，山本有充足时间为其设下陷阱。该计划的另一项重要假设是：此次行动将达成战略突然性，美太平洋舰队需要 3 天时间才可从珍珠港赶赴中途岛参战。不过，山本五十六担忧，将联合舰队的力量压倒性地展示在美军眼前，会使后者对是否参战考虑再三。这种担忧可以从很大程度上解释山本的分兵之举。他的部署是个骗局，意在避免美军摸清他的真正实力，从而使美军打消疑虑，认为己方可与日军一战。倘若太平洋舰队现身，联合舰队的多股力量便会合兵一处，粉碎美军。

最奇怪的一点或许在于，日军似乎相信太平洋舰队不仅会出动余下的美军航母，还会出动舰队中余下的战列舰。根据日本在战前精心编制的决战计划，日军潜艇和飞机将率先袭击美军舰队，制造大量损耗。此后，大批集结的日军战列舰将送出最后一击，合力摧毁美军舰队。

日军计划的另一部分，则需要部署大批潜艇。若对这部分计划加以审视，便会进一步发现它思虑草率、目空一切。根据计划，日军在珍珠港与中途岛间部署了两道潜艇警戒线，横亘在预计的美军航线上。每道警戒线均部署了 7 艘大型潜艇，在各自的巡逻区域内警戒。这一部署的缺陷在于，各巡逻区域间空隙过大，美舰能够在无人察觉之下全速穿过警戒线。实施警戒任务的潜艇，甚至算不上是联合舰队中最现代化的潜艇，而是存有维护问题的老旧艇型。最糟的是，这些潜艇未能按时离开基地，直到 6 月 3 日才抵达预定阵位，而美军航母早已通过多时。

要论中途岛作战计划受人误解最深的部分，“AL 作战”当属其一。“AL 作战”旨在夺取阿留申岛链的两座岛屿[1]。与普遍看法不同的是，“AL 作战”并非牵制之策，而是全方位的作战行动，参战部队包括了第 2 机动部队的 2 艘航母。阿留申群岛显然只是次要目标，不值得动用如此规模的夺岛部队。阿留申作战的实施，大大削弱了日军派往中途岛与美太平洋舰队决战的兵力。

中途岛作战的策划过程过于复杂，充斥着有缺陷的假设和对敌人的全然无视，而且显然包含了不少傲慢成分。譬如，各主力部队间相距太远，难以相互支援，而且战前侦察收效甚微。关键的一点是，日军舰队在两军相遇处的兵力实际上落于下风，而中途岛战役将在此决出胜负。尼米兹的部队拥有 26 艘舰船，其对手第 1 机动部队为 20 艘。美军的战机数量为 233 架，南云的战机数量为 248 架。

美军计划

与流行的谬见不同，尼米兹在中途岛与日军交战的决定，并非孤注一掷的赌博，而是精心筹谋的计划，很有希望对敌人造成重创。优秀的情报工作在其中发挥了作用。太平洋舰队的密码破译专家综合各路情报，大致摸清了日本帝国海军的种种意图。中途岛被认定为日军的主要作战目标，日军可能在此投入 4 至 5 艘大型航母、2 至 4 艘快速战列舰、7 至 9 艘重巡洋舰、数量相称的护航驱逐舰、最多 24 艘潜艇以及一支登陆部队。包含航母在内的额外部队，则专门攻打阿留申群岛。此次作战将在 6 月第一周内实施，但具体时间仍不清楚。总而言之，这份推测与日军的实际计划相当接近，但在细节上有所缺失。

为了迎击日军，尼米兹对手中的可用兵力进行了精心部署。对山本五十六而言颇不走运的是，尼米兹的计划与日方设想完全不同。尽管美国海军总司令金上将一再建议尽可能将战列舰用于攻击，但尼米兹立即做出决定，对太平洋舰队余下的 7 艘战列舰不予使用。尼米兹不愿让自己的航母以任何方式被机动缓慢的战列舰拖累，他也无多余兵力为后者提供足够的空中掩护或屏护。太平洋舰队的战列舰安全无虞地留在了旧金山。

太平洋舰队的打击力量在于航空母舰。其中 2 艘航母“企业”号和“大黄蜂”号被划入第 16 特遣编队，归斯普鲁恩斯指挥，二者将于 6 月 1 日抵达中途岛海域。受损的“约克城”号航母仍留在第 17 特遣编队中，继续充当弗莱彻的旗舰，将于 6 月 2 日在中途岛海域就位。弗莱彻抵达后，将出任这两支航母编队的总指挥。

中途岛之役中，尼米兹的一项主要优势在于，这场战役将在友机的打击范围内进行。中途岛挤进了多得不能再多的飞机，包括大批远程侦察飞机，保卫基地免遭空袭的战斗机，以及由海军陆战队、海军和陆军航空队[2]战机组成的混合打击部队。中途岛基地的防御力量为一定数量的潜艇和约 2000 人的海军陆战队守备部队。

对中途岛 115 架飞机的使用值得重点考虑，对远程 PBY 水上飞机的使用尤为如此。PBY 水上飞机能够对宽广的海域展开搜索，极大地降低了中途岛遭到意外空袭的可能性。尼米兹及其参谋一致认为，航母部队的最佳阵位在中途岛东北海域。这里离中途岛很近，美军能对来袭的敌军航母做出快速反应。尼米兹将此役视为争夺中途岛控制权的殊死对决。在对弗莱彻和斯普鲁恩斯下达的命令中，尼米兹指导他们“遵循精确把控风险的原则，避免将部队暴露于优势敌军的打击之下，除非这样的暴露很有希望对敌人造成更大损失”。除了这些书面命令外，尼米兹还亲自指示斯普鲁恩斯不得损失手下航母。如有必要，他可以放弃中途岛，让日军尝试登陆。即使中途岛为日军所占，美军日后也可夺回。尼米兹想必也对弗莱彻做出了相同指示。

最终，尼米兹认为日军航母将以两支编队行动，其中一支很可能攻打中途岛，另一支提供掩护。尼米兹对手下航母寄予厚望，期望它们能成功伏击进犯中途岛的日军航母。若伏击得手，在第二阶段的作战中，美军的 3 艘航母便只需对付 2 艘日军航母。

中途岛战役

开局谋动

5 月 27 日，第 1 机动部队离开了柱岛泊地，比预定时间晚了 1 天。不过，由于中途岛的登陆日取决于潮汐状况，日军的总体计划并未改变。这意味着，在预定登陆行动开始前，日军需以比原计划少 1 天的时间，使中途岛失去抵抗能力。在严格同步的中途岛作战计划中，还有一环也落后于预定时间。原定于 6 月 1 日建立侦察警戒线的潜艇迟迟未至，直到 6 月 3 日才有部分潜艇抵达阵位。而到此时，美军航母早已通过多时。第 6 舰队[3]的司令长官甚至不觉得此事干系重大，有向山本五十六报告的必要。

在此期间，美“大黄蜂”号和“企业”号航母于 5 月 28 日起航。“约克城”号航母完成修复后，于 5 月 29 日离开干船坞，并于次日启程，前去同另 2 艘航母会合。离开珍珠港后，第 16 特遣编队向西北驶去，进入中途岛东北 350 英里的预定阵位。6 月 2 日 16 时，第 16 特遣编队在中途岛东北 325 英里与“约克城”号航母编队会合，弗莱彻就地出任总指挥。这支美国太平洋舰队联合编队共拥有 3 艘航母、8 艘巡洋舰和 15 艘驱逐舰，正严阵以待，准备与日本帝国海军庞大的联合部队开战。

6 月 3 日晨，“约克城”号航母出动 20 架无畏式俯冲轰炸机搜索敌情。弗莱彻将手下航母转移至“幸运点”[4] 以西约 175 英里，等待日军对中途岛发起攻击。同一时间，第 1 机动部队自北向中途岛逼近。6 月 2 至 3 日间，其所在海域天气极为恶劣。

尽管日军计划要求以对中途岛发动突然空袭作为开战方式，但南云忠一的延迟启程，意味着中途岛攻略部队将首先被美军发现——中途岛攻略部队继续按预定计划接近中途岛，已进入了中途岛美机的搜索范围。6 月 3 日晨 8 时 43 分，从中途岛起飞的 PBY 水上飞机发现了部分日军舰船。12 时，B-17 轰炸机发起攻击。日军舰船虽未中弹，但达成战略突然性的幻想已告破灭。此后，美军鱼雷机又发动夜袭，并取得部分战果，再次证明了上述事实。

日军进犯中途岛

6 月 4 日 4 时 30 分，南云开始出动 108 架飞机，对中途岛发起攻击。攻击机群中包括 18 架“赤城”号和“加贺”号的舰载轰炸机，以及 18 架“苍龙”号和“飞龙”号的舰载攻击机。各航母均出动 9 架战斗机用于护航。中途岛 30 英里外，美军的 6 架“野猫”战斗机和 18 架 F-2A“水牛”战斗机截住了日军机群。在随后爆发的空战（始于 6 时 20 分）中，防御一方的美军战机损失惨重。日机共击落了 13 架“水牛”战斗机和 2 架“野猫”战斗机，自身仅损失了一两架零式战斗机和

1942年6月3至6日，中途岛战役期间，“企业”号航母上的一支道格拉斯“蹂躏者”鱼雷轰炸机中队正张开机翼，准备起飞。这些鱼雷机将前去攻击中途岛附近庞大的日军海空力量。“企业”号的侦察轰炸机和鱼雷轰炸机直接命中了3艘日军航母和1艘战列舰。（图源：贝特曼档案库，科比斯图片社）

中途岛遇袭情景。摄于日军攻势首日晨。（图源：汤姆·伦莱因）

3 架舰载攻击机。余下的美陆战队战斗机多数受损，仅有 2 架毫发无损地飞回了中途岛。

击溃了这批美陆战队战机后，日机编队继续前进，打击预定目标。但美军战机已全部升空，防空火力也异常猛烈。轰炸中途岛后，日军攻击机群指挥官、“飞龙”号的友永丈市大尉向南云忠一发报：“需进行第二次攻击。”在第一波空袭中，日机未能达成既定目标，反而付出了高昂代价，其后果将于当天晚些时候凸显。

与此同时，驻守中途岛的海军陆战队战机，已对日军入侵部队和日军航母发起反击。“蹂躏者”鱼雷轰炸机和 B-26“劫掠者”轰炸机纷纷出动，B-17 轰炸机也实施了高空轰炸，但鱼雷和炸弹无一正中目标。

6 月 4 日的航母战

4 时 30 分，美军航母位于中途岛北东北方向约 200 英里。为防范日军攻击，弗莱彻从“约克城”号派出了 10 架侦察鱼雷轰炸机，在北方 100 英里内展开侦察。当日，弗莱彻的主要优势在于，他可以依托中途岛实施大部分侦察。侦察机出动后，弗莱彻向东北航行，距南云舰队以东仅 215 英里，已深入日军侦察机的搜索范围。如果日军首先发现美军舰队，那么美方积累的所有情报优势，将顷刻化为乌有。

南云共派出 7 架飞机实施侦察。其中 6 架的侦察搜索距离为 300 英里，余下 1 架为 150 英里。数架侦察飞机晚于预定计划起飞，受到了恶劣天气的阻碍。往好了说，日军在侦察上只付出了半心半意；往坏了说，便是疏忽大意。美、日双方均认为，哪一方能率先发动攻击，哪一方就能赢得这场航母战的胜利。因此，良好的侦察作业至关重要。中途岛之役中，美军比日军更注重侦察作业，因而在 6 月 4 日早早地收获了回报。

5 时 30 分，从中途岛起飞的 PBY 水上飞机，向弗莱彻发回了令人振奋的“敌军航母”报告。5 时 52 分，另一架 PBY 飞机也发回报告，称“大批飞机向中途岛逼近，方位 310，距离 150”。

经过弗莱彻部下的标绘，日军距第 16 特遣编队 180 英里，方位 247 度。此处刚好位于美军机群的打击范围内。但上述报告有误。日军航母的位置，实际上与第 16 特遣编队相距 200 英里，因此略微超出了美军机群的全力打击范围。日军航母与第 17 特遣编队之间的距离，则为 220 英里。此外，美军侦察机仅报告发现了 2 艘日军航母，与尼米兹提供的情报相符，但另 2 艘日军航母仍无迹可寻，使弗莱彻心生顾虑。

短暂思索过后，弗莱彻于 6 时 07 分命令斯普鲁恩斯航向南方，对报告遇敌处发起进攻。待“约克城”号早先出动的侦察飞机返航后，弗莱彻也会加入攻击。斯普鲁恩斯及其参谋长决定于 7 时出击。经过推中途岛战役如火如荼之际，美军在岛上举行了升旗仪式。这一戏剧性事件并非出于有意安排。由于日军进犯的消息来得过早，美军升起国旗时，战役已经打响。（图源：汤姆·伦莱因）

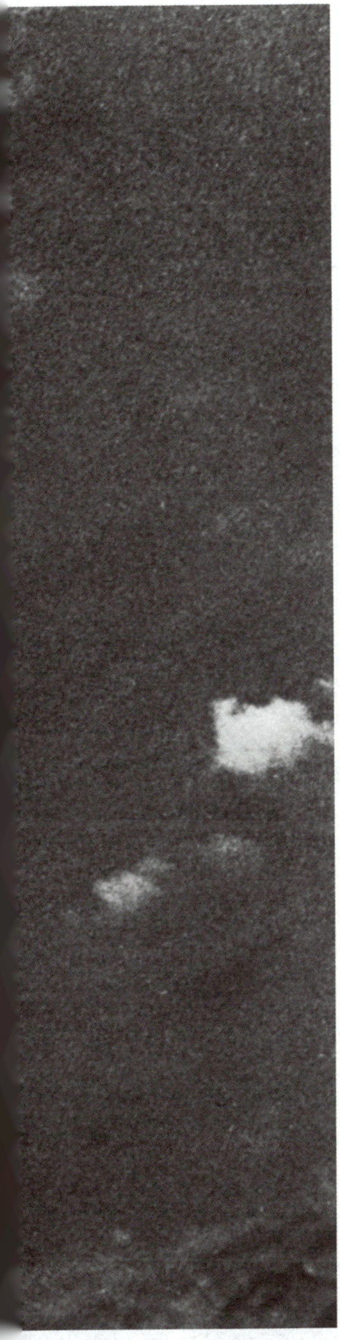

算，日军舰队届时将距第16特遣编队约155英里，位于航程较短的美军战斗机和鱼雷轰炸机的打击距离内。6时38分，斯普鲁恩斯的旗舰向“大黄蜂”号发出信号，通知后者于7时发起进攻。此时此刻，马克·米彻尔（Marc A. Mitscher）、斯坦诺普·林（Stanhope Ring）以及“大黄蜂”号舰载机群的多名中队指挥官，做出了一项致命的决定。出于从未得到过充分解释的原因，他们决定派遣“大黄蜂”号打击机群以265度航向飞向目标，到达侦察机此前报告的敌舰队方位以北。由于美军侦察机仅发现了2艘日军航母，弗莱彻仍权衡再三、举棋不定。南云舰队理应出现的另2艘航母，可能位于另一支编队中，远离侦察机此前报告的位置。情况明朗前，弗莱彻决定按兵不动，将“约克城”号的舰载机留作后备。6时30分左右，“约克城”号的10架侦察飞机全部返航。弗莱彻向西南高速航行，追随斯普鲁恩斯的舰队。

斯普鲁恩斯已调遣116架飞机参与进攻，其中包括20架战斗机、67架俯冲轰炸机和29架鱼雷机。但是，打击机群的协同性颇成问题。美军打击机群原本含2个机队，以松散队形飞向目标，准备发起协同进攻。但因“企业”号机队起飞较晚，此时的美军打击机群已扩为3个机队。更重要的是，

美军对中途岛海域的日军舰队实施了空中打击。图为攻击期间，美国海军的SBD无畏式俯冲轰炸机飞过一艘燃烧的日舰。（图源：汤姆·伦莱因）

3 个机队飞向目标的航线各不相同。

南云的困境

中途岛打击机群出发后，南云忠一仍握有雄厚的后备力量。南云忠一遵照山本五十六的命令，将半数打击机群用于攻击海上目标，对抗任何现出踪迹的美军舰船。友永丈市曾于 7 时 15 分请示对中途岛发动二次攻击。根据该建议，南云忠一决定不遵守山本五十六的命令，下令后

对于日本帝国海军舰队在中途岛的空中行动，日本方面没有照片留存。此图虽摄于1941年12月日军偷袭珍珠港前，但图中场景还是让人仿佛置身于1942年6月4日清晨的日军旗舰“赤城”号上。当时，“赤城”号正准备出动零式战机。

中途岛打击机群出动之后，作为南云忠一发起的空中搜索行动的一部分，老旧的近程中岛 E8N“95”式水上飞机（盟军代号“戴夫”[Dave]）从“榛名”号战列舰弹射升空，在向南机动的航母舰队以北展开搜索。（图源：菲利普·贾勒特 [Philip Jarrett]）

备战机准备实施对陆攻击，向中途岛发起第二波进攻。这就要求舰载攻击机须将鱼雷更换为 800 千克炸弹，舰载轰炸机也须装载高爆炸弹，而这些炸弹不适合攻击舰船。在南云看来，这种选择是合理的，因为按照预定计划，负责搜索敌情的侦察机应已到达搜索范围的最远处，但尚未报告有任何发现。

就在炸弹换装工作进行的同时，南云收到了极为令人不安的消息。7 时 40 分，一架搜索飞机回报：“发现 10 艘水面舰只，似为敌舰。方位 10 度，距中途岛 250 英里。航向 150 度，航速 20 节以上。”虽然这份初始报告并未提到航母，但美军舰队显然阵容强大。7 时 45 分，南云命令后备机群停止炸弹换装。最终，8 时 30 分，“利根”号重巡洋舰的 4 号侦察机补充了此前的报告，发回了警告消息：“似有 1 艘航母伴敌舰队航行。”

南云手中仍留有一支庞大的空中打击力量，包括43架鱼雷机和34架俯冲轰炸机，其中部分装备了高爆炸弹。南云的真正问题在于，他认为仅有6架零式战斗机可为打击机群护航。其他零式战斗机均已出动，抵挡中途岛美机发起的攻击。中途岛空袭机群返航后，南云的困境愈发严峻。许多返航的飞机要么燃油不足，要么已经受损。不出所料，进攻意念强烈的山口多闻建议南云立即出动打击机群，奔袭美军航母，即使打击机群缺乏战斗机护航。

南云没有立刻采取行动。因此，当中途岛的美陆战队机群抵达后，主动权转移到了美军手中。南云对所有选项权衡再三，决定谨慎行事。他将收回中途岛打击机群，然后继续向东北航行，接近美军舰队，同时准备于10时30分发动攻击。攻击机群将包括：34架舰载轰炸机，43架装备鱼雷的舰载攻击机，以及12架护航战斗机。在攻击机群可以出动前，日军的战斗巡逻机群将为航母提供保护，对抗英勇但却收效甚微的美机攻击。9时18分，收机作业完成，南云转向东北航行，将航速提升至30节，向美舰队逼近。南云相信，若他有时间为10时30分发起的攻击做好准备，他那经验老到的航空兵便会迅速解决美军航母。实际上，无论南云选择哪一条航线，都可能为时已晚。美军航母的舰载机已于7时升空，正向日军航母飞来。

决定性阶段

8时15分，“企业”号上的雷达在南方30英里外发现了一架身份不明的飞机——这架飞机正是此前向南云报告敌情的侦察机。弗莱彻明白，他的航母已被发现。“约克城”号的甲板上停放着燃料弹药俱足的飞机，为了不坐以待毙，弗莱彻决定出动“约克城”号的部分打击力量。8时30分至9时05分之间，17架俯冲轰炸机、12架鱼雷轰炸机和6架护航战斗机相继腾空。该打击机群朝第17特遣编队的240度方向飞去。弗莱彻手中仍留有17架俯冲轰炸机和6架战斗机组成的打击力量。

自3艘美军航母上起飞的机群，此时正飞向南云的航母。除却“约克城”号的1个飞行中队外，弗莱彻已将每一架战机都派上了天。直到此时，第1机动部队上空的战斗巡逻机群都发挥出色，有效截击了来袭美机。不过，日机至此为止所面对的美军机群，只是临时拼凑而成的部队，在攻击舰船方面并未受过良好训练。如果美军航母舰载机能够找到目标，日军舰队的防空能力便会受到前所未有的考验。

首先发起进攻的是“大黄蜂”号的鱼雷机中队。根据简要报告，约翰·沃尔德伦（John Waldron）少校率15架“蹂躏者”鱼雷轰炸机沿265度方向飞行，高度1500英尺（460米）。8时25分，他不再遵循斯坦诺普·林提供的情报，命令中队转向西南。沃尔德伦确信，敌人就在那儿。他的判断完全正确。9时15分，沃尔德伦发现了舰船排放的浓烟，顺势找到了日军航母。沃尔德伦的鱼雷机中队立即进攻，向迎面而来的第1机动部队贴海奔袭而去。沃尔德伦选择了离他最近的一艘航母，这艘航母恰巧是“苍龙”号。美机

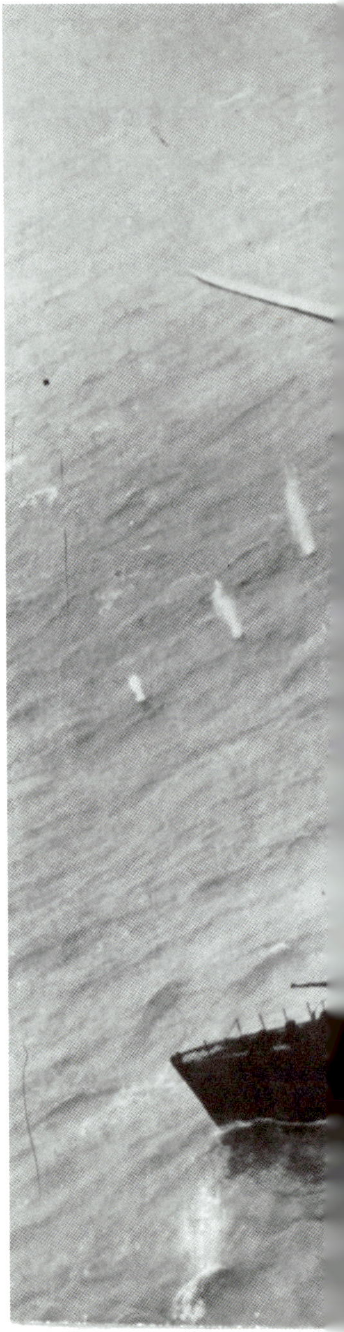

中途岛战役期间，第345轰炸大队的B-25轰炸机向日舰发起攻击。（图源：汤姆·伦莱因）

发起攻击时，日军正有 18 架战斗机在空中执行战斗巡逻。“赤城”号和“加贺”号又出动了另外 11 架战斗机。美军“蹂躏者”鱼雷机唯一的防御方式，就是尽量贴近海面飞行。但“蹂躏者”鱼雷机速度不快，贴海飞行的做法，并未阻止其被蜂拥而至的零式战机无情击杀。从 9 时 20 分至 9 时 37 分，所有 15 架“蹂躏者”鱼雷机均被击毁。在此期间，一架鱼雷机在 800 码（730 米）处向“苍龙”号右舷发射了鱼雷，但没能命中。沃尔德伦中队的牺牲至关重要，原因不在于其将日军战斗巡逻机群引到了低空，而在于日军因此未能发现美军打击机群。

下一波出现的美军战机，是来自“企业”号第 6 鱼雷机中队（VT-6）的 14 架“蹂躏者”鱼雷轰炸机。尤金·林赛（Eugene Lindsey）少校决定扑向最近的一艘航母——“加贺”号，对后者实施分头攻击。日军战斗巡逻机群此时已增至 27 架战斗机，日舰观察哨已于 9 时 38 分发现了从南逼近的美军鱼雷机。9 时 45 分，“赤城”号和“苍龙”号又出动了 7 架战斗机。在重重火力下，“企业”号的 14 架“蹂躏者”鱼雷机开始冲刺。这一回，至少有 5 架鱼雷机向“加贺”号发射了鱼雷。但由于射程过远，射角不佳，鱼雷无一命中。

美军鱼雷机遭到“屠杀”期间，詹姆斯·格雷（James Gray）上尉的第 6 战斗机中队（VF-6）的 10 架“野猫”战斗机，正在 2.2 万英尺（6700 米）空中盘旋。9 时 50 分，他的机队已在第 1 机动部队上空逗留了 30 分钟，日军则毫无察觉。第 6 鱼雷机中队发起进攻后，格雷并未收到该中队的求助信号。因此，格雷于 9 时 56 分发回了敌情报告，在数分钟后向“企业”号返航。

“大黄蜂”号打击机群的命运，是中途岛之役最具争议的部分之一。第 16 特遣编队收到 PBY 水上飞机的敌情报告时，日军舰队正位于前者的 240 度方向上。尽管如此，“大黄蜂”号机群还是奉命沿 265 度方向朝目标飞去。斯坦诺普·林中校及其 34 架无畏式俯冲轰炸机和 10 架战斗机，从第 1 机动部队以北飞过。美军的幸运之处在于，“企业”

“遵循精确把控风险的原则，避免将部队暴露于优势敌军的打击之下，除非这样的暴露很有希望对敌人造成更大损失。”

——尼米兹对弗莱彻和斯普鲁恩斯下达的指令

号的俯冲轰炸机群并未错失目标。克拉伦斯·麦克拉斯基（Clarence McClusky）少校指挥的 33 架战机朝 231 度方向出发，飞了条多少有些间接的航线，但却最终发现了日舰编队的行踪。就在麦克拉斯基向目标接近时，“约克城”号打击机群以更直接的航线向第 1 机动部队扑去。到 6 月 4 日此时为止，“约克城”号飞行大队的表现最为优异。美军当天对第 1 机动部队发起的攻击可谓一片混乱，其中，“约克城”号的俯冲轰炸机和鱼雷机中队发起的协同攻击在战后评估中常被遗漏。凑巧的是，此次攻击发起时，麦克拉斯基的战机也抵达了目标区域。

就在“约克城”号的舰载机群和麦克拉斯基的俯冲轰炸机到达之际，日军的 41 架零式战斗机或执行战斗巡逻，或紧急起飞，已全部升空。但由于美机此前发起的攻击，这些零式战机均位于低空。

10 时 10 分，“筑摩”号重巡洋舰首先对另一次即将来临的袭击发出了警报。此舰发现了第 3 鱼雷机中队的“蹂躏者”鱼雷机，当时后者距离最近的日军航母尚有 14 英里。“筑摩”号的主炮组向美机来袭方向开火，警示战斗巡逻机群。不过，与美军鱼雷机此前发起的攻击不同的是，这一回，美军鱼雷机得到了 6 架“野猫”战斗机的护航。其中 2 架在 3000 英尺（900 米）高度提供近距护航，另 4 架则由约翰·撒奇（John Thach）少校率领，在 5500 英尺（1700 米）高度保持观察。撒奇的小编队引来了大批零式战斗机。多达20架日军战斗机发起了持续进攻，击落了撒奇机队的1架“野猫”战斗机。其余3架则组成了名为“撒奇剪”（Thach Weave）的防御编队，成功挡住了日军战斗机群，并击落了其中3架。

负责近距护航的2架“野猫”战斗机成功保住了鱼雷机，期间还击落了2架日军战斗机。6架美军战斗机与第1机动部队战斗巡逻机群展开的空中决斗，几乎将所有日军防御战斗机都引到了低空。在美军鱼雷机于150英尺（50米）高度进入平飞状态，展开最后的冲刺突击前，仅有1架“蹂躏者”鱼雷机被击落。

为将舰尾朝向迫近的美军鱼雷轰炸机，南云决定转向西北。由于攻击角度不佳，美军鱼雷机中队指挥官兰斯·马西（Lance Massey）少校决定暂时放弃攻击，改为向北飞行，袭击视野中的最后一艘航母——“飞龙”号。这一改变令攻击机队（第3鱼雷机中队）被迫与第1机动部队平行而行，使日军战斗巡逻机群拥有了额外的攻击机会。

“约克城”号的鱼雷轰炸机队迫近时，在1.5万英尺（4600米）空中，第3轰炸机中队（VB-3）也已抵达战场，但日军观察哨毫无察觉。麦克拉斯基的俯冲轰炸机队也飞抵战场，但日军同样没有察觉。第3轰炸机中队的17架俯冲轰炸机，将“苍龙”号选为攻击目标。由于电解除保险开关故障，该中队指挥官所在的飞机失去了机上装载的1000磅炸弹，另有3架战机亦然。在这17架俯冲轰炸机中，仅13架仍装有炸弹。10时25分起，第3轰炸机中队三度命中了“苍龙”号航母。没有任何一架飞机被日军防空火力或战斗巡逻机群击落。

麦克拉斯基的32架俯冲轰炸机中，有30架向目标俯冲而去。根据战术，这2个中队将各自对付1个目标。在麦克拉斯基的命令下，率先出击的第6侦察机中队（VS-6）向最近的一艘航母“加贺”号扑去，第6轰炸机中队（VB-6）则负责袭击更远的“赤城”号。但在混乱之中，2个中队均准备向“加贺”号发起俯冲攻击。10时22分，麦克拉斯基及其 2 架僚机、第 6 侦察机中队和第 6 轰炸机中队，开始向“加贺”号扑去。后者既无战斗巡逻机群，也无防空火力，遭遇了灾难性后果。“加贺”号身中 4 记炸弹，几乎登时化为火海地狱。

“苍龙”号和“加贺”号在致命损伤中挣扎，“赤城”号却似乎可以逃过此劫。但在这千钧一发的时刻，第 6 轰炸机中队指挥官理查德·贝斯特（Richard Best）意识到，“赤城”号有可能全身而退。贝斯特和同一中队的另 2 架战机放弃袭击“加贺”号，改为继续向北，攻击“赤城”号。它们自“赤城”号左舷方向突进，完全达成了攻击突然性。贝斯特将 1 枚千磅炸弹扔到了中部升降机后缘处。这枚炸弹随后穿入了上层机库，在弹药和燃料充足的飞机中爆炸。整场袭击中，“企业”号仅损失了第 6 轰炸机中队的 2 架俯冲轰炸机，二者或是在撤离时被低空飞行的日军战斗巡逻机群击毁，或是殁于防空火力。

10 时 35 分至 10 时 40 分间，美机已完成了对第 1 机动部队的最后一次晨间攻击。马西率其“蹂躏者”鱼雷机进入了更佳的攻击位置，随后试图对“飞龙”号实施分头攻击，欲将其一举歼灭。5 架“蹂躏者”鱼雷机在“飞龙”号右舷外 600 至 800 码（540 至 730 米）施放了鱼雷，但无一命中。12 架“蹂躏者”鱼雷机中有 10 架被击落。

美机的攻击至此结束。3 艘日军航母共身中 8 颗炸弹。“飞龙”号在俯冲轰炸和鱼雷攻击中毫发无损。与 3 艘航母遭受的致命损伤相比，飞机方面的损失无关紧要。不过，交战双方均损失惨重。41 架执行战斗巡逻任务的日军战斗机中，有 11 架被击落，另有 3 架在水上迫降。虽然这些战机也对起先零敲碎打的美军机队造成了重创，但仍未能阻挡美俯冲轰炸机对日军航母的攻击。

“企业”号和“大黄蜂”号机群返航期间，一度难以找到第 16 特遣编队，因为两艘航母的位置均与此前的简报不符。斯普鲁恩斯的部下未能很好地履行基本职责，当天之中，共有 13 架美机坠入大海。“大黄蜂”号的舰载机群未能伤及敌人分毫，反而损失了 15 架鱼雷机和 10 架

中途岛战役期间，一艘日军最上级重巡洋舰中弹起火。此舰遭到了美军第 16 特遣编队机群的攻击。（图源：贝特曼档案库，科比斯图片社）

战斗机；34 架俯冲轰炸机中，仅 20 架得以返航。“企业”号打击机群战果较好，但损失依然严重。“企业”号的俯冲轰炸机群对 2 艘日军航母造成了致命损伤。14 架鱼雷轰炸机中仅有 4 架返航，33 架俯冲轰炸机中仅有 15 架返航。

日军的回应

美军俯冲轰炸机打击过后，3 艘受损日军航母的状况岌岌可危。若不能立即采取有效损管措施避免火势蔓延，3 艘航母将全部葬身水下。体型较小的“苍龙”号首先遭逢厄运。“苍龙”号在约 10 时 25 分身中的那 3 颗炸弹引发了大火，火势很快蔓延到了第二层机库甲板。10 时 40 分，“苍龙”号在水中陷入停滞。19 时 13 分，“苍龙”号同 711 名官兵沉入水下，包括拒绝离舰的舰长。

命中“加贺”号的炸弹穿入了上层机库甲板，引燃了那里的飞机和军械。“加贺”号共吃了 4 记炸弹，其中 1 记命中舰桥，舰长冈田次作和损管军官等人当场毙命。控制

在美军航母舰载机的攻击下，一艘日军驱逐舰中弹爆炸。从日舰周围激起的水花，可以一窥攻击的烈度。（图源：汤姆·伦莱因）

火势的任务，落到了缺乏经验的飞行军官身上。但熊熊烈火已不可阻挡，“加贺”号很快丧失了全部动力。19 时 25 分，日军驱逐舰向“加贺”号发射鱼雷，将其击沉。舰上官兵共有 811 人丧生。

“赤城”号的覆灭历时最久。通常情况下，10 时 26 分命中此舰的那枚炸弹并不致命，但这枚炸弹落点精准，穿入了机库甲板，点燃了此处燃油与弹药齐备的舰载攻击机。舰上人员未能将火势控制在机库甲板的局部区域，他们很快向飞行甲板疏散。10 时 42 分，“赤城”号失去转向能力。南云忠一无法在这艘烈焰熊熊、舰舵卡阻的航母上指挥第 1 机动部队，他本人也最终撤离。山本经历了痛苦的折磨，于次日早晨亲自下令击沉“赤城”号。舰上人员死亡逾 200 人。

上午的灾难过后，仍能作战的日军航母，仅剩下了“飞龙”号。“飞龙”号上的山口多闻接到命令，立即对美军航母发起攻击。山口多闻决定派出“飞龙”号的舰载轰炸机队，并在 1 小时后派出了“飞龙”号余下的舰载攻击机。这两波攻击机队均由 6 架战斗机护航。“飞龙”号余下的空中力量并不强大，仅有 36 架具备完全作战能力的舰载机——包括 10 架战斗机、18 架俯冲轰炸机和 8 架鱼雷机。这些战机将得到 27 架战斗机的补强，后者仍在空中执行战斗巡逻任务。不过，山口多闻需要谨慎使用他那捉襟见肘的打击力量。

“飞龙”号的 18 架舰载俯冲轰炸机均配备了老练的飞行员，被视为精锐部队。这些战机将有足够的机会来证明这一点。10 时 50 分，包括护航战机在内的 24 架日机离舰出击。10 时 58 分，该机群已向西飞去。此时，机群距美军航母已不到 100 英里。

日军决定从“飞龙”号上迅速出击时，对美军部队的构成仍不清楚。不过，由于复仇之意已决，南云命令第 1 机动部队余下战机向美舰扑去。据信，后者此时仅在 90 英里外。南云乐观地认为，在日军即刻发起的水面作战中，日军重型单位将击溃美军舰队。在此之后，“飞龙”号将发起空中打击。不过，所谓美军将循南云之意加入水面战的幻想，

“赤城”号在中途岛之役遭到美军攻击。从照片中可以看出，为躲避美机轰炸，“赤城”号正在实施机动规避，如尾迹所示。（图源：汤姆·伦莱因）

很快被现实打破——12 时 40 分，一架侦察机报告，美舰编队正向北航行。南云明白，己方水面舰只追上美军航母的机会渺茫，于是将航线转向正北。

“赤城”号、“加贺”号和“苍龙”号中弹起火的噩耗传来时，山本五十六发布了一连串命令，试图挽救危局。12 时 20 分，他命令主体部队南行，协助南云忠一。中途岛攻略部队的运输船队转向西北，等待事态的进一步发展。同时，支援阿留申作战的第 2 机动部队奉命南行。13

中途岛战役图示。图中展现了日美海军之间的激烈空战。（图源：赫尔顿档案，盖帝图像）

时 10 分，他下达了摧毁中途岛机场的指令。中途岛的美机被消灭后，仍具威胁的便只有美军航母。通过“飞龙”号发起的空袭，以及势不可挡的水面攻击，美军航母可被消灭。

“飞龙”的反击

11 时 30 分左右，飞向美军航母的日军打击机群发现了 6 架美机。护航的日军战斗机战意高昂，脱离大部队直扑美机。在随后的混战中，日军的 2 架护航战斗机受损，被迫向“飞龙”号返航。因此，本已捉襟见肘的护航机队，此时只剩下了 4 架战斗机。

11 时 51 分，美军发现了日军反击的首个征兆。“约克城”号的雷达显示，一群不明飞机正从西南 32 英里向该航母接近。对美军而言，这一变化来得不是时候。12 架“野猫”战斗机刚于 11 时 50 分匆匆起飞，为上一波战斗巡逻机队腾出甲板，6 架结束巡逻班次的战斗机正在降落。因此，刚刚起飞的战斗巡逻机队没有得到妥善部署，也未处于适当高度。

不过，美军战斗机爬升至 1 万英尺（3000 米）后，便对日军舰载轰炸机发起了攻击。为后者护航的零式战机落在后头，仍在试图追赶。攻击机队此时迫近了日军的护航战机，7 架日军舰轰随之分遣而出。这 7 架日机随后发起的攻击，是整场战争中最为精准的空袭之一，充分证明了“飞龙”号舰轰部队的精英地位。7 架舰轰中，有 3 架直接击中目标，另有 2 架也险些命中目标，并制造了损伤——这是份骄人的战绩。但攻击结束时，“飞龙”号的舰轰部队已支离破碎：18 架舰载轰炸机中，有 13 架被击落，一同被击落的还有 3 架零式战斗机。“约克城”号陷入停滞，舰身中部的弹洞冒出浓浓黑烟。小林道雄上尉指挥的“飞龙”号飞行人员，似乎已对这艘美军航母造成了重创。13 时 23 分，弗莱彻将舰旗转移到了“阿斯托里亚”号巡洋舰上，斯普鲁恩斯也从第

16 特遣编队派出了 2 艘巡洋舰和 2 艘驱逐舰，支援“约克城”号。

友永丈市袭击“约克城”号

山口多闻明白，将中途岛作战拉回正轨的唯一机会，就在于使至少 3 艘美军航母失去战斗能力。“飞龙”号迅速有效的行动，使日军仍有机会挽救败局。12 时 45 分，一架返航的舰载轰炸机通过无线电报告，此前的攻击使 1 架美军航母中弹起火。山口多闻准备了一支由 16 架战机组成的临时机队，战机主要抽调自“飞龙”号，但也包括“赤城”号和“加贺”号的舰载机。13 时 31 分，机队出发，向东飞去。此时，它们距第 17 特遣编队仅 83 英里，距第 16 特遣编队仅 112 英里。

友永丈市大尉的打击机队腾空时，“约克城”号的舰员已扑灭了大火，修复了锅炉，使该航母能以 25 节航速全力推进。14 时 30 分左右，友永丈市发现了一支美军航母特遣编队，但他并不知道这正是此前受损的“约克城”号。他当即下令进攻。

在此之前，美军已通过雷达截获目标，因此对友永机队的到来心中有数。战斗巡逻机队准备就绪，由第 16 特遣编队的战斗机为其提供支援。与拦截“飞龙”号舰载俯冲轰炸机的那场战斗不同，接下来这场空战的走向对美军不利。在数个因素的共同影响下，日军打击机队的大部分战机得以向“约克城”号施放武器。这些因素包括：美军战斗机数量不足，高度也不适当；日军战斗机的近距护航更具效率。

日机共施放了 4 枚鱼雷，部分鱼雷的施放距离仅有 600 码（550 米）。2 枚鱼雷命中目标，双双击中了“约克城”号右舷，造成了巨大破坏。“约克城”号陷入停滞，舰体当即倾斜 23 度。最终返回“飞龙”号的日机，仅有来自第 2 航空战队的所有 5 架舰载攻击机，以及 4 架护航战斗机。山口多闻付出了损失 5 架舰载攻击机和 2 架战斗机的代价，使“约克城”号航母丧失战斗能力（山口以为这是第二艘失去战斗能力的美军航母)。此番攻击过后,“约克城”号最终将于6月6日沉没。

“飞龙”之死

弗莱彻早先曾发起了一次搜索行动,他的谨慎做法此时收到了回报。14时45分,“约克城”号的一架飞机报告了“飞龙”号的方位:距第16特遣编队西北160英里。15时42分,美军打击机群已经升空,向这艘日军航母扑去。美军打击机群出动时,“飞龙”号攻击“约克城”号的第二波打击机队已经返航。为了对自己眼中的第三艘、也是最后一艘仍具作战能力的美军航母实施打击,山口多闻策划于18时发动第三波攻击。至此,“飞龙”号所能召集的战机,仅余4架舰载轰炸机,5架舰载攻击机,和6架护航战机。

不过,日本海军的侦察机很快确认,仍可作战的美军航母实际上有2艘。日军收到这一消息时,一支美军俯冲轰炸机队刚好飞临第1机动部队上空,达成了完全的突然性。17时05分,美俯冲轰炸机发起攻击。“飞龙”号被打了个措手不及,其战斗巡逻机队在数量上不及来袭的俯冲轰炸机。这艘航母的命运,已经盖棺定论。“飞龙”号身中4弹,燃起了熊熊大火,最终于次日早晨沉没。

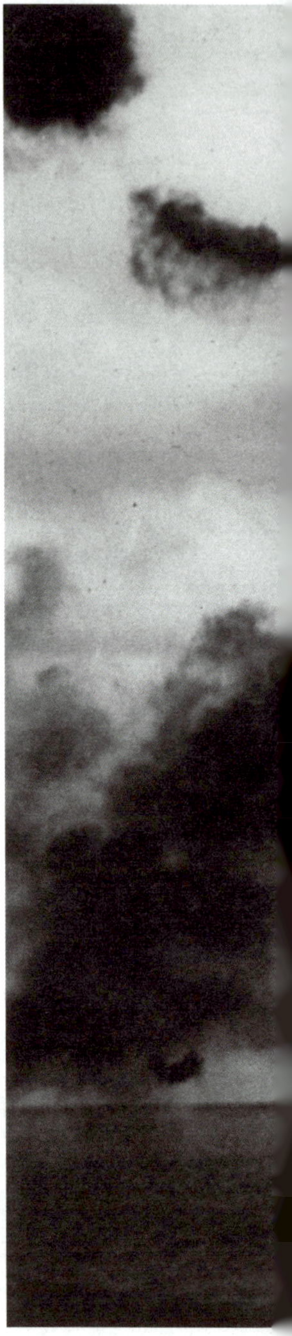

这张照片记录了中途岛一役日机命中美军航母“约克城”号的那一刻。“约克城”号将因这一击而沉没。(图源:贝特曼档案库,科比斯图片社)

山本的决定

6月4日15时，参与阿留申作战的日军航母方才收到山本的南下命令，而当时前者正处于进攻之中，直到次日早晨才可抽身离去。在山本看来，南云寻求与美军在水面一战的努力，并不具备足够的侵略性。因此，6月4日22时55分，山本解除了南云的指挥权，仅有奄奄一息的“赤城”号和“飞龙”号及其护卫舰船仍归南云指挥。近藤信竹负责在随后的夜战中指挥日军联合部队。

至23时30分，向前推进的日军部队仍未发现美军踪迹，与美军展开水面交锋的希望显然已经落空。如若继续向东推进，天亮后，日军舰船便容易暴露在美军的空中打击之下。6月5日0时15分，山本五十六命令近藤和南云停止东进，返回大部队。0时20分，栗田健男的巡洋舰部队接到命令，取消炮击中途岛。最终，2时55分，山本不得不吞下失败的苦果。他向联合舰队发出命令，撤销中途岛作战。但不幸的是，栗田健男的密接支援部队直到6月5日晨才收到这一命令。因此，这支部队先是遭到了中途岛岸基飞机的空袭，然后又遭到了斯普鲁恩斯航母部队的直接攻击。最终，斯普鲁恩斯退至西北，补充燃油。中途岛战役就此结束。

美军士兵在身覆国旗的战友遗体前默然肃立。死者均殁于中途岛之役。（图源：贝特曼档案库，科比斯图片社）

日机对“约克城”号发起俯冲轰炸后，医护兵在舰岛后方区域救治伤员。背景处为4号1.1英寸（28毫米）高炮炮位。（图源：美国海军历史中心）

结局与影响

日军遭受了无可掩盖的重大失利。第 1 机动部队的 4 艘航母悉数沉没，这些航母上的飞机（共 248 架）也损失殆尽。日军总计死亡 3057 人，4 艘航母的官兵占了大半。在航母人员的伤亡中，影响最大的莫过于 721 名舰上飞机技师的阵亡。除航母部队损失惨重外，“三隈”号重巡洋舰也被击沉，“最上”号重巡洋舰遭受重创，直到 1943 年才恢复作战能

“飞龙”号航母排水量 2.3 万吨，是日军的最后一艘“条约级”中型攻击航空母舰。图中，该航母正遭到 B-17E“飞行堡垒”轰炸机的攻击，地点位于中途岛海域。“飞龙”号于 1939 年下水，在此图摄下后不久便沉没了。（图源：美国海军学会图库 [United States Naval Institute Photo Archive]）

力。日军未曾尝试过登陆中途岛。整场战役期间，日军唯一无可争议的胜利，就是于6月7日夺占阿留申群岛中的阿图岛和基斯卡岛。

美军付出了相对较小的代价，就使日军承受了战略性失败。太平洋舰队的最大损失是“约克城”号航母。另一艘沉没的美舰是“哈曼”号（Hammann）驱逐舰。美军共损失了144架飞机，并有362名水兵、海军陆战队员和飞行人员阵亡。

到第16特遣编队于6月13日返回珍珠港时，尼米兹的赌博显然已造就了美国海军史上最重要的胜利之一。太平洋舰队一举重挫了日本帝国海军的进攻力量。南云损失了4艘航母，太平洋的力量平衡就此改变。在日军重新打造的航母部队中，仅有2艘舰队航母可充当中坚。太平洋舰队则拥有3艘舰队航母，并且将很快迎来第4艘——来自大西洋舰队的“胡蜂”号（Wasp）航母。中途岛战役前，日军航母部队占据数量优势。中途岛战役后，这一优势已荡然无存。

中途岛战役的失利，还标志着太平洋战争日军扩张阶段的终结，因为日本帝国海军已无力发动战略进攻。中途岛一役并不意味着日本帝国海军作为一支作战力量的终结，但这场战役的确使日军丧失了主动权。与日军相比，美军对局势的转变反应更快，于8月发起了其在太平洋战争的首个战略攻势——攻击日据岛屿图拉吉岛和瓜达尔卡纳尔岛。

注释

[1] 分别为阿图岛和基斯卡岛。

[2] 美国陆军航空队（USAAC）是美国陆军航空军（USAAF）的前身，后者于1947年为美国空军（USAF）所取代。

[3] 日本帝国海军第6舰队主管潜艇，时任司令官为小松辉久。

[4] 幸运点（Point Luck）指三艘美军航母此前的会合点。

摄于 1942 年 8 月的所罗门群岛，扣人心弦地展现了瓜岛登陆的情景。此后是长达 6 个月的艰苦战斗。（图源：贝特曼档案库，科比斯图片社）

第四章 瓜达尔卡纳尔岛

战役肇始

瓜岛之战是美军在二战中的首次两栖反击作战。正是在这个此前几乎无人知晓的海岛上，美军打破了日军在太平洋战无不胜的神话。虽然珊瑚海海战和中途岛战役被称为转折点战役，但正是在瓜岛，日本的战争机器才真正陷于停滞。瓜岛之战是场独一无二的战役，原因来自许多方面。美、日部队均在各自补给线的最远端作战。此役将成为太平洋战争中最漫长的战役之一。在日军最终被逐出瓜岛前，美、日两军将在困难的地形中展开激烈而残酷的争夺，这对双方的耐力都是一场考验。

交战双方在瓜岛附近水域损失的舰船之多，堪比日后的菲律宾和冲绳之战。由于沉没的舰船数量巨大，瓜岛北岸一带水域后来得名“铁底湾”(Iron Bottom Sound)——这个名称一直沿用到了今天。美国海军和海军陆战队承担了大部分作战任务。但在瓜岛战役后期，美国陆军部队也做出了重要贡献。

此前，日军兵锋染指新几内亚和所罗门群岛，后又向南推进，攫取了图拉吉岛和瓜岛，并在瓜岛上动工修筑机场。美国意识到，日军在太平洋的推进之势，已对美国至澳大利亚的海上交通命脉构成威胁。此外，挡在日军推进路线上的美军基地，也将陷入危险。美国参谋长联席会议做出结论，认为美军此时已有必要在太平洋发起一次攻势。日军在瓜岛修筑机场的消息刚一确定，新组建的美国海军陆战队第 1 师就承担了夺取该岛的任务。

双方计划

日军计划

1942 年 7 月中旬，日军开始在瓜岛修筑机场，竣工时间预计为 8 月中旬。根据美军后来得到的日方文件，日军之所以要占领所罗门群岛中的图拉吉岛，并在瓜岛上修筑机场，首要目标是为了在对新几内亚莫尔兹比港实施主攻时，保护日军部队侧翼；次要目标则是为了占领和巩固有利作战基地，使日军得以经新喀里多尼亚南下，攻击澳大利亚。攻击澳大利亚的行动，将在占领新几内亚后展开。

美军计划

美军的瓜岛进攻计划始于军种对立。1942 年 5 月上旬，珊瑚海一役结束后，西南太平洋战区司令（CINCSWPA）道格拉斯·麦克阿瑟将军认识到，日军终将尝试切断夏威夷与澳大利亚间的交通线。他觉得日军势必会对新几内亚发起攻击。为了阻止这类攻击发生，他想在新不列颠岛至新爱尔兰岛一带对日军发动攻势。这一攻势将迫使日军退出该区域，向新几内亚以北的特鲁克收缩。麦克阿瑟的方案，得到了美国陆军参谋长乔治·马歇尔将军的青睐。不过，麦克阿瑟手中并无可用资源来发动这样一场攻势。更何况，他麾下的部队也无任何两栖作战经验。同一时间，太平洋战区总司令（CINCPOA）兼太平洋舰队总司令切斯特·尼米兹上将，正考虑对图拉吉发起攻击。攻击方案得到了美国海军作战部长欧内斯特·金上将的首肯。不过，金上将觉得宜将当前目标定

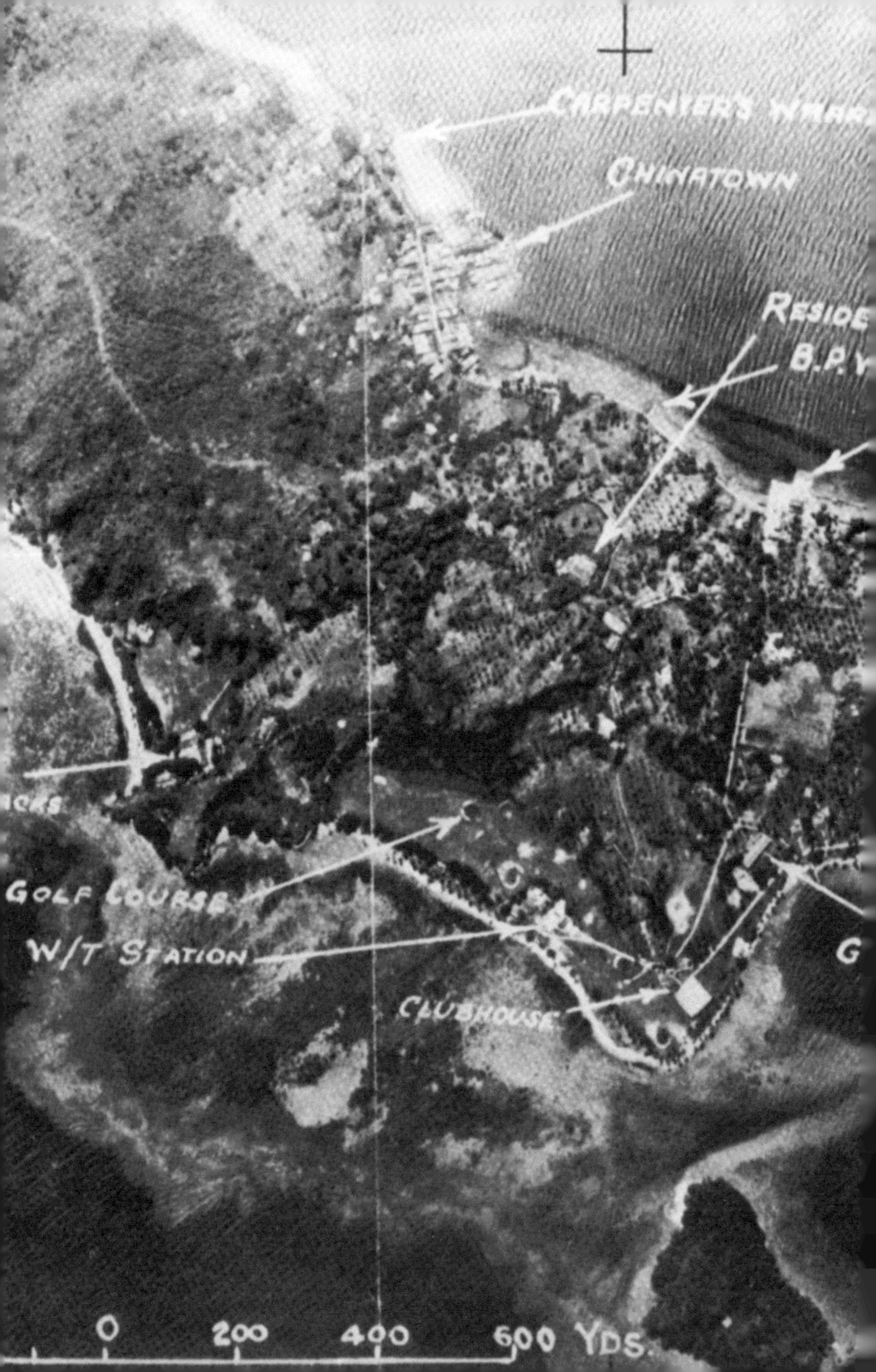
CARPENTER'S WHAR
CHINATOWN
GOLF COURSE
W/T STATION
CLUBHOUSE
0 200 400 600 YDS.

为所罗门群岛和圣克鲁斯群岛，将最终目标定为新几内亚和新不列颠区域。

6月底，美国参谋长联席会议最终达成了一项折中方案。根据方案要求，在即将发动的攻势中，罗伯特·戈姆利（Robert Ghormley）中将负责指挥图拉吉作战部队；其后，麦克阿瑟将军将率领攻击部队进军拉包尔。美国海军和海军陆战队将攻击、夺取和守卫图拉吉岛、瓜岛以及周边区域。同时，麦克阿瑟将平行推进，对新几内亚发起攻击。两路部队的目标均为拉包尔。为此，西南太平洋战区和南太平洋战区的边界也有所调整。南太平洋部队获准启动作战计划。随后，戈姆利联系了美海军陆战队第1师（加强师）师长亚历山大·范德格里夫特（Alexander A. Vandegrift）少将。戈姆利告知范德格里夫特，后者的陆战1师将担任此次两栖攻击的先锋部队，攻击时间定于1942年8月1日。

第1突袭营的陆战队员在图拉吉岛登陆，登陆地点位于高尔夫球场（GOLF COURSE）南面的海滩。陆战5团2营继之登陆。突袭营随后向西移动，陆战5团部队向东移动，夺占该岛。此图摄于1942年5月17日，说明它是张早前的情报照片，很可能被用于策划此次攻击行动。（图源：美国海军陆战队）

对范德格里夫特将军而言，问题才刚刚开始。他未曾想过在1943年1月前就投入战斗。陆战1师仅有1/3兵力位于新西兰惠灵顿的新基地；1/3仍在海上；另1/3已调往萨摩亚驻防。在不足1个月内，范德格里夫特便须准备好作战和后勤方案，从惠灵顿航行至斐济群岛，进行两栖预演。然后航行至所罗门群岛，驱除日军。此外，美军对于目标的可用情报也颇有限。

范德格里夫特意识到此行极为凶险，要求推延攻击日期。他得到了1周时间。发起两栖攻击的时间，被定在了1942年8月7日。由于日军机场多已竣工，攻击时间不会再行延期。

参战海军陆战队的编成，建立在美军对该区域日军兵力的预测情报之上。据估计，目标区域的日军兵力为8400人，其中1400人位于图拉吉及其周边岛屿。据判断，余下7000人位于瓜岛，但后来的事实证明这是个误判，瓜岛上的日军兵力仅为该数字的一半。根据预计，在两个两栖作战目标中，图拉吉更难拿下。登陆的海军陆战队员将对一个守卫森严的小岛发起直接攻击。为了保护登陆图拉吉的海军陆战部队的侧翼，美军决定首先拿下近旁佛罗里达岛上远眺图拉吉岛的关键据点。

双方指挥官

日军指挥官

虽然日军的指挥体系相互分离，陆海两军之间存在缺乏协作的痼疾，但1942年夏，所罗门群岛的日军还是组成了一支不可小觑的力量。不过，他们在数量上并无优势。该区域日本陆军部队的中心是第17军，该军军长是专注于攻克新几内亚的百武晴吉中将。肩负该区域守卫任务的日本海军指挥官，是久经战阵的三川军一中将。他曾率舰队为南云忠一的航母部队护航，行迹遍及珍珠港至印度洋。三川军一指挥的第

三川军一中将是萨沃岛海战的策动者。这一战是美国海军自珍珠港以来吃下的最大败战。日军在所罗门群岛区域缺乏集中指挥的状况，令三川军一讶异。（图源：美国海军历史中心）

4 舰队规模不大，舰船相对老旧。尽管三川的任务是守卫该区域，但他却无法指挥拉包尔的日军飞机。后者掌握在第 11 航空舰队指挥官冢原二四三中将手中。由此带来的指挥与控制措施问题，以及普遍缺乏作战准备的状况，自然令三川军一心存忧虑。

美军指挥官

为实施瓜岛战役，切斯特·尼米兹上将设立了该战役的美军指挥部。不过，这场代号“瞭望台”的作战行动，将由戈姆利全权指挥。在戈姆利的任命下，弗兰克·杰克·弗莱彻中将担任整支特遣编队的指挥官。这支海军特遣编队被命名为“远征部队”，由两部分组成：其一是空中支援部队（Air Support Force）的航空母舰，由海军少将利·诺伊斯（Leigh Noyes）指挥；其二是由其他战舰和运输舰船组成的两栖部队（Amphibious Force），由海军少将里士满·凯利·特纳（Richmond Kelly Turner）指挥。陆军少将范德格里夫特将指挥海军陆战队，作为登陆部队的一部分。

双方部队

瓜岛一役将为太平洋战争的后续战役奠定基调。瓜岛之役不只是耗时无多的单场战役，还是一系列在海岸狭带、束狭水道和瓜岛空域展开的陆、海、空对决。瓜岛战役之所以如此旷日持久，原因在于交战双方均未能在关键时刻集结部队，拿下决定性胜利。瓜岛战役的最终结果，将由美军参战部队的顽强决心，以及急需物资和装备的补充发放所决定——当然，还包括运气。

日军部队

战役之初，日军在海上连战连捷。在萨沃岛海战（8 月 8 至 9 日）中，日军大获全胜，大大削弱了美国海军对岛上作战和瓜岛周边水域作战的支援能力。而且，日军起初尚能凭借陆基战斗机控制瓜岛空域。日军地面部队老练善战，在瓜岛之役前取得了一系列重大军事胜利。

日军战士精通丛林战，但战术不佳，坦克不强。丛林中的通讯同样糟糕，热带疾病成了主要问题——日军此役伤亡的 21500 人中，有 9000 人死于热带疾病。

日本帝国陆军自联队往下的组织颇具章法，但甚少以师团级别运作。日本帝国陆军一向低估对手的能力，这种行动方针将在瓜岛酿成灾难性后果。不过，日本帝国海军则是个颇具效率的组织。就战术层面而言，日本帝国海军在昼夜均能作战。这支部队纪律严明，战意旺盛，执行任务毫不犹豫，能将武器系统发挥出致命效率。日本帝国海军最严重的缺陷，在于无力扩大战果。日军曾一次次在海战中取得战术性胜利，但却一次次见好就收。若他们能乘胜追击，便可取得战略性胜利。在空中，日军显然已拥有零式战斗机这样的技术杰作。零式战斗机采用轻型结构，爬升率高，在机动性上超越了瓜岛的任何美军战机。不过，由于燃料供给吃紧，零式战机的任务也受到了限制。

美军部队

攻打瓜岛的美军部队，大多是未经战火考验的志愿兵。海军陆战队配备的武器，主要来自一战时期，不适用于瓜岛作战条件。通讯也成问题。但由于海军陆战队多使用内部线路，因此通讯问题没有日军那么严重。海军陆战队对抗日军的战术皆是基础性的。为准备夺取和防御岛上机场[1]，他们将固守伦加防御圈（Lunga Perimeter）内重要的地形地物。在这些地形地物上，他们建立了坚固的据点，迫使日军以劣势发起攻击。海军陆战队还发现，在丛林中，对堑壕阵地实施侧翼攻击，要比正面突击有效得多。

美军火炮射击精准，随海军陆战队登岸的“斯图亚特”轻型坦克[2]，也得到了有效运用。这些坦克重量较轻，适于在丛林中披荆斩棘、清剿敌军，比日军的同类坦克优越。后来，当美国陆军加入战斗，增援海军陆战部队，并最终将其替下时，他们吸收了后者的经验，得到了更好的装备。

美国海军并未在参战之初取得良好开端。萨沃岛海战是珍珠港事件后最糟糕的一次海战失利。海军舰船上的多数装备，仍是一战时期的“老古董”，雷达也未能得到有效运用。不过，美国海军很快从这些初期错误中汲取了经验教训。

损害管制是海战的一个重要方面。如果一艘日军舰船在海战中受损，那么就得在白天避开瓜岛美机的打击范围——如若不然，它就会被这些美机击沉。相比之下，美军舰船受损后，可就近在一连串“海军前沿基地”接受修复，再度返回战场。

运输支队（TRANSDIV）分为两部分，分别是“X 射线”（X-RAY）瓜岛分队和“Y 牛轭”（Y-OKE）图拉吉分队。“X 射线”分队的陆战部队由师长范德格里夫特少将指挥，将在瓜岛登陆。规模较小、专门化程度较高的“Y 牛轭”分队，则被组织起来，由运输支队的助理指挥官威廉·鲁佩图斯（William Rupertus）率领，对弗罗里达岛、图拉吉、加武图和塔南博戈（Tanambogo）发起突击。美军两栖登陆部队，共含 1959 名军官和 18146 名海军陆战队员及海军医护兵。

战役伊始，日军拥有空中优势。这架坠落在瓜岛上的“野猫”战机便是证据。（图源：汤姆·伦莱因）

27

瓜岛战役期间，美海军陆战队运用了多种多样的武器，包括 2 款赖辛（Reising）.45 口径冲锋枪，以及勃朗宁自动步枪（BAR）。（图源：美国海军陆战队）

登陆

1942 年 8 月 7 日 4 时，天色尚黑。美军的两栖攻击特遣编队向萨沃岛接近，悄悄兵分两路。抵达该区域前，特遣编队曾在斐济群岛的偏远地带开展了两栖作战演习。演习在大浪环境下进行，登陆海滩为珊瑚礁所阻塞。此次演习可谓灾难。为防止人员受伤，避免宝贵的登陆艇受损，演习提前中止。这不是个好兆头。美军两栖部队登上了 19 艘运输船和 4 艘驱逐运输舰。美军共出动了 5 艘货船、8 艘巡洋舰、14 艘驱逐舰和 5 艘扫雷舰。随行的航母支援舰队，由 3 个航母战斗群组成，分别是“萨拉托加”号、“企业”号和“胡蜂”号航母战斗群。“北卡罗来纳”号战列舰以及一批巡洋舰和驱逐舰，为航母战斗群提供屏护。屏护舰队留在瓜岛以南，两栖部队则向北航行，在接近萨沃岛时兵分两路。

瓜岛所在地区热带暴雨频繁。因此，在向两栖目标区域机动期间，由于一场热带暴雨的缘故，美军并未遭到瓜岛日军的阻碍。两路登陆部队分开后，继续向相应预定海滩前进。抵达战位后，美军的舰炮火力和航母舰载机开始发威，根据登陆计划轰炸各自目标。太平洋战场日后的战役模式即将上演。

图拉吉

海军陆战队的策划者认为，在美军能够拿下图拉吉之前，必须首先占领近旁佛罗里达岛上的某些关键地形地物。1942 年 8 月 7 日 7 时 40 分，即 H 时[3] 前 20 分钟，美军发起了所罗门群岛的第一次两栖登陆行动，占领并固守俯瞰“蓝滩”——图拉吉登陆海滩的一处岬角。此外，为确保加武图登陆地东翼的安全，美军还在哈拉沃（Halavo）实施登陆，且未遇到抵抗。

对图拉吉的攻击按计划于 8 时展开。梅里特·埃德森（Merrit A. Edson）上校指挥的第 1 突袭营率先发起行动，随后而动的是陆战 5 团 2 营。突击部队一波波蹚过深及腰腋的海水，向海滩前进。上岸后，第 1 突袭营向东移动，陆战 5 团 2 营向西北移动。日军几乎立即实施了抵抗，但被美军有条不紊地扑灭。美军继续缓慢推进，直至黄昏来临。黄昏时分，美军巩固阵地，掘筑堑壕，准备过夜。图拉吉的第一夜，一如太平洋战场日后的许多夜晚。日军分别发起了 4 次反击，试图将第 1 突袭营赶出阵地。每一次反击均被打退。除小股敌人外，到 1942 年 8 月 8 日黄昏时分，图拉吉已处于美军陆战队的掌控下。

加武图和塔南博戈

加武图和塔南博戈是两座小岛，由一条堤道相连。第 1 伞降营的 2

美军陆战队的履带式登陆车在瓜岛登陆。（图源：汤姆·伦莱因）

个连将负责攻占二岛。二岛之中，加武图岛海拔更高，将成为率先攻取的目标。夺岛两栖突击行动，将于8月7日H+4时（12时）展开。根据计划要求，参战部队将在西北海岸登陆。为加武图两栖突击行动提供支援的海军炮火收效显著，不过，它实际上开始对攻击部队起到反作用。原先的登陆场——一条混凝土水上飞机坡道，在海军炮火下化为碎砾。登陆艇被迫继续向北，送伞兵部队登陆，但却因此暴露在塔南博戈岛的侧翼火力之下。尽管伤亡惨重，但伞降营的战士们还是夺取了该岛东北部。不过，在一次夜袭期间，一支前来增援的海军陆战队分遣小队遭到了重创。

8月8日，陆战2团3营奉命增援加武图的伞兵部队，然后对塔南博戈发起攻击。8月8日16时20分，在海空炮火及第2坦克营的支援下，美军对塔南博戈展开了两栖登陆。滩头阵地建立后，增援部队立刻

穿过堤道。到 23 时，美军已占领了塔南博戈岛的 2/3。经过频繁夜战，到 8 月 9 日晚，美军已完全占领该岛。塔南博戈岛易手后，图拉吉、加武图、塔南博戈以及佛罗里达群岛的日军，很快停止了有组织的抵抗。至此，这次作战已花费了 3 天时间。美军总体损失不大，日军损失了 1500 人。仅有少数人员被俘。

攻击部队向岛屿腹地行进后，“红滩”变得有些混乱。美军未能安排足够的人力，将大量补给物资从登陆艇搬运至海滩上，也无足够的运输车辆，将这些物资从海滩运至临时堆集处。首日终了，卸载补给物资的任务不得不向后推迟，因为海滩上已无处可放。图中可见海滩的拥挤状况，这也预示着后来的麻烦。（图源：美国海军陆战队）

瓜岛

伦加角（Lunga Point）以东约6000码（5500米）的瓜岛“红滩”上，美军发起了一次没有遇到任何抵抗的登陆。陆战5团担任先锋，跟随其后的是陆战1团。到9时30分，突击部队已经登岸，向岛内推进。他们的计划很简单：陆战5团将沿海岸前进，确保侧翼无虞；陆战1团将穿过丛林，向岛内推进，拿下奥斯汀山（Mount Austen）。根据描述，奥斯汀山是个多草的山丘，据说仅有咫尺之遥。美军此时才意识到，关于此地的情报有误。实际上，奥斯汀山远在4英里外，是该区域最为突兀的地形地物——直到数月后，它才会被美军占领。首日余下的时间中，美军都在巩固阵地，试图分散堆积在沙滩上的物资。在此期间，日军于14时发起了强力反击——18架双发97式攻击机发起了空袭，其中2架被击落。由爱知99式俯冲轰炸机发起的第二波空袭随后而至，但被美军击退，损失了2架战机。

22时，范德格里夫特将军发布了翌日的攻击令。由于奥斯汀山远不可及，加之登岸的海军陆战队仅有1万人，他下令占领瓜岛机场，设立防御圈。因此，8月8日，瓜岛上的所有陆战部队都开始西进。瓜岛机场仍是首要目标。陆战部队接近机场途中，开始与小股日军发生接触。在机场南边的伦加一带，美军发现了日军遗弃的防御阵地，阵地由堑壕和防空工事组成，建造得法，装备精良。机场长度近3600英尺（1100米），正处于施工的最后阶段。守卫机场的小股日军被美军歼灭。当日终了，美军已拿下机场，并在机场周围建立了防线。后来人们才了解到，日军事先已得知美军即将发起攻击，但以为这不过只是场突袭而已。因此，机场区域的日军按指示撤入山中，等待美军离去。到此时为止，日军的抵抗都不起作用。日军发起的空中袭击也被击退，未对美军造成多少损失。不过，日军绝不想让美军兵不血刃地拿下所罗门群岛。

八月

8 月 8 日一早，在三川军一中将的率领下，日军第 8 舰队一部准备对美军两栖特遣编队发起攻击。三川军一的战斗群由 5 艘重巡洋舰、2 艘轻巡洋舰和 1 艘驱逐舰组成。在三川的指挥下，这支强大的舰队开始向南机动。航行途中，三川舰队被一架盟军巡逻机发现。由此开始的一连串悲剧事件，将最终引发美国海军史上最惨重的海战失利之一。

萨沃岛海战

尽管美军对日军舰队的行进方向一头雾水，但特纳少将还是在萨沃岛西北方部署了 2 艘驱逐舰，分别为“布卢”号（Blue）和“拉尔夫·塔尔博特”号（Ralph Talbot）。两舰将对航道保持雷达监视。特纳随后又部署了 3 艘巡洋舰“澳大利亚”号、“堪培拉”号和“芝加哥”号，以及 2 艘驱逐舰“巴格利”号和“帕特森”号，在萨沃岛和埃斯佩兰斯角（Cape Esperance）之间巡逻。其他数艘巡洋舰——“温森斯”号（Vincennes）、“阿斯托里亚”号和“昆西”号，则与 2 艘驱逐舰“赫尔姆”号和“贾维斯”号（Jarvis）一道，在萨沃岛和佛罗里达岛间巡逻。另 2 艘巡洋舰和 2 艘驱逐舰负责守卫运输舰船。与此同时，航母支援舰队的指挥官弗莱彻中将认为，其战机经受的作战损失，舰艇燃油的耗减，都限制了部队的作战效力。他请求撤出战场，并于 8 月 9 日获得批准。特纳少将刚一得知弗莱彻的打算，也决定撤走他的两栖舰队。因为若无空中掩护，两栖舰队将十分脆弱。尽管运输舰船尚未将所有补给物资卸至瓜岛上的陆战部队手中，但这些决定还是得到了执行。

然而，8 月 9 日 1 时 45 分，日军舰队奇迹般地通过了美军雷达哨驱逐舰的重重警戒。日舰发动了夜间奇袭，取得了重大胜利。盟军（包括美军和澳军战舰）损失了4艘巡洋舰，并有1艘巡洋舰和1艘驱逐舰受损。幸运的是，三川军一中将并未袭击运输区域。若他乘胜进击，歼灭美军运输舰船，美军在该区域的作战行动便会大受限制。不过，三川并未如此行事，而是撤出了战场，向拉包尔返航，驶出美航母舰载机的打击范围。同时，日军对美军两栖特遣编队造成的打击，延迟了后者在8月9日的出发时间。但到15时，第一批舰船已经启程。最后一批舰船也于18时30分离去。

第一周

两栖特遣舰队的撤离，使海军陆战队失去了空中支援。运输舰船的撤离，使海军陆战队仅仅获得了部分补给物资——弹药还算充足，但食物成了严重得多的问题。到8月12日，陆战1师每天只吃2顿饭。美军拿下瓜岛机场后，将其更名亨德森机场。为任务成功计，这座机场此时必须得到进一步修建。机场完工前，海军陆战队只能任由日军的海空攻击宰割。到8月20日，瓜岛上的海军陆战队将拥有陆基战机。首批可用的陆基战机，仅有19架“野猫”战斗机和12架俯冲轰炸机。不过，陆军航空队的部分P-400战斗机，最终也会加入其中。

第一周内，战役基调便已确立。日军战机发起了日复一日的空袭——这种情形还将持续数月，唯有天气恶劣或美军战斗机出现时，才有所停歇。日军战机的目标不是亨德森机场，就是伦加角的补给船只。美军防御圈则在夜间遭到日军战舰的炮击。总而言之，海军陆战队面临的形势相当黯淡，海军事实上已抛弃了他们。他们在岸上迅速站稳脚跟后，便开始强化防御圈。由于考虑到日军很可能发起攻击，范德格里夫特将军将大部分作战部队沿海滩部署。伦加防御圈建立后，美军出动了巡逻队，搜集岛上日军的相关情报。至此可以确定的是，日军大多聚集于伦加防御圈西面，位于马塔尼考河（Matanikau River）和克鲁兹角（Point Cruz）区域。为铲除美军防御部队，日军发起了多次行动。

范德格里夫特将军的首要关注点之一，在于日军自海上出击的威胁。因此，陆战1师的大部分资产，都用于防范日军的反登陆行动。上图为2名操作M1917加特林机炮的海军陆战队员。下图为掘壕隐蔽、加以伪装的M3A1轻型坦克，是海滩防御阵地的一部分。（图源：汤姆·伦莱因，美国海军陆战队）

所罗门群岛之瓜岛一役期间，两名海军陆战队员操作一挺俘获的日军 .50 口径机枪，向日军战机开火。（图源：赫尔顿－多伊奇收藏 [Hulton-Deutsch Collection]，科比斯图片社）

一木清直大佐率领900人的日军部队，在“短吻鳄溪”对美陆战队发起攻击。与普遍观点不同的是，此次攻击流产后，一木清直并未在焚烧队旗后自杀。他最后一次露面时，正在召集手下攻击美军陆战队。他很可能在企图穿越沙嘴时被美军击毙。（图源：美国海军陆战队）

第一次马塔尼考河战斗

8月19日，陆战5团对马塔尼考河一带的日军发起了营级规模的攻击，任务是将日军逐出该区域。1营B连将利用海岸道路接近敌人，在河口制造破坏。同时，第二支连队（3营L连）将穿越岛上丛林，从南面发起主攻。第三支连队（3营I连）将在西面的科孔博纳村(Kokumbona village)附近实施海上登陆，切断日军退路。此次作战取

“瓜岛之前，敌人肆意推进。瓜岛之后，敌人节节败退。”

——“蛮牛”哈尔西上将

得了成功，美军陆战队成功歼灭了目标区域内的小股日本驻军。

特纳鲁河之战

8 月 13 日，日军统帅部命令百武晴吉中将手下位于拉包尔的第 17 军夺回瓜岛。田中赖三少将将担任此次行动的海军指挥官。百武晴吉缺少对瓜岛美军的确切情报，决定以 6000 人兵力夺回瓜岛。这 6000 人分别来自第 7 师团第 28 步兵联队和横须贺海军特别陆战队。一木清直[4]大佐率领的第 28 步兵联队第 2 大队（加强大队），将出任攻击先锋。一木清直及其 900 人先头部队航至瓜岛，于 1942 年 8 月 18 日夜在塔伊乌角（Taivu Point）登陆。同一时间，横须贺第 5 特别陆战队的 500 人也在西面的科孔博纳登陆。

这些登陆行动是后来所谓“东京快车”的“首班车”。大致说来，“东京快车”是由田中赖三少将组织的舰船往返运输行动，参与其中的有巡洋舰、驱逐舰和运输舰船，趁夜从拉包尔向瓜岛输送部队和物资。一木一行沿所罗门群岛岛链下行的航路，被称作“海槽”（Slot）。一木大佐在塔伊乌登陆后，便着手建立指挥部，派出侦察队，等待联队余部到来。待余部抵达，并掌握美军的确切情报后，他便会发动攻击。一

特纳鲁河之战的结局，昭示了日军攻击部队的决心。倒毙于照片前景中的日本兵，实际上已深入至特纳鲁河西岸，但在美军陆战队的防线前戛然而止。背景中的陆战队员正步行穿越该区域，审视战役结果。（图源：美国国家档案和记录管理局）

木所掌握的情报是：一支美军突击队正缩身于机场周围的防御圈内。一木计划向特纳鲁河[5]东面的前日军施工营地进发，将指挥部设立于此，然后向美军进击。不过，美军陆战队巡逻队消灭了一木的侦察队。由于担心奇袭效果不再，一木决定以现有兵力西进。

8月20至21日的那一夜，美陆战队监听哨发现了日军大部队的动向。当地警队的一名原住民警官雅各布·沃扎（Jacob Vouza）遭到日军的酷刑拷打，被丢下等死。身负重伤的他无意中撞进了陆战队的防线。瘫倒前，他吐露了日军即将发起攻击的消息。美军监听哨随即撤离。沃扎到来后，第一波日军也很快现身。后者成队形行进，碰上了美军布设于河口沙洲的单股铁刺网。铁刺网令一木的先头部队陷入了暂时的混乱，他们没想到，在如此之远的东边，还会遇到防御阵地。

随后爆发的战事激烈而残酷，后来被称为特纳鲁河之战。日军采取人海战术，试图击溃该区域的守卫部队——埃德温·波洛克（Edwin A. Pollock）中校的陆战1团2营。

由于无法拔除美军陆战队阵地，一木清直派出部分兵力沿东岸南下，穿越特纳鲁河上游，意图包抄美军侧翼。这一做法未能奏效。随后，一木又派出1个中队涉浪穿插，欲自北突破美军防线。此番尝试再遭失败，一木清直也丢了性命。不过，战斗持续了一整夜。到了早晨，美军依然坚守阵地。在此之后，美军决定实施两面夹击，消灭一木残部。在轻型坦克、火炮和刚抵达的战斗机的支援下，担任师预备队的陆战1团1营迂回包抄一木残部，将其歼灭。最初登陆的900名日军中，有800人或是已经毙命，或是在沙洲上或周边丛林中奄奄待毙。美国海军陆战队的损失则小得多，仅有34人死亡，75人负伤。

东所罗门群岛海战

陆上交锋尘埃落定后，日军集结了一支庞大的特遣舰队，由田中赖三少将和三川军一中将挂帅。与此同时，弗莱彻少将指挥的美军特遣编队正在所罗门群岛东南边活动，还以为其所在海域安全无虞。东所罗门群岛海战一触即发。由于不知道一木部队的遭遇，日军已下达计划，用规模更大的第二支部队为其提供增援，兵力约1500人。在4艘驱逐舰的屏护下，这支部队搭乘4艘运输舰于8月19日启程。他们将于8月24日在瓜岛登陆。为向运输舰船和岛上行动提供支援，日军出动了2支航母特遣编队，包含5艘航母、4艘战列舰、16艘巡洋舰和30艘驱逐舰。

由3艘航母、1艘战列舰、6艘巡洋舰和18艘驱逐舰组成的3支美军航母战斗群，正在瓜岛东南约100英里处游弋。不过，8月23日的一份错误情报称，该区域的日军大部队正向特鲁克岛的日军基地返航。在其误导下，“胡蜂”号航母战斗群离开了大部队，前去补充燃油。这样一来，美军仅剩下2支航母战斗群，即“企业”号和“萨拉托加”号航母战斗群。

不久后，美军巡逻机在瓜岛外350英里发现了日军运输群。次日，也就是8月24日，美航母舰载机发现了日舰编队。同一时间，日航母舰载机也发现了美舰编队。在随后的空对舰和空对空作战中，规模较小的美舰编队挡住了日舰编队。虽然日军得以将1500人的部队送上瓜岛，并轰炸了亨德森机场，但他们没有能力介入地面战。此外，他们也不再能控制瓜岛空域。日军损失了“龙骧”号航母、1艘驱逐舰、1艘轻巡洋舰和90架飞机，另有1艘水上飞机母舰和1艘驱逐舰受损。战后不久，美舰便驶离了战场。美军方面有1艘航母受损，即“企业”号，此外还损失了20架飞机。美军随后遭受的损失要严重得多。8月31日，在圣克鲁斯群岛以西巡逻的“萨拉托加”号航母遭到鱼雷袭击。9月15日，在所罗门群岛东南巡逻的“胡蜂”号航母被鱼雷击沉。由于已有1艘航母沉没，2艘航母受损，“大黄蜂”号航母成了南太平洋中的唯一一艘美军航母。期间，第二次所谓的“马塔尼考河战斗”在瓜岛打响。美军试图将陆战5团1营部署于克鲁兹角以西海岸上，但同样未能取得任何决定性战果。日军防御部队最终选择撤退，美军陆战队返回了伦加防御圈。

九月

地面战进行的同时，美军也不断收获重要的战略进展。美军陆战队的一支飞行联队，正开始在亨德森机场立足。1942 年 9 月 3 日，在罗伊·盖格（Roy S. Geiger）准将的指挥下，美海军陆战队第 1 飞行联队抵达瓜岛。随着这支飞行联队的到来，瓜岛空域的形势最终将发生扭转，形成对日军飞行员不利的局面。

塔西姆博科突袭

9 月上旬，瓜岛岛民报称，数千名日军占领了伦加角以东约 8 英里的塔西姆博科村，并修筑了防御工事。这些报告没有得到陆战队情报部门的采信，但为防万一，美军还是决定对这支日本守军发动两栖突袭。

美军认为，自己面对的只是支小部队。美军抽调了第 1 突袭营和第 1 伞降营的陆战队员，由梅里特・埃德森（Merritt A. Edson）上校指挥行动。

9 月 8 日黎明，突袭营的陆战队员率先登陆，伞降营紧随其后。西行期间，这支部队仅遇到了微弱抵抗。但迫近塔西姆博科村后，抵抗骤然加强。日军兵力约为 1000 人，不仅拥有精良的武器装备，还得到了野战炮兵的近距平射火力支援。不过，美军陆战队还是成功占领了塔西姆博科村。在这里，美军找到了数以千计的救生衣和多种补给物资。他们所不知道的是，方才与自己交手的日军，只是第 35 步兵旅团（或名“川口支队”）的殿后部队。川口清健少将指挥的日军共有 3000 余人，已于 8 月 29 日至 9 月 1 日间抵达瓜岛。

有两件事拯救了兵力较弱的美军陆战部队，使之未被数量占优的日军歼灭。第一件事是，川口清健已开始穿越丛林，向西南移动。他企图不知不觉地摸到亨德森机场南边，然后自丛林向北发起攻击。第二件事

停放于瓜岛机场的美军“野猫”战斗机。美军陆战队拿下该机场后，将其更名“亨德森机场”。（图源：汤姆・伦莱因）

是，一支前往伦加角的美军补给护送队当时正途经该区域。日军做出了错误判断，误以为美军已展开全面登陆行动，这支护送队是美陆战队攻击部队的援军。不到1周后，在俯瞰亨德森机场的草岭上，川口清健和梅里特·埃德森将再度相遇。

“血岭”之战

塔西姆博科一战后，美军决定将突袭营和伞降营战士部署于后备阵位。他们将前去占领亨德森机场以南一连串草岭上的防御阵地，距陆战1师指挥所不远。不过，美军巡逻队和原住民斥候，开始遭到日军越来越多的抵抗。9月10日，原住民斥候报称，日军正在开辟一条小路，距防御圈5英里。一场大规模日军攻势正在酝酿之中。同时，在日机日复一日的空袭中，草岭阵地也遭到了轰炸。由于无力向前推进，美军陆战队巩固了其在草岭群最南端山丘上的阵地。这将是一场关键战事的起点。这一战后来被称作“血岭”之战，是瓜岛战役的转折点。

为守卫此区域，埃德森将突袭营和伞降营组成的混合部队，部署于最南端山岭一线和周边丛林。美军西翼倚靠伦加河。攻击行动始于当夜，日军战舰率先发炮。随后，日军自丛林向南搜索美军阵线。当天深夜，“川口支队”发起了连续进攻。经过20分钟的舰炮轰击后，日军自西发起了强力冲锋，攻击对象主要是占据山岭侧翼丛林的美军连队。突袭营战士被迫后撤。翌日，也就是9月13日，埃德森打算出动后备连队，拔除已在其西面建立突出部阵地的日军。昼间的这次攻击并未得手，因此，美军陆战队开始为势在必行的夜间攻击做准备。日军飞机对伦加防御圈实施了整日的空袭，不时也炸炸草岭。第二晚，川口以2个步兵大队的兵力出击。他成功迫使美军陆战队退回了草岭最北面的山丘。但在这最后的阵地上，美军挡住了日军的猛攻。川口明白，若他能拿下亨德森机场，就能打垮敌军。埃德森同样明白，战打到这份上，他的部队不只是为保卫亨德森机场而战——他们也在为保住自己的性命而战。

9月14日拂晓，在突袭营和伞降营的配合下，从亨德森机场起飞的美机与陆战5团2营一道，将川口的部队逐入丛林。川口已经战败，他手下大部分人不是已经死亡，就是正在死去。美军陆战队亡31人，伤103人，失踪9人。日军的死亡数量则超过了600人。由于英勇地守住了“血岭”亨德森机场，埃德森将获颁国会荣誉勋章。就在川口猛攻“血岭”时，日军的另2个中队对陆战1团3营发起了攻击，地点位于“短吻鳄溪”（Alligator Creek），但此次进攻同样被美军击退。

马塔尼考河行动

日军的所有攻击均被击退后，范德格里夫特决定扩大陆战队防御圈。自萨摩亚出发的陆战7团刚抵达瓜岛不久，范德格里夫特派遣该团肃清马塔尼考河一带的日军。根据最初计划，此次行动将分两个阶段完成。9月23至26日，陆战7团1营将在奥斯汀山和科孔博纳之间的区域实施武力侦察。9月27日，第1突袭营将在马塔尼考河河口展开攻击，目标是向科孔博纳推进，在那里建立巡逻基地。在绰号“大胸”（Chesty）的刘易斯·普勒（Lewis B. Puller）中校的率领下，陆战7团1营按预定计划出发。9月24日深夜，该营对上了奥斯汀山附近的一支强劲日军。

由于担心普勒遭遇了日军强力部队，范德格里夫特将军派遣陆战5团2营前往增援。两营会合后继续推进，扫清马塔尼考河东岸之敌。9月26日，两营在向河口接近时遭遇了日军火力。陆战5团2营成功抵达了河口，但无法强行渡河。于是，美军决定让普勒一部和陆战5团2营就地固守，与河口的日军交火。

与此同时，第1突袭营已从伦加防御圈出发。不过，马塔尼考河

图为从“血岭”通往亨德森机场的路。守住“血岭”至关重要，从图中很容易看出其中缘故。一旦日军推进至远处的开阔平原，就可拿下机场，在美军陆战部队之间插下致命的“楔子”。倘若日军得手，美军便无绝对把握赶走日军。（图源：美国海军陆战队）

战事的进展，促使突袭营向东移动，计划从日军后方发起攻击。9月27日，攻击开始。此时，第1突袭营已改由山姆·格里菲思（Sam Griffith）中校指挥（埃德森已获提拔，负责指挥陆战5团），向预定的渡河点行军。但因敌军火力密集，此次攻击没能得手，第1突袭营也未能展开。美军行动自此陷入低谷。

一则来自第1突袭营的电文，在师部产生了误解。由于误以为第1突袭营已成功渡河，陆战7团1营的2个连奉命出动，前去支援克鲁兹角西面的岸至岸登陆行动。登陆行动未遇抵抗，但陆战队刚一抵达登陆海滩以南500码（460米）的山岭时，多枚迫击炮弹就砸了下来，炸死了指挥官。随后，自马塔尼考河而来的一支敌军强力纵队，与陆战队交上了手。此时，所有3支海军陆战部队都在与日军交战，无法相互支援。克鲁兹角以西的陆战队意识到，他们有陷入包围的危险。他们没有无线电装备，于是用T恤拼出了“HELP”（救命）的字样。美军的一架俯冲轰炸机发现了这一标记，向陆战5团发报。普勒随即离开马塔尼考河区域，转而前来营救孤立无援的下属连队。最终，获救连队搭乘一小队登陆艇撤离，付出了亡24人、伤23人的代价。据估计，日军兵力约达1800人，其中60人死亡，100人负伤。此次撤退结束后，马塔尼考河沿岸的美军陆战队也回撤至防御圈。日军仍然控制着马塔尼考河区域，9月的地面战斗至此结束。美军在当月的海军行动，也仅限于在夜间拦截“东京快车”。

十月

马塔尼考河之战

10月，美军打算驱逐盘踞在马塔尼考河据点的日军。情报显示，日军正在该区域集结，欲再次发起全力攻击。范德格里夫特将军定下计划，由陆战 5 团（欠 1 个营）在马塔尼考河河口发起破坏性攻击，将日军注意力引至此处；同时，在陆战 2 团 3 营的增援下，陆战 7 团（欠 1 个营）将穿过马塔尼考河上游，然后转而向北，肃清马塔尼考河西岸的这一区域。此次行动将得到炮火支援和空中支援，阻止日军炮兵轰击亨德森机场。

与此同时，日军则希望夺取马塔尼考河以东阵位，为炮兵建立更为有利的阵地。幸运的是，美军陆战队率先将计划付诸实施。计划要求陆战 5 团在马塔尼考河东岸设立阵地，阵地自河口向南延伸 1800 码（1600 米）。美军主力由陆战 2 团 3 营和陆战 7 团组成，将跨过马塔尼考河北进，突袭马塔尼考村。10 月 7 日，行动开始。到了中午，陆战 5 团 3 营已和一支日军中队交上了手，迫其后撤。10 月 8 日 18 时 30 分，日军大举来犯，但最终未能取胜。10 月 9 日，主攻开始。陆战 7 团 1 营遭遇了大批日军，后者来自扎营于深谷的第 4 步兵联队。美军以火炮和迫击炮对日军造成大量杀伤，击毙了 700 多人。

日军的反击

自 8 月以来，日军一直在策划发起全面反攻。到 10 月时，日军已做好了进一步准备。日军策划的这次陆海联合行动，将由第 17 军军长百武晴吉操刀，意在夺回瓜岛。

埃斯佩兰斯角海战

日军的反攻主要从三面发起。第一阶段的反攻从海上开始，即埃斯佩兰斯角海战。此役，双方海军部队将在萨沃岛附近交手。在诺曼・斯科特（Norman Scott）少将的指挥下，面对从直角方向驶来的日军舰队，美舰占据了南北向阵位。斯科特少将随后实施了经典的“T”字机动，使美舰主炮可以集中射击呈纵队驶来的日舰。最后，日舰被迫撤

马塔尼考河一带，美军陆战队所过之处寸步难行。他们常得在草木虬结的地形中开辟小径，进展极其缓慢。图中的机枪小队正艰难地将弹药车运上一道小坡。如此这般在炎热潮湿的环境中劳作，消磨着陆战队员的耐力。（图源：美国海军陆战队）

退。双方各有 1 艘驱逐舰沉没，1 艘巡洋舰受损。虽然美军没有取得重大胜利，但海军力量的天平，已开始向美军倾斜。

亨德森机场之战

10 月 13 日，日军对亨德森机场发动了猛烈空袭。炮兵火力随之而至。午夜前不久，2 艘日军战列舰开始按部就班地轰击美军目标。战列舰离开后，日军轰炸机再次袭击了亨德森机场。至 10 月 14 日下午，亨德森机场已完全失去作用。美机仅可通过附近的一条草地跑道，开展最低限度的行动。10 月 15 日，5 艘日军运输舰开始在塔萨法隆格角（Tassafaronga Point）卸下部队和补给物资。日军舰船虽然遭到了美国海军的截击，但仍设法将 3 千至 4 千人的部队送上了岸，并卸下了 80% 的物资。

随着手下最后一波兵力的到来，百武晴吉将军对胜利充满信心。根据攻击计划，日军将分四路出击：丸山政男中将负责率领主力部队，自南面的“血岭”附近出击；第二路部队由住吉正少将指挥，将在坦克支援下自西面出击，越过马塔尼考河；第三路部队将在上游 1 英里处跨越马塔尼考河，向北行进，与美陆战队交火；与此同时，第四路部队须在科利角（Koli Point）实施两栖突击。日军后来取消了该路作战计划，因为他们认为美军的抵抗即将溃散。攻击将于 10 月 22 日开始。不过，穿越丛林的日军出现了意外耽搁，打乱了需要精确协同的攻击计划。日军沿着曲折的小径，在奥斯汀山南面陡坡上下辗转。跋涉途中，所有补给物资不得不由人力背负，火炮成了首先被抛下的装备。如此一来，丸山政男被迫将攻击时间推迟至 24 日。

在此期间，与丸山政男失去联络的住吉正少将，于 10 月 21 日下午发起了攻击，但被击退。次日平静无事，直至 18 时。但这一回，美军陆战队准备就绪。美军的火炮和大批反坦克武器，都在等待日军。美军陆战队的密集炮火，几乎全歼了住吉正一部，陆战队仍然扼守着西面防区。在10月24日夜的一场暴雨中，丸山政男部队对普勒中校指挥的陆战7团1营发起进攻。

丛林中的日军总算辟出了一条路，抵达“血岭”南边。但是此时，他们的重武器仅剩下机枪——所有火炮和迫击炮，均已弃于山林中。第三路日军与丸山政男的部队同时出击，向陆战队防御圈西南侧扑去。普勒一部得到了陆战7团预备队的增援。日军在夜间发起了坚决攻击，但每一次冲锋都被美军打退。次日，即10月25日，被称为“洞壕星期日”，因为日军对亨德森机场实施了持续不断的炮击与轰炸。当夜，丸山政男携第16和第29步兵联队，沿“血岭”南部发起攻击。在陆战队37毫米反坦克武器发射的榴霰弹的支援下，美军陆战队和步兵部队击退了日军的最后一次进攻。黎明时分，丸山撤退，在美军阵前留下了1500多具尸体。当夜，第三路日军袭击了马塔尼考河东面的陆战7团2营，但同样以失败告终。这些未果的攻击行动，标志着日军10月反攻的结束。这也将是日军在整场战役中的进攻高潮。虽然有许多同样激烈的战事尚未打响，但10月将成为决定陆上战事的关键月份。

10月的海上对决，以圣克鲁斯群岛海战结束。是役，托马斯·金凯德（Thomas C. Kinkaid）少将指挥的美军特遣编队，对活跃于该海域的一支强大日军舰队发起了攻击。在随后的海战中，美军损失了1艘航母和1艘驱逐舰，并有1艘航母、1艘战列舰、1艘巡洋舰和1艘驱逐舰受损。日军虽有3艘航母和2艘驱逐舰受损，但没有舰船沉没。不过，日军舰队还是驶离了交战海域。

十一月

11月是瓜岛战役的转折月。南太平洋战区迎来了一位新司令——原司令罗伯特·戈姆利中将被解职，由绰号“蛮牛”的威廉·哈尔西中将接任。随着哈尔西的上任，美军也向瓜岛输送了急需的部队和补给物资，保持其在该区域的存在。

瓜岛海战

11 月是海上交锋频繁的一个月。为实施 11 月作战行动，日军组织了 4 支海军特遣舰队。其中两支为炮击部队，负责炮轰亨德森机场；第三支舰队负责将第 38 师团及其装备运至瓜岛；第四支舰队为支援部队。哈尔西麾下的美国海军部队组成了 2 支特遣编队，其中一支由特纳少将指挥，另一支由金凯德少将指挥。虽然这两支部队实力有限，但二者的任务既包括为瓜岛提供增援和补给，也包括阻止日军控制瓜岛。

金凯德的战列舰将为特纳的两栖舰艇和战舰提供保护。特纳的部队又分为 3 支——第一支负责运载增援部队，由斯科特少将指挥；第二支为屏护部队，由卡拉汉少将指挥；第三支为运输部队，负责运载重要的补给物资，由特纳亲自指挥。三者于 11 月 12 日抵达预定地点。10 时 35 分，美军发现，一支大型日军舰队正向瓜岛驶去。这支舰队由“比睿”号战列舰、“雾岛”号战列舰、1 艘轻巡洋舰和 14 艘驱逐舰组成。该舰队得到的命令是：使瓜岛各机场失去作战能力。

在后来被称为“第一次瓜岛海战”的战事中，卡拉汉率领实力处于下风的巡洋舰部队对阵日军战列舰。海战主要在夜间展开，地点位于萨沃岛附近。双方先头部队陷入混战，美舰纵队刺穿了日舰编队。数量居于劣势的美舰从各个方向还击，战事演变为舰对舰的单打独斗。海战结束时，卡拉汉少将和斯科特少将双双阵亡，但日军舰队也已掉头回撤。虽然参战的 13 艘美舰中有 12 艘或沉或损，但没有一发日舰炮弹落到瓜岛上。

瓜岛前线的美军陆战队紧跟国内新闻，在新闻栏的地图上检查自己的位置。该新闻板被称为“瓜岛公报”，为便利官兵而设。即使是在一场漫长的战役中，体育比赛的结果也拥有无可比拟的重要性。（图源：贝特曼档案库，科比斯图片社）

NEWS
LOMON ISLANDS DOPE
(GUADALCANAL GAZETTE)
BALL SCORES
UE
NATIONAL LEAGUE
1ST GAME
BROOKLYN 10
BOSTON 0
2ND GAME
BROOKLYN 7
BOSTON 3
HOME RUNS (1ST GAME) - CAMILLI
HOME RUNS (2ND GAME) - CAMILLI
REESE
NEW YORK 5
CHICAGO 2

陆战2师沿海岸追击溃退的日军。期间，他们就地取材，架设了临时桥梁。照片中，美军陆战队正经由简易木桥通过博纳吉河（Bonegi River）。（图源：美国海军陆战队）

11 月的行动

陆上战况也不断好转。陆战 5 团带头自西面出击，将日军逐出了马塔尼考河一带。美军继续推进至科孔博纳附近。美军防御圈另一侧，陆战 7 团和第 164 步兵团余部向东出击，经历一番苦战，将日军逐出了科利角区域。11 月 4 日，在地面火炮和海军舰炮的掩护下，两个陆战营开始向东进军。二者的行动得到了陆军第 164 步兵团的支援。到 11 月

日军建造的瓜岛机场成了双方争夺的焦点。图为瓜岛机场的首张鸟瞰图，由美国海军随军摄影师摄于陆战部队扫清日军后不久。图中可见即将竣工的机场跑道，该跑道后来由美军修建完成，最终将为美军带来空中优势。（图源：Topfoto）

“多数人都患上了痢疾……饥饿正在夺走许多生命，不断削弱我们那已经拉长的防线。我们完了。”

——小田健作少将

1943 年 1 月 12 日

9 日，美军联合部队已再次确定了日军的位置，开始实施包围。随后数日，日军的所有突围均告失败。在火炮支援下，美军陆战队和步兵部队开始逐步消灭仍在顽抗的小股日军。到 11 月 12 日，他们已完成使命。在东面的这场最终行动中，美军亡 40 人，伤 120 人。日军的死亡人数则超过了 450 人。

最后的海战

在第二次瓜岛海战中，日军再次试图以海上行动增援瓜岛。但激烈交手过后，日军再次撤回。11 月的最后一次海上交锋，是塔萨法隆格海战。当时，一支“东京快车”驱逐舰部队驰援瓜岛，欲向陷入围困的日军部队提供补给。卡尔顿·赖特（Carleton H. Wright）少将截击了这列“东京快车”。双方均损失了 1 艘驱逐舰，日军再次撤退。随着 11 月的结束，日军不再握有对瓜岛周边水域的控制权。

陆军接手

12 月，瓜岛战役产生了一些决定性变化。与战役初期相比，伦加防御圈并未扩大许多，但美军已拥有足够兵力，能够实施决定性进攻行动。美国陆军已大规模登岸，他们的指挥官是美喀师[6]师长亚历山大·帕奇（Alexander Patch）少将。随着哈尔西中将就任总指挥，黯淡的时日正一去不返。部队和装备源源不断涌入瓜岛，一些损失最为惨重的陆战部队也得到了撤换，获得急需的休整。与此同时，陆军的新型P-38战斗机[7]在瓜岛区域首次亮相，亨德森机场也成为B-17轰炸机的行动基地。由于战局正在扭转，美军决定撤换下范德格里夫特的陆战1师。12月9日，经过4个多月的漫长战斗，这支陆战部队撤出了战场。他们已饱受疾病、劳累、脏污和疲惫的折磨，乐见于脱离瓜岛炼狱。地面部队的指挥权转移至陆军的帕奇少将手中。帕奇得到了一支经验丰富的骨干部队，因为陆战2师大部仍交由帕奇指挥。情报显示，瓜岛上仍有2.5万名日军——美军的数量则为4万人。根据大致估计，岛上日军位于奥斯汀山和科孔博纳一带，并且仍在接受“东京快车”的补给，但日军部队的确切部署仍属未知。

奥斯汀山并非单一山体，而是瓜岛主山脉的山嘴。峰顶高1514英尺（462米），覆盖着茂密的雨林。对于即将在此厮杀的美军步兵战士而言，奥斯汀山可谓丛林噩梦。补给物资必须由人力背上陡坡，伤亡人员也必须以同样方式运下山去。战况激烈，日军掘壕固守。美军的攻击始于1942年12月17日，直至1943年1月方休。第132步兵团的战士首当其冲，经历了22天激烈的丛林战，遭受了疲敝和疾病的沉重打击，于1月4日撤换下来。第132步兵团阵亡112人，该区域日军阵亡450人。

新年伊始，此时已执掌第14军（含美喀师、第25步兵师、第43步兵师和陆战2师）的帕奇少将，决心了结战事，将日军逐出瓜岛。在一系列快速进攻行动中，他决定挥师西进，粉碎克鲁兹角与科孔博纳间的日军抵抗力量。1周内，陆战部队推进了1500码（1400米）以上，抵达预定阵位，可从此处向科孔博纳发起进攻。期间，他们击毙了约650名日军。在取得这些战果的同时，第35步兵团[8]正在奥斯汀山的岐阜要塞[9]，以及西南方向以“海马岭”（Seahorse）为中心的丘陵丛林地带陷入激战。后者之所以被称为“海马岭”，是因为在航拍照片中形似海马。经过1天苦战，第35步兵团3营占领了“海马岭”，有效地包围了岐阜要塞。不过，美军还需经历为期2周的艰苦战斗，百码百码地向前推进，才可拿下岐阜要塞。在一场地狱般的丛林战中，1辆由16名步兵协同作战的美军坦克，突入了岐阜要塞的心脏地带，开始逐一消灭日军碉堡和士兵。到1月22至23日间的那一夜，岐阜要塞静了下来。为攻打岐阜要塞，美军付出了64人阵亡、42人负伤的代价。日军则有500余人阵亡。同时，经过最后2天的进攻，1943年1月24日，美军占领了科孔博纳。1月底，第14军的最后任务是追歼残余日军，让其来不及掘壕或逃跑。

最后阶段

到2月初，帕奇少将确信，日军正在策划一场撤退行动，而他想阻止这场行动的发生。美军发起了最后的钳形攻势，困住日军残部。不过，由于美军推进过慢，加上日军执行迟滞行动坚决，日本陆军第17军的1.3万人得以撤至埃斯佩兰斯角。日军老练善战，诡计多端。尽管如此，瓜岛战役的重大意义仍未发生改变。美军赢得了所罗门战役第一阶段战事的胜利，向压制拉包尔迈出了重要的第一步。

结局与影响

瓜岛一役，为太平洋区域的丛林战和海战提供了参照原型。这场恶战打破了日军战无不胜的神话。瓜岛的战火催生出了一支老练善战的部队。最重要的是，这场战役证明了两栖作战的理论与实践价值。20世纪20年代晚期至30年代，弗吉尼亚州匡提科的海军陆战队学校曾教授过这方面内容。美军最重要的收获，是瓜岛本身。瓜岛将发展为区域内最大的先进海空基地之一，并将成为该区域日后的两栖作战跳板。通过掌控瓜岛，美军保持了美澳交通线的畅通。

对美军而言，瓜岛战役的代价不算太高。美国陆军和海军陆战队共阵亡 1600 人，伤 4700 人。日军的损失数字要高得多，各军种共计损失 25400 人。相比之下，双方海军力量的损失较为平衡，各损失约 25 艘主力战舰。

注释

[1] 指亨德森机场。美军夺取瓜岛机场后，为纪念在中途岛上空战死的陆战队飞行英雄洛夫顿·亨德森（Lofton R. Henderson），将该机场命名为亨德森机场。

[2] “斯图亚特”轻型坦克战斗全重 12.5 吨。该坦克得名于美国南北战争时期的南军骑兵名将詹姆斯·埃韦尔·布朗·斯图亚特。

[3] H 时（H-Hour）指一次作战或行动的发起时刻。H+4 时表示 H 时加上 4 小时。

[4] 一木清直曾任日本华北驻屯军第 1 联队第 3 大队大队长，正是该大队挑起了“七七事变”。

[5] 特纳鲁（Tenaru）河又译泰纳鲁河，位于瓜岛北岸。

[6] 美喀师（Americal Division）是“美国，新喀里多尼亚师”（American, New Caledonian Division）的缩写。二战后，该师正式更名为第 23 步兵师。

[7] P-38 战斗机后来击落了山本五十六的座机。

[8] 第 35 步兵团（35th Infantry）隶属于美国陆军第 25 步兵师。

[9] 岐阜要塞（Gifu）是由无数坑、壕、堡构成的日军防御工事，并非传统的城堡式要塞。

美军陆战队从沙袋堑壕后向日军开火。塔拉瓦环礁地势低平，最高处仅 12 英尺（3.7 米）。因此，美军陆战队匆匆堆筑了沙袋工事，以资防护。（图源：贝特曼档案库，科比斯图片社）

第五章 塔拉瓦

战役肇始

一战之后，利用战败国割让的岛屿和环礁，日本构筑了一圈外围防线，防线从马里亚纳群岛延伸至东面的马绍尔群岛。1942 年 8 月，美军的一个陆战队突袭营袭击了吉尔伯特群岛北部的马金（Makin）岛，使日军意识到了吉尔伯特群岛防御的脆弱性。驻守于该区域的一小支象征性部队，得到了一支大规模分遣部队的增援。塔拉瓦环礁上的贝肖岛[1]，被选为主基地，因为此处最适合修筑机场。9 月，日军工兵部队开始构筑该岛的防御工事。

塔拉瓦环礁位于夏威夷西南约 2500 英里，是日军外围防御圈的最南端。在从夏威夷和美国延伸至南太平洋、澳大利亚和新西兰的生命线上，塔拉瓦占据着枢纽位置。维持这条生命线至关重要——1942 年与 1943 年初的多数盟军行动，都是以此为目的展开的。1942 年的瓜岛战役，以及盟军在巴布亚新几内亚发起的作战行动，使威胁澳大利亚的日军前沿阵线节节回缩。

海军陆战队即将充当先锋，对敌实施两栖突击。对于这一行动，雷蒙德·斯普鲁恩斯中将及其参谋团队不愿过度冒险。美军决定攻打的这座岛屿，本可凭借当时能够调用的任何资源稳步拿下。随后的事实，将印证这一决定的缺陷。

直到不久前，吉尔伯特群岛都还是英国的领地。因此，美军能够通过英国和英联邦侨民获取关于该群岛的种种最新情报。1943 年 9 月，在夏威夷召开的一次会议上，“电流行动”方案出炉，首个“跳岛”作战计划获得批准。

双方指挥官

美军指挥官

作为海军的分支，美国海军陆战队在太平洋的行动，直接归属太平洋舰队兼太平洋战区总司令切斯特·尼米兹指挥。“蛮牛”哈尔西当时仍在住院，斯普鲁恩斯继续代他履职。在太平洋战争余下的时日中，斯普鲁恩斯将成为尼米兹的首席军师和得力干将，为几乎每一场两栖登陆行动出谋划策，直至冲绳战役。

美军专门调拨海军陆战队第 5 两栖军投入此次行动。第 5 两栖军由霍兰·史密斯（Holland M. Smith）少将全权指挥。霍兰·史密斯和蔼慈祥的外表下，藏着一副暴脾气。因此，他的名字首字母缩写“H. M.”，被手下官兵发挥为了“咆哮的疯子”（Howlin’ Mad）。这个“头衔”伴随了史密斯的整个军旅生涯。史密斯是两栖战的捍卫者。早几年前，他曾在加勒比海域参与过两栖战技术的演练和开拓。太平洋战争爆发后，霍兰·史密斯被调至美国西海岸，负责陆军和海军陆战队的两栖训练事务，并很快成为“电流行动”的首选指挥官。

突击贝肖岛的任务，落到了陆战 2 师肩上。该师师长是朱利安·史密斯少将，为人谦逊，老练善战，从军已有 34 年之久，期间曾参加过“香蕉战争”[2]——也就是 20 世纪二三十年代，美军在海地和尼加拉瓜丛林中对革命分子展开的秘密作战行动。

第 54 特遣编队（TF-54）的任务是：将陆战部队运至吉尔伯特群

贝肖岛西面图。此图摄于战斗之后，从中不仅能看出这座岛屿的大小及其机场的覆盖面积，还能看到前景中的“绿滩”。令人难以想象的是，在 76 小时内，有超过 5600 人命丧于此。（图源：美国空军）

岛，送其登岸。里士满·凯利·特纳为该编队指挥官，他是位两栖战大师，此前曾组织过瓜岛的登陆行动。

数名指挥层级较低的军官做出的贡献，对“电流行动”的成功起到了极其重要的作用。戴维·舒普（David M. Shoup）上校时年38岁，仅具备有限的作战经验。作为师级作战参谋，舒普负责巨细靡遗地策划此次攻击行动。虽然舒普在D日登陆中负伤，但上岸后，他立刻设立了战地指挥所，在战事的关键阶段指挥作战，直至11月21日被替换

戴维·舒普上校。他作为师级作战参谋策划了贝肖岛突击行动，并出乎意料地得以亲手实施他制定的作战计划。舒普在战斗中发挥了重要作用，获颁荣誉勋章。1959年，舒普被任命为美国海军陆战队司令。（图源：美国海军陆战队）

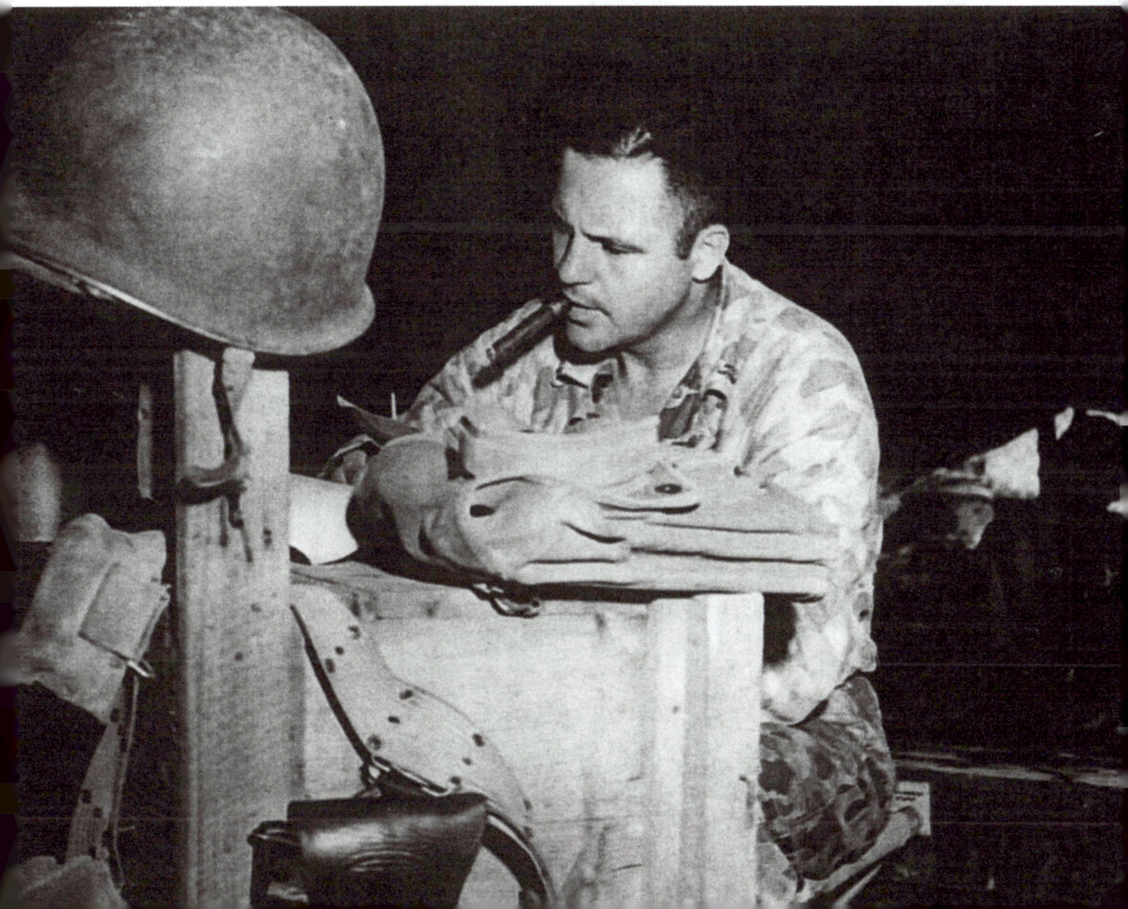

贝肖岛代号“海伦”（Helen），该岛模型在登陆行动前得到了展示。（图源：美国国家档案和记录管理局）

下来。舒普领导有方，恪尽职守，因而获颁荣誉勋章。另一位扮演了关键角色的军官，是陆战2团L连连长迈克尔·瑞安（Michael Ryan）少校。在上级营长约翰·舍特尔（John Shoettel）少校未能登上“红1滩”（Red Beach 1）的情况下，瑞安将四散的步兵、坦克兵、两栖履带车驾驶员、工兵和医护兵集结起来，固守“绿滩”。凭此功绩，瑞安当之无愧地赢得了海军十字勋章。

日军指挥官

吉尔伯特群岛由草鹿任一[3]中将和近藤信竹中将共同掌控。草鹿任一为东南方面舰队司令长官，近藤信竹为第 2 舰队司令长官。二人的唯一贡献，在做出了增援吉尔伯特群岛、加强所罗门群岛空中力量的决定。实际上，“电流行动”刚一展开，日军就放弃了塔拉瓦环礁。

贝肖岛的布防工作，以及机场的修建工程，落到了第 111 设营队[4]指挥官村上大尉身上。村上与其说是名战斗人员，不如说是名工程师。他出色地完成了工作，步步设防，可谓将贝肖岛构筑成了太平洋中防御最严密的前哨基地。

美军陆战队员正隐蔽在塔拉瓦海滩上的一辆履带式登陆车旁。（图源：汤姆·伦莱因）

在夺取贝肖岛的行动中，“谢尔曼”坦克发挥了关键作用，为肃清小股敌人的美军步兵提供了无比宝贵的支援。（图源：美国国家档案和记录管理局）

村上的目标是阻止敌军抵达海滩。他明白，如果美军得以将大量登陆部队送上贝肖岛的任意一处，并站稳脚跟，那么守军的崩溃便只是时间问题。他布设的障碍包括：钢筋混凝土三角锥，布设于半个贝肖岛周围的珊瑚礁上；由棕榈树干和铁刺网构成的反登陆艇屏障。

村上还在岸上开挖了反坦克壕，距外围障碍不远，并布设了大片雷区。用日本人的话说，村上将贝肖岛变成了“美国佬的马蜂窝”。

1943 年 9 月，柴崎惠次少将接管了贝肖岛及其防御部队。他夸下海口：“美国用 100 万大军，花 100 年时间，也攻不下塔拉瓦。”柴崎惠次本人是两栖登陆战老手，曾在中国沿海实施过两栖登陆。因此，他对登陆部队面临的困难有着充分认识，并做出了针对性部署。

双方部队

美军部队

到此时为止，美军陆战队在两栖登陆方面的唯一实战经验，就在于新不列颠岛、新几内亚岛和瓜岛的登陆行动。但在这些登陆行动中，美军充其量只遇到了微小抵抗。而根据塔拉瓦之战的计划，美军陆战队将会遭遇日军的严防死守。战事的结局，将决定美国海军提出的“跳岛”战略在太平洋战争中的全部未来。

美国海军陆战队第 2 师

“电流行动”开始时，陆战 2 师的兵力约为 2 万人。全师由 3 个步兵团组成，分别为陆战 2 团、6 团和 8 团（美国海军陆战队通常将其下属诸团简称为“陆战团”[Marines][5]）。各团一般拥有 3500 名官兵，下设 3 个步枪营。各步枪营下设 3 个步枪连、1 个武器连和 1 个营部连。

陆战 2 师还拥有额外的建制单位，例如配备 M4A2“谢尔曼”[6]中型坦克的 1 个坦克营。坦克营下设 3 个连，各连下设 3 个坦克排。M4A2“谢尔曼”中型坦克是对抗太平洋日军的理想坦克，它们的表现全面碾压了日军的 95 式轻型坦克（Ha-Go）[7]。此外，陆战 2 师还编有 1 个医务营和 1 个两栖履带车营。其中，后者是最先使用改良版 LVT-2 履带式登陆车的部队，该型登陆车被通称为“两栖履带车”（amtrac）[8]。与瓜岛的美军陆战队不同，塔拉瓦的陆战队配备了现代步兵武器，包括加兰德 M1 半自动步枪、勃朗宁自动步枪和便携式火焰喷射器。

日军坦克处处逊色于美军“谢尔曼”坦克，被充作固定炮台使用。（图源：汤姆·伦莱因）

美国海军

11月1日，霍兰·史密斯的第5两栖军自新西兰惠灵顿启程。自此时起，直至这支陆战部队离开攻击发起线，对目标海滩实施登陆之时，美国海军都一路为其保驾护航。担任攻击部队的第54特遣编队兵分两路：里士满·凯利·特纳少将指挥北路攻击部队（第52特遣编队[TF-52]），负责拿下北部的马金环礁；哈里·希尔（Harry W. Hill）少将指挥南路攻击部队（TF-53），负责攻取塔拉瓦环礁。

H. F. 金曼（H. F. Kingman）少将指挥的火力支援群，包括“田纳西”号、“马里兰”号和“科罗拉多”号战列舰，“波特兰”号和“印第安纳波利斯”重巡洋舰，“莫比尔”号、“伯明翰”号和“圣菲”号[9]轻巡洋舰，以及“贝利”号（Bailey）、“弗雷泽”号（Frazier）、“甘斯沃尔特”号（Gansevoort）、“米德”号（Meade）、“安德森”号（Anderson）、“拉塞尔”号（Russell）、“林戈尔德”号（Ringgold）、“达希尔”号（Dashiell）和“施罗德”号（Schroeder）驱逐舰。其中，3艘战列舰均有些老旧，在1941年的珍珠港事件中逃过噩运，后重返战场。不过，三者的14英寸（356毫米）和16英寸（406毫米）舰炮仍然威力强大，很适合实施近岸轰击。

行动期间的空中掩护、空中轰炸和低空扫射任务，由3艘航空

“美国用100万大军，花100年时间，也攻不下塔拉瓦。”

——柴崎惠次少将

1943年9月

母舰实施。3 艘航母分别为“埃塞克斯”号、“邦克山”号（Bunker Hill）和“独立”号，隶属于艾尔弗雷德·蒙哥马利（Alfred E. Montgomery）少将的第 50 特遣编队第 3 特遣群（TG-50.3）。它们将随南路攻击部队行动。

日军部队

塔拉瓦之战中，美国海军陆战队将首次与日本海军特别陆战队（SNLF）交手。后者有时也被称作“帝国海军陆战队”。日本海军特别陆战队的诞生，可追溯至日本帝国海军的早期岁月。当时，这支部队还只是配属于海军舰船的小型步兵分队。不过，经过多年发展，日本海军特别陆战队的规模已非昔比，成为一支由训练有素的专业两栖步兵组成的作战部队。1941 年，该部队担任了入侵关岛、威克岛和所罗门群岛的急先锋。

柴崎惠次少将指挥的贝肖岛部队包括：第 3 特别根据地队（前身为横须贺第 6 特别陆战队），佐世保第 7 特别陆战队，第 111 设营队，以及第 4 舰队建筑部的设营分遣队，总计约 5000 人。由于贝肖岛面积狭小，岛上相当一部分为机场及其设施占据，柴崎惠次力求在滩头击败入侵者。因此，贝肖岛的滩防强得可怕。重中之重的利器，当属 4 门 8 英寸（203 毫米）舰炮[10]。

双方计划

美军计划

塔拉瓦之战的主要因素在于速度：尼米兹命令斯普鲁恩斯“快进快出”。作为海军陆战队的首场“跳岛”战役，美军的心头大患，莫过于

塔拉瓦环礁图示。从11月20日起，美军以贝肖岛为起点，在塔拉瓦环礁展开了“跳岛”作战。

日军以海上力量大加报复。不过，美军于1943年初在所罗门群岛发动的一系列攻势，已迫使日军从遥远的马绍尔群岛、马里亚纳群岛和西里伯斯岛[11]抽调舰船和飞机，应对拉包尔据点面临的切实威胁。日本帝国海军严肃对待这一威胁，从特鲁克抽调大批舰船巩固拉包尔防御。因此，马绍尔群岛的日本海军力量已大为削弱，无力抵挡美军在该区域发起的任何大规模登陆行动。

自1915年起，吉尔伯特群岛就处于英国的管辖之下。因此，美军陆战队的行动策划者得以从绰号“外籍军团”的英国、澳大利亚和新西兰外侨处汲取经验。重中之重的潮汐问题，困扰着舒普及其参谋。贝肖

1943年，塔拉瓦之役中的“短吻鳄突击”。塔拉瓦战役中，履带式登陆车首次作为突击载具得到战术性运用。这些“短吻鳄”们成功穿越了堡礁，将1500名陆战队步枪手送上海滩。但它们数量过少，中弹过多，无力来回穿越珊瑚暗礁，运送余下的突击部队。（图源：美国海军陆战队）

岛周围环绕着延伸入海约800至1200码（700至1100米）的珊瑚暗礁。为数1500人的头3波美军，将搭乘两栖履带车登陆。因此，贝肖岛周边水深理论上无关紧要。不过，余下美军将搭乘希金斯登陆艇登岸。希金斯登陆艇是种车辆人员登陆艇（LCVP），长36英尺（11米），吃水浅，坡道宽，满载吃水仅3至4英尺（0.9至1.2米）。

“外籍军团”人士意见不一。有的人认为，贝肖岛周围的水深，足以使希金斯登陆艇避开珊瑚暗礁。不过，这种看法令弗兰克·霍兰（Frank Holland）少校大吃一惊。弗兰克·霍兰在吉尔伯特群岛生活过15年，曾研究过潮汐情况。他知道，行动时将出现一种“忐忑”潮（“dodging” tide），届时，珊瑚暗礁的水深将不足3英尺。若他预测正确，那么第二波希金斯登陆艇尚未抵达海滩便会搁浅。

朱利安·史密斯本想以2个团并排登陆，1个团作为后备，但霍兰·史密斯宣称，陆战6团将作为第5两栖军预备队使用。这与尼米兹做出的一个决定不谋而合——尼米兹决定，D日早晨

名为“科罗拉多”的这辆“谢尔曼”中型坦克，被战火烧得黑不溜秋，被机枪火力揍得坑坑洼洼，在礁湖中咝咝作响。“科罗拉多”挺过了一枚日军炮弹引发的大火，为步兵提供了极为宝贵的支援。塔拉瓦一役，标志着“谢尔曼”坦克在太平洋战场首次投入战斗，尽管挺过此役的坦克寥寥无几。（图源：美国海军陆战队）

的炮火准备时长将限制在约 3 小时内（从而达成“战略突然性”）。该决定意味着，美军陆战队只能以 2 比 1 的兵力发起正面攻击，比作战所需的最低比例还要低不少。

舒普上校和陆战 2 师的策划者已决定从礁湖一侧发起攻击。此处防御相对薄弱，水面较为平静，更适合两栖突击登陆艇行动。攻击计划相对简单直接。运输舰船将在环礁西侧集合，卸下陆战部队。登陆艇将前往会合区域，该区域距西侧暗礁缺口不远。登陆艇将从此处出发，按预定波次向礁湖内约 7000 码（6400 米）的攻击发起线前进。到达攻击发起线后，陆战部队将脱离海军掌控，形成以两栖履带车打头阵的突击波，最后冲刺约 6000 码（5500 米），抵达海滩。

美军的 3 个登陆海滩，自西向东依次命名为“红 1 滩”“红 2 滩”“红 3 滩”。约翰·舍特尔少校的陆战 2 团 3 营将在“红 1 滩”登陆。“红 1 滩”外是个深水湾，水湾东半边设有原木构筑的挡墙，覆盖于两侧的重机枪和火炮火力之下。“红 2 滩”长约 500 码（460 米），自水湾东端向东延伸至一段长 1/4 英里（400 米）的码头。赫伯特·埃米（Herbert Amey）中校的陆战 2 团 2 营将在“红 2 滩”登陆。一道高 3 至 4 英尺（0.9 至 1.2 米）的原木矮墙，不仅横跨了整片“红 2 滩”，还从码头延伸到了与机场跑道末端齐平处。“红 3 滩”长 800 码（730 米），由短短的伯恩斯－菲尔普码头（Burns-Philp pier）分隔开来。亨利·克罗（Henry Crowe）少校的陆战 8 团 2 营将在“红 3 滩”登陆。

贝肖岛西岸被命名为“绿滩”，南岸为“黑 1 滩”和“黑 2 滩”，但 D 日当天，美军并未在此安排登陆行动。

日军计划

柴崎惠次的首要目标，在于阻止美军抵达海滩。柴崎明白，他的第一道防线，是贝肖岛的自然地形——形如搁板的珊瑚暗礁围绕着整座岛屿。后来的事实证明，这种地形对美军陆战队而言近乎灾难。在贝肖岛的大部分海滨地带，日军都用原木构筑了挡墙。挡墙后的战略据点，设有口径 3.1 至 8 英寸（79 至 203 毫米）不等的海岸炮，高平两用防空炮，以及其他 30 余件枪炮——从 3 英寸（76.2 毫米）驮载榴弹炮，到 0.5 英寸（12.7 毫米）机枪不等。机场位于岛屿中央，占据主导地位，其跑道长 4000 英尺（1200 米）。机场两端均开挖了反坦克壕，离 8 英寸（203 毫米）维克斯炮不远。外滨地带还设有混凝土、原木和铁刺网构成的障碍物。为了避开这些障碍，登陆艇将会驶入“死亡通道”，进入日军枪炮主阵地的打击范围。柴崎惠次及其工程人员，将防御重点定在了贝肖岛南岸。从贝肖岛环礁的自然地形判断，他们预计美军陆战队将在南岸登陆。

塔拉瓦战役

D 日

11 月 20 日凌晨的黑暗中，美军攻击舰队停泊于贝肖岛海岸附近。战役策划者已下达指示，要求第 7 航空队的 B-24“解放者”轰炸机对贝肖岛发动空袭。但此次空袭从未真正发起过，由此出现了诸多差错，使陆战队丧失了削弱敌军海滩火力的机会。

到了 3 时，美军运输舰船已全部就位，开始执行漫长而艰苦的任务：将部队送入登陆载具。两栖履带车和车辆人员登陆艇陆续下水，向运兵舰船靠拢。载运陆战部队的危险任务就此开始。虽然在离开新西兰前，参战部队已进行过多次演练，但危险依然无处不在。美军士兵得在近乎完全黑暗的环境中，背负重达 100 磅（45 千克）的各式装备，在波涛汹涌的海上，顺着舷侧绳网爬下高高的运兵舰船。这显然不是理想的离船方式。

日军对接近“红 1 滩”的两栖履带车造成了毁灭性打击。图中矮木墙旁废弃的履带式登陆车和漂浮的尸体，都表明了日军的防御效力。（图源：美国国家档案和记录管理局）

5时左右，一架“翠鸟”观察机从哈里·希尔的旗舰——“马里兰”号战列舰上起飞。它的任务是：观察即将发起的舰炮轰击，用无线电发回距离和方向修正信息。日军发现了“马里兰”号的弹射器[12]发出的闪光，命令人员就位，操作位于泰马金角（Temakin Point）的8英寸炮，向这艘美舰开火。美战列舰和巡洋舰迅速转向，开炮还击。登陆艇上的陆战队员敬畏地看着巨大的炮弹从头顶咆哮而过，骇人的闪光点亮了天空。

老旧的“马里兰”号战列舰上，舷侧的16英寸（406毫米）舰炮剧烈震动，致使灯光熄灭，无线电设备故障。从此刻起，直至战役结束，希尔与其部队之间的通讯，将成为严重问题。5时30分，美军运兵舰船显然已偏离阵位——在一阵南向强水流的裹挟下，它们进入了敌海岸炮的射程之内。这些舰船仓促驶向新阵位，后方跟着一队队登陆艇。

此时，柴崎惠次已彻底明白美军将自

面对日军的精准炮火，这道挡墙几乎是陆战队员在滩头上唯一的掩蔽物，为其赢得了片刻喘息。随后，他们将“一跃而出”，向机场发起攻击。（图源：美国国家档案和记录管理局）

北发动攻击。他还明白敌军仍然面临的问题：珊瑚礁带来的天然障碍，以及当天早晨的低潮。令柴崎如释重负的是，美军突然停止了大规模轰击。他立即着手将人员和装备从南岸调往北岸。

6时后不久，“追击”号（Pursuit）和“必需”号（Requisite）扫雷舰开始清除礁湖入口的水雷，二者立刻遭到了日军海岸炮火的袭击。通道清理完毕后，“林戈尔德”号和“达希尔”号驱逐舰驶入礁湖，以6英寸（152毫米）舰炮与敌交火。与此同时，“追击”号在攻击发起线就位，用探照灯引导登陆艇。

7时35分，支援部队开始实施主要轰击任务。战列舰和巡洋舰开始了蔚为壮观的“烟火表演”，将大量炮火倾泻在贝肖岛上。许多陆战队员情有可原地认为，贝肖岛的防御工事已被彻底抹除。但后来的评估显示，海军实际达成的目标寥寥无几。贝肖岛的地面的确被犁了个底朝天，但日本守军及其武器仍在原处，等待第一波美军陆战队。

对登陆艇而言，通往海滩的路似乎永无穷境。它们必须先在运输舰船与礁湖入口间集结，再从集结处出发，行经3.5英里（5.6千米），到达攻击发起线，再行驶3英里（4.8千米），抵达海滩。到最终登陆时，有的部队已在海上颠簸了近6小时。

9时，希尔下令终止炮击。他担心岛上弥漫而起的浓烟和尘土可能对炮火的准确度造成影响，误伤正向海滩接近的履带式登陆车。如此一来，日军获得了至关重要的10分钟，得以重新组织防御，将炮口对准笨拙而缓慢地向码头末端驶来的一波波登陆车艇。

马克·弗森（Mac Pherson）少校驾机迎着防空火力，在登陆部队前方勇敢地向低空俯冲，观察珊瑚暗礁的情况。眼前所见，令他恐惧不已：海水的深度，远比预想中的4至5英尺（1.2至1.5米）要浅，随处可见大片裸露在阳光下的珊瑚礁。霍兰少校的预测，很大程度上被决策者无视了。D日结束前，许多人都将受其后果影响。

“红 1 滩”——早晨

陆战 2 团 3 营的两栖履带车进入“红 1 滩”边的小海湾后，遭遇了来自前方和两侧的凶残火力。来自东岸的火力尤其猛烈。敌人在此设置了 3 英寸（76.2 毫米）和 1.4 英寸（35.6 毫米）炮，以及大量单装、双装机枪工事。贝肖岛的这片区域，注定成为美军陆战队最后方能攻克的土地。面对如此密集的火力，许多两栖履带车都转而向西，在“红 1 滩”和“绿滩”交界处登陆。它们在此遇到了 5 英尺（1.5 米）高的挡墙，登陆的陆战队员寥寥无几。

来自 3 营 3.16 英寸（80.3 毫米）迫击炮排的二等兵鲍勃·利比（Bob Libby），本应搭乘第三波希金斯登陆艇前往“红 1 滩”。他对登陆情形的一番描述，清晰再现了塔拉瓦之战的惨状：

> 约 500 码（460 米）外，我们的希金斯登陆艇撞上了珊瑚暗礁，所有人都被命令离开登陆艇。由于艇身挡住了礁石，我没能踩到它，而是落入了没顶的海水中。我从水底蹬上水面，在礁石上找到了立足处。我迅速环顾周遭，发现自己已深陷噩梦。我注意到，登陆艇在我右边，正向岸上漂去。我打算尽可能久地使登陆艇挡在我与密集的海岸火力之间。向一侧或另一侧移动，我便可提防水面的机枪跳弹，同时缓缓向海滩接近。目光所及处，无不是猛烈燃烧的两栖履带车残骸，炸得四分五裂的登陆艇。还能走动的伤员反向而行，设法前往漂流的登陆艇。我周围的海水成了红色或粉红色，时而搅动喷涌而起。水面上处处是漂浮的尸体。这里再也看不到前行者。炮弹呼啸着掠过头顶，噼啪的步枪声清晰可辨，枪弹在耳旁嗖嗖掠过。众声嘈杂中，伤员的尖叫几乎被淹没了。即使有人能想象出地狱的图景，我也不认为它能与塔拉瓦的景象相比。从珊瑚暗礁向

海岸跋涉突进途中，处处是漂浮的尸体和尸块、爆炸的炮弹和烧焦的登陆艇。没有藏身之处，也无防护可言。我唯一的“护甲”，就是身上的衬衫。从我离开登陆艇，到踏上陆地，其间过去了约半小时。

“红 2 滩”——早晨

“红 2 滩”外的水域，也正酝酿着一场灾难。最后一支登陆的美军陆战队——埃米中校的陆战 2 团 2 营，遇到了一排排敌壕工事。该营原先的目标是：F 连居左登陆，E 连居右登陆，G 连提供支援。但是，第一波进入日军阵地射程的两栖履带车，遭到了反登陆艇火力和轻武器火力的密集打击。枪林弹雨撕扯着水面。车长们急于躲避猛烈的火力，只要找到空间，就驾车登陆。幸存的履带车上岸后，陆战队员一跃而出，奔向唯一可得的掩蔽物——横跨整片“红 2 滩”的木墙。

距“红 2 滩”仅 200 码（183 米）处，埃米中校搭乘的两栖履带车被铁刺网缠住，无法动弹。他与指挥部人员下车蹲伏一旁，躲避抽打周围水面的弹雨。过了一会儿，日军火力稍有止歇，埃米一行人便向海岸跪爬而行，缩小自身目标。行至水浅处，埃米中校起身大喊：“上啊！这些杂种挡不住我们！”然后涉水冲向海滩。一阵机枪火力击中了他的胸部和喉咙，使他当场阵亡。与埃米同行者，是来自陆战 4 师、作为观察员参战的沃尔特·乔丹（Walter Jordan）中校。由于乔丹已是在场的最高阶军官，他自动成为陆战 2 团 2 营的代理营长。

F 连位于“红 2 滩”左侧。在试图抵达海滩，跨越海滨木墙期间，该连损失近半。向岛内前进数码后，幸存人员自行组成了小分队，仅装备轻机枪和其他轻武器。无线电装备大多泡了海水，无法使用，传令兵也很快成了敌军狙击手的猎杀对象。

E 连搭乘的两栖履带车，遭遇了密集的迫击炮和步枪火力打击，被

美军陆战队员在沙堤的掩护下挤作一团，此处很可能位于“红 2 滩”。左方一人正在检查 .30 英寸（7.62 毫米）口径机枪弹带，这种弹带易受沙砾破坏。登陆期间的损失，使突击营缺少支援武器。（图源：美国国家档案和记录管理局）

迫转向他处。E 连最终在“红 1 滩”和“红 2 滩”交界区域登陆。尽管遭遇了暴风骤雨般的直接打击，他们还是成功打哑了一个日军据点。但排长倒下后，他们隐蔽到了一个大弹坑内。G 连在 E 连与 F 连间某处登陆，还未抵达木墙，便已损失惨重。海滩上死伤枕藉，余者仍在试图确定敌方火力来源。

“红 3 滩”——早晨

“红 3 滩”外的礁湖中，“林戈尔德”号和“达希尔”号驱逐舰已经就位。对陆战 8 团 2 营官兵而言，这两艘驱逐舰是笔巨大的财富。两舰沿海岸持续轰击，用密集的炮火压制守军，为亨利·克罗（绰号“吉姆”）的部队赢得了足够时间，使他们以最小的伤亡完成登陆。搭乘第一波履带式登陆车登陆的部队，仅伤亡 25 人。D 日当天，3 名美军营长中仅有亨利·克罗一人登岸。登岸期间，他搭乘的希金斯艇触礁搁浅，停滞不前，于是不得不涉水前进。即便如此，他抵达海滩的时间，也只比最后一波两栖履带车晚了 4 分钟。

美军有望取得重大进展的区域，似乎唯有滩头东部。克罗的副手在此越过了伯恩斯 – 菲尔普码头，但很快被逼退。克罗因而派遣 G 连巩固侧翼，防止日军反扑。克罗确信，日军随时可能发起反击。与当天的其他多数团级指挥官一样，克罗的无线电设备也无法使用。于是，他派遣传令兵前往伯恩斯 – 菲尔普码头，尝试与右侧“红 2 滩”上的陆战部队取得联络。

其他行动

就在 3 个突击团试图巩固滩头阵地之时，舒普上校正拼死登陆。从他此前得到的种种报告来看，情况显然未朝计划方向发展。

舒普最初发起的登陆尝试，遭到了密集火力的阻击。不过，舒普及其指挥部人员最终于 10 时 30 分左右登岸。冲过海滩时，一颗迫击炮弹在舒普近旁爆炸，弹片伤了他的腿，但他放弃治疗，在“红 2 滩”刚往岛内去的一个掩体中设立了指挥部。舒普为评估情势付出的努力，因背负式无线电设备故障而告吹，而他派出的传令兵也大多有去无回。不过，情报还是逐渐传来。舒普了解到，部分部队已在“红 1 滩”登岸，但陆战 2 团 3 营营长舍特尔少校仍滞留于礁湖。不过，舒普所不知道的是，瑞安少校已经登陆，并在海滩西端集合掉队者。乔丹中校已与舒普取得了联系，并得到指示，继续指挥陆战 2 团 2 营。此时，该营的大多数战士正蜷缩在挡墙后。舒普还得知，“红 3 滩”上的一些前沿阵地距机场滑行道不远，再往东去，部分陆战队员已向岛内推进了约 200 码（180 米）。

舒普随即向伍德·凯尔（Wood Kyle）少校的陆战 2 团 1 营发出指示，命其在“红 2 滩”登陆，并尝试向西侧的“红 1 滩”前进。不过，凯尔正四处搜罗两栖履带车运载自己的部队，行动再次推迟。该营最终向“红 2 滩”出发时，遭遇了密集而准确的火力阻击，许多登陆载具转而向西，在“红 1 滩”边缘登陆。这部分兵力将加入瑞安少校的部队。

11 时 30 分左右，舒普命令罗伯特·拉德（Robert H. Ruud）少校的陆战 8 团 3 营在“红 3 滩”登陆，支援“吉姆”·克罗。攻击发起线上已无可用的两栖履带车，拉德的部队只能以困难方式登陆，即搭乘希金斯登陆艇。日军炮手此时已将射距调校完善，拉德一部的登陆艇刚行至珊瑚暗礁，日军的第一波齐射就呼啸而至。陆战队员冒着贝肖岛东端火炮的狂轰滥炸，自坡道下艇，跃入水中，多数人都背负着沉重的装备。岸上的克罗一部只能惊恐地看着援军的身影穿过爆炸的登陆艇，在炮火掀起的水柱间挣扎前行。拉德少校眼见部队面临着被歼灭的危险，做出了一项大胆决定，命令第四波攻击部队撤回。

朱利安·史密斯手中仅余一支预备队，即劳伦斯·海斯（Lawrence Hays）少校的陆战 8 团 1 营。该营奉命前往攻击发起线待命。13 时 30

哈里·希尔少将与参谋在“马里兰”号的舰桥上观察部队进攻塔拉瓦环礁。（图源：贝特曼档案库，科比斯图片社）

分，朱利安·史密斯通过无线电联系霍兰·史密斯，请求第 5 两栖军将陆战 6 团交还他指挥。14 时 30 分，朱利安·史密斯的请求获得同意。现在，他有足够的信心向舒普询问 1 营在何处登陆为宜，但他的电文一直未能送达。因此，他指示海斯在贝肖岛最东端登陆，然后向西北推进，与“红 2 滩”上的舒普会合。不过，通讯再次出了问题，这份电文不知去向。如此一来，在 D 日余下时间以及随后的夜晚中，1 营只能暂且进入登陆艇等待指示。

“印第安纳波利斯”号上的斯普鲁恩斯中将缺乏情报，但能看出战况岌岌可危。斯普鲁恩斯的参谋认为他应介入其中，掌控局势，但被他回拒。他既然选择了自己的团队，就必须允许他们按照自认为合适的方式进行战斗。

“红 1 滩”——下午

“红 1 滩”上的瑞安少校，已拥有了一支番号混杂的部队。他手握 3 个步枪连余部，1 个机枪排，以及凯尔少校的陆战 2 团 1 营残部。当天早晨，又有各种人员加入了他的队伍，包括两栖履带车驾驶员、重武器人员、工兵、通信兵和医护兵。水湾东侧，日军的强悍工事群已对美军造成了重创，而且依然完好无损。瑞安意识到，他最大的机会，就在于沿“绿滩”向南攻击。14 时 15 分，他向舒普发出一条电文，将自己的处境告知后者，然后继续攻克数个敌军碉堡，开辟滩头阵地。但除步兵武器外，他再无其他可用武器。瑞安决定，他最好的选择，就是巩固阵地，度过夜晚。

“红 2 滩”和“红 3 滩”——下午

D 日黄昏，美军陆战队已在“红 2 滩”和“红 3 滩”部分区域建立了初步立足点。美军战列舰和巡洋舰继续轰击贝肖岛东端，阻止日军增援部队西进。航母支援群也出动战斗机和俯冲轰炸机，对陆战队防线外的任何动静施以扫射和轰炸。M4A2“谢尔曼”中型坦克为登陆行动作了特殊准备：坦克的排气口和进气口加装了6—8英尺（1.8—2.4米）长的延伸装置；坦克登岸后，这些装置将被丢弃；此外，所有位于预计水线下的开口，均用一种类似焦油的化合物密封起来。特别侦察排也已组建完毕，负责引导坦克驾驶员通过珊瑚暗礁。许多人将在标绘安全路径途中丧命。尽管浮标未起到应有作用，绳索也被海水浸得又湿又沉，但值得注目的是，8辆坦克中，仅有1辆被淹，其余7辆均在“红2滩”登岸。另有6辆“谢尔曼”坦克在“红1滩”登陆，但由于被水淹没或陷入弹坑，最终仅有1辆名为“中国姑娘”（China Gal）的坦克成功加入瑞安少校的部队。不过，这辆坦克的3英寸（76.2毫米）主炮无法使用。

守军

日本守军的防御凶狠而坚决。他们的火力配合得当、射击精准，尤以“红1滩”和“红2滩”为甚，对第一排两栖履带车造成了惨重损失。而那些因希金斯登陆艇触礁搁浅而被迫涉水登陆的陆战队员，也成片倒下。柴崎惠次4个月的密集训练，正在收到成效。但无疑会令他感到后悔的是，由于预计美军最可能在南岸和西岸登陆，他将防御重点集中于这两处。柴崎原想在岛屿周围环设雷场、三角锥和挡墙，但因时间不足作罢。日军库存的3000枚水雷，意味着珊瑚暗礁本可对美军构成更加可怕的障碍。

D日下午某时的一个事件，将不可逆转地改变战役进程，确立美军的优势。贝肖岛某处，一名目光敏锐的陆战队员发现了站在开阔处的一群日军军官，并呼叫了来自“林戈尔德”号和“达希尔”号的舰炮火

TARAWA
USMC PHO

力。“林戈尔德”号和“达希尔”号齐射了一轮5英寸（127毫米）炮弹，炮弹的引信被设置为在落地前凌空爆炸。这群日军军官实际上是柴崎惠次少将及其参谋。此前，他们决定腾出指挥部所在的混凝土碉堡，作为医院使用。为此，他们动身向数百码外的第二指挥所转移。这一体恤下属的举动招来了致命后果。美舰的炮弹炸死了柴崎惠次和他的整个参谋团队。

柴崎之死的重要性再怎么高估也不为过。倘若柴崎还活着，他定会在D日当夜发动大规模反击，直扑立足未稳的美军陆战队。登岸美军的数量勉强达到3000人，分散于彼此孤立的弹丸之地，仅探入岛内小段距离，几乎没有炮兵和坦克支援。众所周知，日军擅长夜战，而美军陆战队更常在夜间留守于防御阵地。倘若日军果真发起反击，后果犹未可知。在最好的情况下，美军陆战队的前线阵地也会遭遇日军的全面攻击，并不可避免地出现大量伤亡；在最坏的情况下，这将会成为一场大灾难。

柴崎惠次少将的混凝土地堡。D日当天，正是在此处地堡，柴崎惠次少将及全体总部人员命丧美军舰炮火力。此图摄于战役之后，图中可见一辆废弃的95式轻坦，以及该工事在战役期间遭受的重击。（图源：美国海军陆战队）

美军陆战队从塔拉瓦的海滩出发，冲过开阔地带，向机场前进。机场是这场血战的头号目标所在。其中一名战士带了把铲子，用于为自己挖掘掩体。此役中，参战美军承受了其史上最为惨重的伤亡，但他们几乎彻底铲除了日本守军。（图源：美国国家档案和记录管理局）

D+1 日

美军在贝肖岛的立足点摇摇欲坠。“红 1 滩”右侧，瑞安少校和他的杂合部队占据着岛上约 250 码（230 米）宽、300 码（270 米）长的一片区域，两侧傍海。他们既缺少补给，也无路可撤。在“红 2 滩”和“红 3 滩”滩头，各部队间取得了零星联系，但与瑞安一部仍相距 600 码（550 米）。他们的阵线从主码头向岛内推进了 300 码。在东边的伯恩斯－菲尔普码头附近，一些陆战队员已深入岛内腹地，距机场主跑道仅数码之遥。

美军对柴崎之死毫不知情——此后数十年中，美军都以为柴崎死于战役尾声的某个时刻。日军未按预期发动攻击，令第 5 两栖军参谋人员感到困惑。由于失去了总指挥和高级参谋，日本守军缺乏指引。早先数小时，日军阵线尚有零星火力射来，来自马绍尔群岛的日机也试图轰炸贝肖岛以西的美军舰船，但未成功。不过总的来说，那一夜十分平静。天亮后，臭气伴随高温而来。海滩和海岸线上散布着大量尸体，并已开始腐烂。尸体所在区域仍过于危险，掩埋小队难以进入。对美军陆战队而言，尸体散发的恶臭，将成为这场战役最难抹去的记忆之一。而在接下来 2 天中，战死者将达到数千人。

前一天晚上，普雷斯利·里克西（Rixey）上校已携部分炮兵部队登岸。此时，这支部队将加入战斗。里克西将 2 门榴弹炮架设于“红 2 滩”东端，开始轰击水湾尽头的日军据点，掩护海斯少校的陆战 8 团 1 营登陆。此前，该营已在没有食物、饮水和厕所的情形下，在希金斯登陆艇里熬了 24 小时。尽管敌军火力已在 1 营离艇前制造了重大伤亡，但在榴弹炮的掩护下，该营以相对略小的伤亡数字登上了海岸。8 时，海斯向舒普报告了 1 营的残存实力——全营伤亡约 50%，大批装备遗落于海水中。

随着时间流逝，海潮上涨，反坦克炮、吉普车、推土机和半履带车等重型装备，将源源不断登上海岸。但就眼下而言，舒普必须以手头的装备应付局面。D+1 日的首要目标为：抵达贝肖岛远端，将日本守军一分为二，并与瑞安少校汇合。舒普手中的残余兵力，被派去支援“红 2 滩”右翼部队。但即使拥有 1 辆坦克的增援，美军的进攻仍无所进展，战事陷入了严酷的僵局。

日军已趁 D 日当夜巩固了岛内腹地的防御工事。D 日当天成功穿越机场西侧跑道的美军陆战队，此时受困于机场滑行道和主跑道形成的“三角区”。日军已架设机枪覆盖此区域，突围者几乎必死无疑。“三角区”内的美军陆战队，主要是伍德·凯尔的陆战 2 团 1 营 A 连和 B 连。这支部队实际上已与“红 2 滩”断绝了联系，舒普决心让其手下穿越贝肖岛。美军航母舰载机实施协同轰炸后，该部队狂奔125码（114米），冲过了“三角区”与海滨之间的地带，占据了一段长200码（180米）的堑壕，并进一步掘壕固守。当天黄昏，舒普将乔丹中校和陆战2团2营派往南边，由乔丹在此行使指挥权。舒普原希望这支联合部队能打到另一侧与克罗汇合，但乔丹通过无线电回报称，他手下的兵力不足200人，其中包括30名伤员，弹药、手榴弹、食物和饮水也奇缺。鉴于这种情形，舒普指示乔丹巩固阵地，而他将尽力以两栖履带车运送补给。

与此同时，“绿滩”上的瑞安少校和他的杂合部队，取得了D+1日中最重要的进展。“中国姑娘”和“塞西莉亚”（Cecilia）这两辆“谢尔曼”坦克的到达，有力地支援了瑞安一部的行动。“塞西莉亚”曾于D日当天半途受困，停滞不前，此时却已脱离了困境。瑞安准备在海军炮火的掩护下，沿“绿滩”向贝肖岛最西南端的泰马金角推进。

舰炮轰击结束后，美军陆战队随“塞西莉亚”向前扫荡，为步兵开路。11时，先遣部队已推进至泰马金角的8英寸（203毫米）维克

D+1日，琼斯少校的陆战6团1营在“绿滩”登陆。一艘艘橡皮艇弃于岸上，水滨处有几辆两栖履带车。附近的部队在沙滩上集结。（图源：美国海军）

D日之后，贝肖岛的海滩上、碉堡旁和原木构筑的炮位周围，未掩埋的尸体仍随处可见。经罗斯福总统批准，包括此图在内的战地照片得到了公开，向美国公众展示全面战争的恐怖所在。（图源：美国国家档案和记录管理局）

斯炮旁。凭借一波迅速精妙的协同攻击，瑞安肃清了“绿滩”，为迟迟无法登陆的陆战6团打开了局面。无怪乎朱利安·史密斯将此次行动称为“D+1日最令人鼓舞的消息”。

D+1日16时，瑞安一部控制的“绿滩”区域，已深入岛内100至150码（90至140米）。“红2滩”上，陆战8团1营所属部队控制了大片区域，直逼水湾边缘的日军据点。“红3滩”上，陆战8团3营部署于伯恩斯－菲尔普码头附近。岛内腹地，陆战8团2营已推进至机场主跑道边缘。南岸的陆战2团1营和2营部分部队，占据着一片200码（180米）的“飞地”，东西两面都是敌人。拥有部分坦克的陆战6团1营，已可畅通无阻地在“绿滩”登陆。D+1日终了，美军陆战队已处在大为有利的位置。敌军未能在首日发起反击，使美军占得优势。从此往后，战事再无悬念。补给物资源源不断到来。20时30分，陆战2师参谋长梅里特·埃德森（Merritt Edson）上校抵达贝肖岛，替下了近乎精疲力竭的舒普上校。虽然埃德森正式接管了贝肖岛，但舒普依然留在岸上，直至战事结束。

岛内某处，日军残部向东京发出了最后一条电文：“我军武器已被摧毁。从此刻起，人人都在发起最后的冲锋。日本万岁！”

D+2日

战役进行到第三天，埃德森和舒普决定三面出击。琼斯的陆战6团1营，将穿过瑞安一部的控制区，向东出击至机场南界和海滨之间，与南部海岸的陆战2团1营、2营所属部队会合。同时，海斯少校的陆战8团1营，将从“红2滩”阵地向西出击，尽力消灭在“红1滩”和“红2滩”交界处顽抗的小片日军火炮工事。在第三阶段的行动中，埃尔默·霍尔（Elmer Hall）上校的陆战8团2营和3营将从伯恩斯－菲尔普码头向东突击，猛攻岛内的敌军。这是个大胆的计划，特别是考虑到在参战部队中，只有琼斯的部队属于生力军。其他部队均已在缺食少水的情况下，无休止地奋战了两天两夜。与此同时，肯尼思·麦克劳德（Kenneth McLeod）中校的陆战 6 团 3 营总算得到解脱，在 8 时登上“绿滩”。自前一天 16 时起，因一系列自相矛盾的指令所致，陆战 6 团 3 营已在攻击发起点待命多时。

8 时刚过，琼斯的部队仅仅遇到了微弱得令人意外的抵抗，不到 3 小时便前进了 1000 码。琼斯向东推进，扫清了大批碉堡和掩体。尽管美军拥有“斯图亚特”轻型坦克和半履带车的支援，但到当日终了，日军据守的“孤地”（Pocket），并未如埃德森和舒普所希望的那样，被美军一扫而尽。事实上，美军口中的这片“孤地”，将成为贝肖岛上最后落入美军手中的日军阵地。克罗少校的陆战 8 团 2 营和 3 营混合部队，将向东前进，打过伯恩斯－菲尔普码头，直逼机场主跑道东端。他们必须对付 1 个钢铁碉堡和 1 个机枪工事。

随后，克罗的部队涌向机场跑道尽头，与琼斯纵队的左翼汇合。除那片“孤地”和孤立的数股敌军外，美军陆战队已占领了贝肖岛西部 2/3 的区域。朱利安·史密斯将军已于当晨在“绿滩”登岸。短暂视察过后，他转移到了“红 2 滩”指挥所，与埃德森和舒普的部队会合。

当夜 19 时 30 分左右，一支日军突袭小队对陆战 6 团 1 营的防御阵地发起了试探性攻击。3 时，日军发动了一次规模更大的攻击。数百

“陆战队几乎全凭团队精神作战，这一点我很肯定。对大多数陆战队员而言，辜负战友或玷污陆战队响亮声誉的行径，是不可想象的。陆战队员的想法很简单：他们是世界上最棒的战士。”

——罗伯特·谢罗德于 1943 年评述塔拉瓦战役

Unknown

名日军叫嚣着“美国陆战队你们死定了！”、“日本人渴饮陆战队之血！”，冲过了该营前线。这就是著名的“万岁冲锋”，很快将为太平洋战场的美军陆战队所熟悉。不过，美军成功击退了这次冲锋。随着黎明的来临，战事的惨况也显现了出来。日军死亡325人，美军陆战队伤亡173人，其中45人阵亡。敌军的绝命“万岁冲锋”失败了——对贝肖岛余下的日军而言，希望已极其渺茫。

D+3日

11月23日拂晓，塔拉瓦战役最后的大规模行动开始了。从7时至7时30分，在陆战部队动身前，美军驱逐舰和航母舰载机对目标区域实施了猛烈轰炸。虽然麦克劳德的部队遇到了一些自杀式抵抗，但在“谢尔曼”坦克和“斯图亚特”坦克的配合下，他们还是取得了良好进展。约475名敌军发起的自杀式抵抗，仅造成美军9人死亡，25人受伤。13时，一名汗流浃背的陆战队员踏上了贝肖岛东端的沙嘴，用海水洗去脸上的尘土——贝肖岛东半部彻底为美军掌握。

岛上残存的成规模敌军，仅余“孤地”内的守军。“红1滩”和“红2滩”交界处，负隅顽抗的日军炮手藏在难以对付的工事中。美军先以75毫米炮抵近轰击日军工事群，再由装备喷火器和炸药包的步兵发起坚决突击，最终将守军消耗殆尽。除少数投降者外，大多数残余守军都在冒烟的废墟中自杀身亡。13时，舒普得以将拿下“孤地”的消息告知朱利安·史密斯。

扫荡行动持续了数日，美军陆战队搜遍了已是焦土残垣的碉堡和掩体。11月24日中午，朱利安·史密斯和自马金环礁前来的霍兰·史密斯，见证了一个简单的升旗仪式。星条旗和米字旗在两棵被炮火削秃的棕榈树上徐徐升起，米字旗表明塔拉瓦为英国领地。

所有留在战场的美军部队，都将发起一系列规模较小但却依旧费力的行动，肃清塔拉瓦环礁的残敌。二等兵赫伯特·戴顿（Herbert Deighton）回忆道："我们沿着环礁一路追剿日本兵，直至环礁的最后一座岛屿：布阿里基（Buariki）。"不过，直到 11 月 27 日，塔拉瓦的战事才尘埃落定。

结局与影响

战役结束后，陆战 2 团和 8 团迅速乘船前往夏威夷。受损较轻的陆战 6 团，则继续驻守环礁诸岛，直至 12 月 4 日将其移交给美国海军。夏威夷的太平洋舰队司令部中，针对塔拉瓦战役的"调查"行动即刻展开。根据计划，美军将于 1944 年 2 月再次发起两栖突击，攻打马绍尔群岛。因此，塔拉瓦之战带来的教训，必须马上得到检讨，并转化为实践。这些教训包括：将战舰作为通信中心使用的做法备受指责，战役之初的海军炮火收效甚微，以及背负式无线电设备缺乏有效的防水盖布等。

共有 4 人因贝肖岛之战获颁荣誉勋章，其中 3 人为死后追授。其他各项突出贡献也得到了表彰，特别是 D+1 日当天，瑞安少校集结并率领"红 1 滩"幸存登陆兵力攻占"绿滩"的事迹。回头看来，"绿滩"的占领有力地扭转了战役局势，为美军带来了不可逆转的优势，也为瑞安赢得了当之无愧的海军十字勋章。

尽管美军出现了许多错误和疏失，经历了某些太平洋战争中残酷至极的战斗，但还是在 76 小时内取得了战役的胜利。这场胜利提振了美国人民的精神，一扫数年来的压抑。某报头条写道："上周，约 2000 至 3000 名美国海军陆战队员付出重大伤亡，为我国赢得了足以屹立于康科德桥[13]、'好人理查'号[14]、阿拉莫[15]和贝洛森林[16]之列的一个名字——这个名字便是塔拉瓦。"

注释

[1]　贝肖（Betio）岛，又译比休岛或贝蒂欧岛。原文中标注此岛发音为“baysho”。

[2]　香蕉战争（Banana Wars，1898—1934）是美国在中美洲和加勒比地区进行的一系列军事占领、警察行动和干预活动。其中，军事干预主要由美国海军陆战队实施。

[3]　草鹿任一是草鹿龙之介的堂兄。草鹿龙之介后来任日军联合舰队参谋长。

[4]　第 111 设营队是劳工部队，主要由平民组成。

[5]　例如“6th Marines”指美国海军陆战队第 6 团，简称陆战 6 团。

[6]　“谢尔曼”（Sherman）坦克的名字是英军起的，来源于美国南北战争时期的北军名将威廉·特库姆塞·谢尔曼（William Tecumseh Sherman）。

[7]　95 式轻型坦克又名 95 式轻战车，即“Ha-Go”（日语：ハ号）坦克，由日本三菱重工生产。

[8]　Amtrac 是“amphibian tractor”的缩合词，意为两栖履带车。

[9]　“圣菲”号（Santa Fe）又译“圣塔菲”号。

[10]　这 4 门舰炮部署于贝肖岛西南部和东端。

[11]　西里伯斯（Celebes）岛是苏拉威西岛的旧称，位于印度尼西亚中部。

[12]　“翠鸟”观察机通过弹射起飞。

[13]　康科德桥（Concord Bridge）指老北桥（Old North Bridge），是美国独立战争序幕战——列克星敦和康科德之战的交战地之一。

[14]　“好人理查”号（Bon Homme Richard）是美国独立战争时期大陆海军的一艘战舰，由传奇军官约翰·保罗·琼斯（John Paul Jones）指挥。

[15]　阿拉莫（Alamo）之战是得克萨斯脱离墨西哥独立的关键一战，在美国历史上具有重要地位和象征意义。

[16]　美国海军陆战队在 1918 年 6 月的贝洛森林（Belleau Wood）一役名声大噪，赢得了“恶魔犬”的绰号。

陆战4师的陆战队员搭乘登陆艇在夸贾林环礁登陆。图为他们在日军火力下寻找掩护。（图源：海员博物馆 [Mariners' Museum]，科比斯图片社）

第六章 马绍尔群岛

战役肇始

自 1914 年起，日本就掌控着中太平洋的马绍尔群岛。长期以来，美国一直将夺取该群岛视为对日战争的必要举措。早在 1921 年，绰号“皮特”的海军陆战队少校 E. H. 埃利斯（E. H. Ellis）就曾构思过一项假想计划，目标是夺取马绍尔群岛的 4 座环礁，作为中途补给基地在将来的海军作战中对抗日本。经过 1943 年 11 月的塔拉瓦血战，美第 5 舰队已占领了吉尔伯特群岛。同时，美、澳部队正在新几内亚推进。马绍尔群岛的 6 座环礁，以及库赛埃（Kusaie）岛和威克岛上，均设有日军基地。因此，夺取哪几座环礁，就成了美军需要做出决断的重大问题。尼米兹上将提议，攻取夸贾林环礁（日军主基地，靠近马绍尔群岛地理中心）、马洛埃拉普（Maloelap）环礁和沃杰（Wotje）环礁（后两者离珍珠港更近）。这 3 座环礁上，分布着马绍尔群岛 65% 的日本航空基地。对于其他基地，美军不必出动登陆部队实际占领，便可使其失去作用。12 月 7 日，美军将夸贾林定为头号目标，并将 1 月 17 日定为 D 日。不过后来，D 日推迟到了 1 月 31 日。东边的马朱罗（Majuro）环礁，成了美军的二号目标。战役期间，美军将实施空中轰炸和舰炮轰击，消灭其余日军基地。美军在攻占的环礁上建立起新基地后，将从这些基地继续出击，敲掉沿途岛屿。

双方计划

美军计划——“燧发枪行动”和“法警行动”

马绍尔群岛战役由一系列规模较小、历时较短的战事组成。与此后的战役，如艰苦卓绝的硫磺岛战役或冲绳战役相比，这些战事的难度虽然小得多，但仍不失其复杂性。马绍尔群岛战役在该群岛的 7 个主要岛屿展开，而这些岛屿分散在一片广阔的区域中。更复杂的是，美军还须对其他许多岛屿实施侦察，扫清守军。计划的改变，时间的短缺，以及缺乏目标确切情报的状况，对美军各级参谋人员构成了阻碍。

“燧发枪行动”（Operation Flintlock）分为数个阶段。主要阶段定于 1 月 29 日至 2 月 8 日，目标是夺取夸贾林环礁和马朱罗环礁。第二阶段为 2 月 17 至 23 日，目标是夺取埃尼威托克环礁（Eniwetok Atoll）。后者实质上是一次单独行动，即“法警行动”（Operation Catchpole）。余下阶段为 3 至 4 月间的“小燧发枪行动”（Operation Flintlock, Jr）。通过此次行动，美军将扫清马绍尔群岛余下的大片未占岛屿。

为了削弱多个岛屿上的日本守军，使岛上机场失去作用，美军于 1943 年 12 月 4 日实施初步轰炸，以航母舰载机和陆基飞机空袭罗伊、夸贾林、米利（Mille）、伊拜（Ebeye）和沃杰。此后直至 1944 年 1 月，美军没有再发动攻击。当月，自吉尔伯特群岛新设机场起飞的陆基飞机，开始频繁空袭所有日军设施。因此，到 D 日时，马绍尔群岛再无日机踪影。根据计划，D-1 日午夜前，第 5 两栖军的两栖侦察连将对马朱罗环礁诸岛实施侦察，确定日军部队的位置。若有日军驻扎，第 106 步兵团 2 营便会登岸突击。陆战队第 1 防卫营随后将占领环礁，机场修建工作也将随之启动，马朱罗环礁将被打造为美军的舰队锚地。拿下马朱罗环礁后，美军将对邻近的阿尔诺环礁（Arno Atoll）展开侦察。

根据一项三阶段作战计划（勿与“燧发枪行动”混淆），美军将出马绍尔群岛的日本航空基地遭到美机轰炸。炸弹猛烈震撼着夸贾林环礁罗伊岛的日本航空基地，燃烧的日军设施腾起大股白烟。美军航母舰载机突袭了这一岛屿据点，为陆战队突击部队的登陆行动做准备。美军在中太平洋发起了持续攻势，期间夺取了夸贾林环礁。（图源：Topfoto）

动两路部队，进攻夸贾林环礁。北路部队暨登陆部队——陆战4师，将攻击罗伊–纳穆尔（Roi-Namur）岛[1]；与此同时，南路部队暨登陆部队——第7步兵师，将在夸贾林岛[2]登陆。在第一阶段战事中，美军将首先清除目标岛屿附近外围小岛上的日军监视哨，使炮兵能够为主攻行动提供支援。此外，美军还将占领礁湖入口侧面的其他小岛。第二阶段战事，也就是主攻行动，将在D+1日展开。根据预期，目标岛屿将在2天内拿下。在随后的第三阶段战事中，美军将肃清夸贾林环礁余下小岛上的残敌。

根据原定计划，陆战2师将于1944年3月19日攻击埃尼威托克环礁，第27步兵师也将于当月月底拿下东南的库赛埃岛。美军轻取夸贾林已成定局后，联合远征部队预备队也将顺势出动，夺取埃尼威托克环礁。此次行动的D日定于2月17日。作战计划制订于2月3至15日，多少有些仓促。事实证明，埃尼威托克之战的艰苦程度，将超出美军最初的预想，因为不久前，日军的增援部队刚刚抵达。

日军计划——“Z号作战”

1943年9月30日，在失去所罗门群岛和阿留申群岛后，日军大本营[3]建立了新的“绝对国防

美军攻占夸贾林岛前，以海军炮火对其施以毁灭性轰炸。（图源：贝特曼档案库，科比斯图片社）

圈”。“绝对国防圈”防线沿面朝澳大利亚的荷属东印度群岛南缘延伸，经新几内亚东部北转，穿过以大堡垒特鲁克为核心的加罗林群岛，再穿过马里亚纳群岛、火山列岛[4]和小笠原群岛。马绍尔群岛并未包含在别名“东条防线”（Tojo Line）的“绝对国防圈”内。马绍尔群岛各基地的作用是拖延美军，与此同时，主防御线上的准备工作继续进行。

为了守住“东条防线”，联合舰队司令长官古贺峰一大将[5]策划了“Z 号作战”。“东条防线”上的要害位置，均得到了增援与加强。散布于防区内各处的日本海、空基地，构成了相互支撑的体系，这一体系是“Z 号作战”计划的基础。守岛驻军拥有用于自卫的空中部队。其他空中部队也将进驻该区域周边基地加强防御，并从这些日本眼中的“永不沉没的航空母舰”出动，攻击靠近的入侵舰队。联合舰队将适时从特鲁克前来，在日军伺机已久的决战中对阵美军舰队。

承受美军直接攻击的守岛驻军将自主行动。他们将构筑相应防御工事，力求在海滨歼灭敌人。若敌人强行登陆，守岛驻军便会不断发动反击，尽可能迟滞入侵部队。

“Z 号作战”整体概念的基础，在于空中力量，其中既有陆基战机，也有航母舰载机。不过，日军未能领悟这一点。在对目标岛屿发动攻击前，美军将消灭整个区域内的所有日军飞机。

双方指挥官

美军指挥官

1943 年 8 月，里士满 · 凯利 · 特纳少将已开始执掌第 5 舰队的两栖部队，完善登陆部队的作战行动，为攻击吉尔伯特群岛和马绍尔群岛做准备。特纳同时指挥着塞班岛与提尼安岛[6]行动的联合远征部队和北路攻击部队，后来还将监督关岛和冲绳的登陆行动，第 3 舰队和第 5 舰队的两栖部队均由他指挥。1944 年 7 月 12 日，哈里·施密特（Harry Schmidt）少将（美国海军陆战队）出任第 5 两栖军军长。在太平洋战争的余下时日中，他都将担任此职，期间还率部参加了硫磺岛一战。

1943 年 4 月，查尔斯·科利特（Charles H. Corlett）少将（美国陆军）出任第 7 步兵师指挥官。他还同时兼任第 9 两栖训练队，即基斯卡特遣部队指挥官，并作为地面部队指挥官参加了进攻基斯卡岛（位于阿留申群岛）的行动。“燧发枪行动”结束后，科利特转赴欧洲战场效力。攻占埃尼威托克环礁期间，美海军陆战队准将托马斯·沃森（Thomas E. Watson）负责指挥旅级规模的第 1 战术队（TacGrp 1）。随后，他又于 1944 年 4 月执掌陆战 2 师。

日军指挥官

日本帝国海军少将山田道行 1914 年毕业于海军兵学校，1918 年成为飞行员。太平洋战争初期，他负责指挥陆基飞行部队。1943 年 1 月 20 日，他奉命指挥第 24 航空战队，并于同年晚些时候晋升少将。

日本帝国海军少将秋山门造 1943 年 11 月出任第 6 根据地队司令官，负责马绍尔群岛防务。1944 年 2 月 2 日，秋山门造殒命夸贾林。

日本帝国陆军少将西田祥实负责指挥埃尼威托克的第 1 海上机动旅团。1944 年 2 月 23 日，西田祥实死于埃尼威托克环礁帕里岛的指挥部。

双方部队

美军部队

在特纳少将的指挥下，第 5 两栖部队的联合远征部队（第 51 特遣

PLANES
GUTTED HANGAR
KWAJALEIN
AIRFIELD
PERIOD 7 NOV. 1943 - 27 JAN. 1944
OTAL A/C OVER TA
TONNAGE DROPPED:

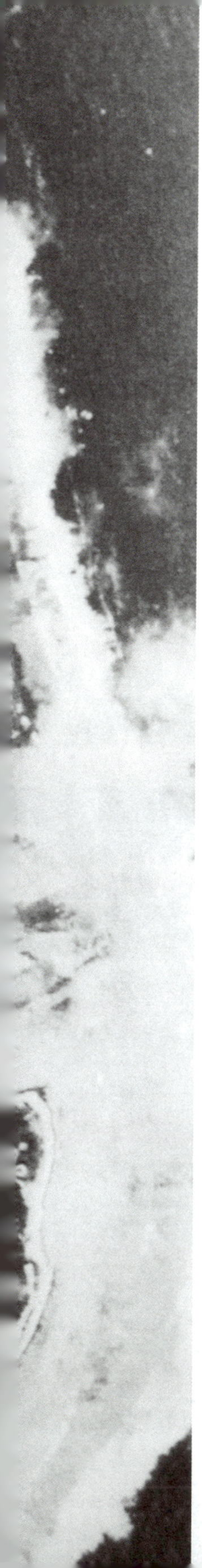

编队 [TF-51]）负责全盘实施马绍尔群岛作战行动。第 51 特遣编队的 297 艘舰船组成了 3 支攻击部队，旨在夺取马朱罗环礁北部和南部，以及夸贾林环礁。为这些部队提供支援的是后备部队，即快速航母部队（第 58 特遣编队 [TF-58]），防卫部队和陆基航空部队（第 57 特遣编队 [TF-57]），以及第 7 航空队和海军方面的陆基飞机和巡逻机。其中，第 51 特遣编队包含 11 艘航空母舰、7 艘老旧战列舰、12 艘巡洋舰、75 艘驱逐舰、46 艘运输舰船、27 艘货船、5 艘船坞登陆舰（LSD）和 45 艘坦克登陆舰（LST）。快速航母部队集结了 12 艘航母、8 艘战列舰、6 艘巡洋舰和 34 艘驱逐舰。斯普鲁恩斯中将的第 5 舰队（第 50 特遣编队 [TF-50]），负责监督整个行动。

特纳少将直接指挥的南路攻击部队，将与第 27 步兵师一同行动，夺取夸贾林。理查德·康诺利（Richard L. Conolly）少将指挥的北路攻击部队，将把陆战 4 师运往罗伊 – 纳穆尔岛。海军上校 D. W. 卢米斯（D. W. Loomis）指挥的后备部队，负责运载第 1 战术队。后者将于晚些时候奉命夺取埃尼威托克环礁。马朱罗攻击群由哈里·希尔少将指挥，负责运载一支由陆军和陆战队组成的小部队，攻占马朱罗环礁。

第 5 两栖军兼作远征部队，仅部署少量直属部队。该军

1943 年 11 月 7 日至 1944 年 1 月 17 日，在美军轰炸机的空中打击下，罗伊岛（上）和纳穆尔岛（下）千疮百孔。左侧为两座岛屿的礁湖一侧。罗伊 – 纳穆尔岛的代号与实际岛屿地理特征相关，这种例子极为少见。其中，代号“袒露”（Burlesque）的罗伊岛植被不存、地表裸露，代号“伪装”（Camouflage）的纳穆尔岛则遍布低矮草木。

将不以一个军的形式统一作战，所辖 2 个师将分别在夸贾林环礁两端登陆，主要目标相距 43 英里（69 公里）。海军陆战队第 4 师，即“斗战四师”，已于 1944 年 1 月向中太平洋开拔，兵力 24902 人。第 7 步兵师的 21768 人于 1943 年 12 月 11 日划归第 5 两栖军，为夸贾林突击战做准备。

1943 年 11 月 1 日，第 5 两栖军在瓦胡岛上组建了第 1 战术队。第 1 战术队以陆战 22 团（独立团）为班底，担任后备登陆部队。陆战 22 团拥有一些建制单位，当该团配属某师时，这些建制单位往往也来自该

陆战 24 团团长富兰克林·哈特（Franklin A. Hart）上校与该团参谋人员讨论纳穆尔岛登陆计划。地形板上的白色标签，标出了岛上的防御工事、设施和关键地形特征。

师，其中包括：工兵连、医务连、摩托运输连、先遣连和M4A2坦克连；侦察排、军械排和补给勤务排；以及1个75毫米驼载榴弹炮营。如此一来，这支后备登陆部队便拥有了3701名陆战队员和5624名陆军战士。自第5两栖军分遣而来的陆军和陆战队人员，将第1战术队的兵力补强至10269人，为2月下旬的埃尼威托克环礁突击行动做准备。驻防部队将包括6217名陆军人员、9454名陆战队员和15728名海军人员，其中一部分来自突击部队。

马朱罗登陆部队（又称“日舞”登陆部队）由第106步兵团2营和第5两栖军两栖侦察连组成，包含1459名陆军战士和136名陆战队员。

日军部队

日军第4舰队并非常规舰队，而是配属舰船少之又少的作战司令部，负责守卫日本托管地。倘若美军舰队抵达马绍尔群岛，第4舰队对此处的战局和力量对比便无所影响。第6根据地队位于夸贾林，直接负责指挥马绍尔群岛防务。一同驻扎于夸贾林的日军部队，还包括：第6潜水基地队，第6通信队，第61警备队，第4舰队设营分遣队（朝鲜劳工组成），横须贺第4特别陆战队的1个中队，第952航空队，以及未经指派的大量待命军人和散兵游勇。第1海上机动旅团第3机动大队第1中队，奉命保卫夸贾林。同时，原本前往沃杰环礁的第2机动大队，也滞留于夸贾林。夸贾林的总兵力约为5000人，其中933人来自日本帝国陆军。另有约500人驻扎于邻近的伊拜岛上。

第61警备队分遣队，第4舰队设营分遣队，第24航空战队指挥部及其下属第275、第281和第735航空队。此前，第22航空战队已被派往马绍尔群岛。11月下旬，日军从日本调来了第24航空战队，共30架战斗机、40架轰炸机。此外，还有18架战斗机和部分

山田道行少将负责指挥驻扎于罗伊－纳穆尔岛的第 24 航空战队。他在美军对纳穆尔岛实施的炮火准备中丧命。

秋山门造少将是第 6 根据地队的指挥官，统领马绍尔群岛警备部队和其他防御部队。

鱼雷机自拉包尔调遣而来。罗伊－纳穆尔岛上共有约 3000 名日本帝国海军人员。

贾卢伊特（Jaluit）、马洛埃拉普、沃杰和米利环礁，分别由第 62、第 63、第 64 和第 66 警备队守卫，外加第 4 舰队、第 6 根据地队和第 24 航空战队的分遣部队。第 52 师团第 107 步兵联队第 3 大队驻扎于米利环礁。日本帝国陆军的数个南洋支队，则驻扎于其他岛屿。日本帝国海、陆军兵力部署如下（括号内为陆军兵力）：贾卢伊特环礁——2200 人（620 人），马洛埃拉普环礁——3100 人（404 人），沃杰环礁——

3300 人（667 人），米利环礁——5100 人（2530 人）。此外，第 6 根据地队还负责守卫库赛埃岛和威克岛。

连同余下飞行和地勤人员在内，埃尼威托克环礁的日本守军共约 3500 人。该环礁的主要防御力量为第 1 海上机动旅团。该旅团包括：1 个指挥部；3 个机动大队，各 1036 人；1 个 76 人的机关炮队；以及 1 个 66 人的战车队，配备 9 辆 95 式轻坦。旅团指挥部设于帕里岛，部队人数 1115 人，外加 250 名海军人员。第 1 机动大队以 779 人的兵力据守埃尼威托克岛；第 3 机动大队负责守卫恩格比（Engebi）岛，部队人数 692 人，外加约 500 名海军人员和第 61 警备队分遣队。

马绍尔群岛上的日本海军、陆军和劳工数量，共计 2.8 万人。

日军防御

作为第 4 舰队的大本营，位于加罗林群岛的特鲁克守备森严。但在日本托管地中，很少有其他岛屿构筑了防御工事，大多仅设立了航空基地、水上飞机基地或海军基地。岸防炮和防空炮寥寥无几。而自然植被低矮，天然障碍或险要地势稀少的情况，也使日军鲜有机会建立起有效防御。岛屿边沿的岸礁将对常规登陆艇构成阻碍，但对两栖履带车则不然。日军希望美军从面海一侧发起进攻，因为那里的礁石比礁湖一侧的窄，登陆部队能更快暴露，舰船也会离海岸更近。因此，日军将防御工事集中构筑于面海一侧。不过，由于巨浪拍岸，反登陆艇障碍物和水雷无法在该侧布放。

沿面海一侧设置的加强排据点，由密集的堑壕、散兵坑和机枪阵位组成。部分岛屿上修筑了混凝土机枪碉堡和火炮工事，但数量稀少，间隔较远。指挥部或通信中心等许多永久建筑，都由钢筋混凝土建造而成。虽然这些建筑可提供掩蔽，但却并未构筑为防御阵地。多数防御工事，都由无护墙的战壕，容纳两三人的散兵坑，以及上方掩蔽不足的机枪掩体组成。

2月17至23日进攻埃尼威托克期间，陆战22团战士将机枪火力对准海滩400码外的一处日军目标。（图源：贝特曼档案库，科比斯图片社）

“燧发枪行动”

1943年12月4日，2个美军航母战斗群对夸贾林环礁和沃杰环礁发动袭击，摧毁了若干飞机，并击沉了7艘货船。重要的是，美军侦察机设法拍下了所有岛屿的完整航拍照片——这对即将发起的行动而言至关重要。

1944年1月22至23日，第51特遣编队离开夏威夷群岛，向东南方2200英里外驶去。1月29日，4个美军航母战斗群出动700架飞机，对目标岛屿发起攻击。近岸战舰也加入其中，轰击目标岛屿。1月30日，南路和北路攻击群分头行动，向巨大的夸贾林环礁南北两端驶去。此前，陆战4师已于1月13日离开加利福尼亚，实施史上最远的岸至岸两栖攻击行动——此次行动的距离长达4300英里（6900公里）。

日本海军部队在马绍尔群岛的“缺席”显而易见。日军第2舰队的两名指挥官已进行过讨论，并得出结论：少了航母舰载机的空中支援，他们的部队将过于脆弱，无力挑战美军第5舰队。12月7日，他们撤回了特鲁克。

占领马朱罗环礁

1月23日，马朱罗攻击群随后备部队离开夏威夷。1月30日，攻击群脱离大部队，直扑夸贾林环礁东南280英里的马朱罗环礁。攻击群的舰船上，载着分遣自第27步兵师的“日舞”登陆部队，以及第5两栖军的两栖侦察连，共1600人。1月30日23时左右，两栖侦察连的1个排乘橡皮艇在卡拉林岛（Calalin Island）登陆，成为第一支在日本自战前以来所据领土登陆的美军部队。两栖侦察连余下部队在其他岛屿登陆，发现日军已经放弃了该环礁。登陆部队还占领了达里特岛（Darrit Island）和达洛普岛（Dalop Island），随后修建了航空及舰队设施。

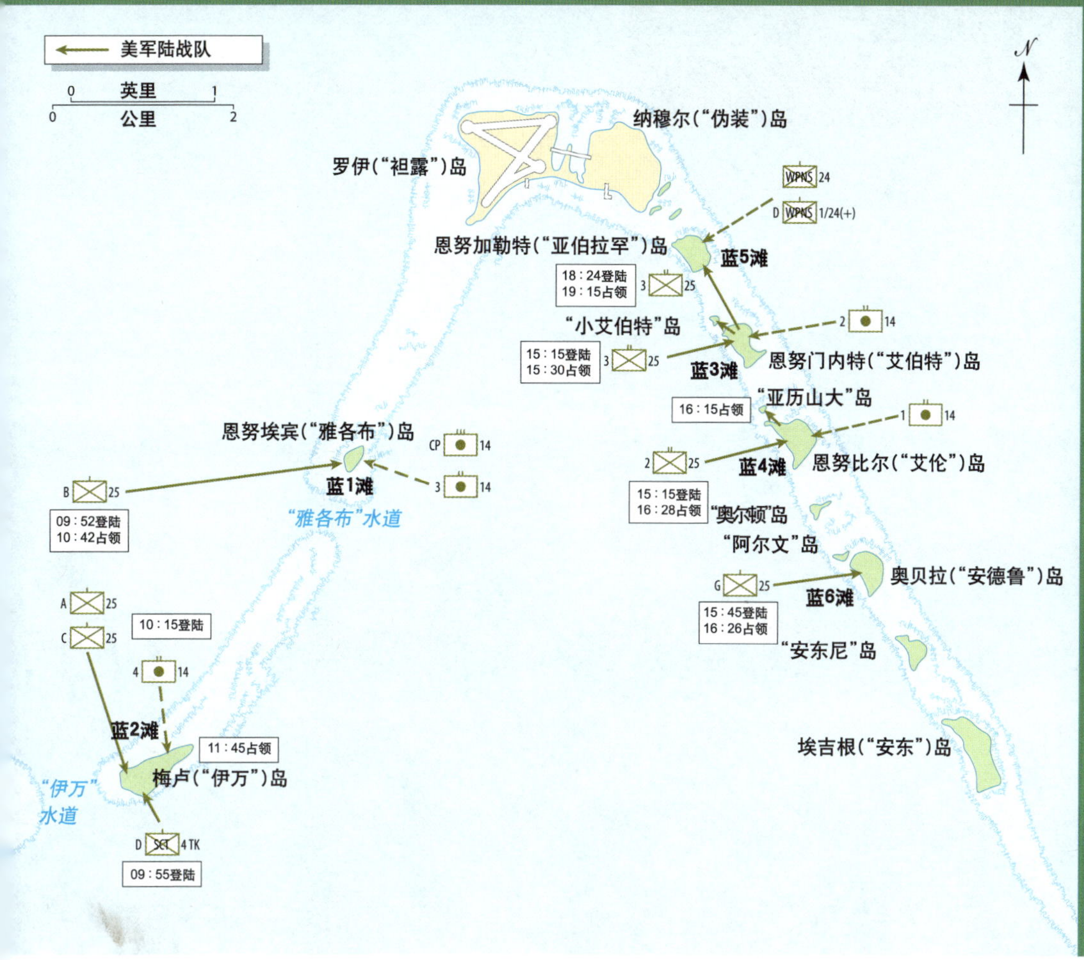

罗伊－纳穆尔岛及美军陆战队动向图示。（图源：鱼鹰出版有限公司）

罗伊－纳穆尔岛突击

1月31日（D日）黎明前数小时，北路攻击部队（第53特遣编队[7]）与陆战4师抵达了罗伊－纳穆尔岛海域，到场的共有3艘战列舰、5艘巡洋舰、3艘护航航母、21艘驱逐舰、5艘猎潜舰艇、11艘扫雷舰、13艘攻击运输舰、7艘运兵船、3艘攻击货物运输舰、1艘驱逐运输舰、2艘船坞登陆舰、20艘坦克登陆舰和2艘拖船。美军将从面海一侧攻占“伊万”（Ivan）岛[8]和“雅各布”（Jacob）岛，使北路攻击部队得以进入礁湖，于次日发起主攻。5时30分，登陆部队登上登陆艇，前往转运点。抵达

1944年2月的登陆行动后不久，美军陆战队员在纳穆尔岛海滩上休息。（图源：贝特曼档案库，科比斯图片社）

KS
KS

“整座岛屿仿佛被提到2万英尺的天边，再直坠而下。”

——马绍尔群岛周边行动亲历者描述夸贾林岛的毁灭情景

转运点后，登陆部队将换乘从坦克登陆艇上卸下的两栖履带车。

攻打“伊万”岛和“雅各布”岛的H时定于9时。攻打“艾伯特”（Albert）岛和“艾伦”（Allen）岛的A时定于11时30分。攻打“亚伯拉罕”（Abraham）岛的B时定于16时。攻击开始前，美军对所有5座岛屿实施了炮火准备，并出动航母舰载机予以空袭。参战美军曾在加州进行了并不充分的演练。演练不足的状况，以及恶劣的海况，很快将带来不利影响。海面波涛汹涌，两栖履带车只能以半速前进。风浪激起的水雾飞沫打湿了无线电设备。登陆部队从车辆人员登陆艇向两栖履带车转移的区域，变得混乱而拥挤。因此，H时推迟到了9时30分。

9时52分，陆战25团2营B连最终在“雅各布”岛登岸，15分钟内便拿下了该岛。10时42分，美军宣布占领该岛，19名守军或死或俘。在西南方的“伊万”岛上，美军遇到了麻烦。拍岸浪、大风和礁石拖慢了两栖履带车的前进速度。美机发起的低空扫射，使敌军无法利用这一迟滞制造伤亡。敌军以127毫米炮开火射击，但很快被打哑。登陆部队上岸后，于11时45分占领该岛。

美军攻势转而向东，这里有向东南延伸的一串小岛链。针对这些小岛的登陆行动，将从礁湖以内发起。A时定于11时。步兵登陆炮艇（LCI[G]）、支援炮火和空袭计划均与此前的攻击行动类似。拂晓之前，

2 营参战人员便已在车辆人员登陆艇中就位，为“雅各布”岛和“伊万”岛行动待命。参与突击的两栖履带车与陆战 25 团 2 营和 3 营会合时，后者仍待在运输艇上。但这一回，风大浪急的海面再次延缓了部队的转移速度。履带式登陆车流离分散，有的还跟错了调度艇。A 时改在了 14 时 30 分。四散的两栖履带车开始聚集，但通讯问题仍未解决。

两栖履带车最终经“雅各布”水道（Jacob Pass）进入礁湖，向“安德鲁”（Andrew）岛、“艾伦”岛和“艾伯特”岛进发。A 时此时已

马绍尔群岛战役期间，一支陆战队轻机枪小队在纳穆尔岛前线作战。（图源：贝特曼档案库，科比斯图片社）

定为 15 时，两栖履带车正奋力穿越礁湖。登陆部队分别于 15 时 30 分和 16 时 28 分占领了“艾伯特”岛和“艾伦”岛。

随后，陆战 25 团 3 营奉命攻占“亚伯拉罕”岛，该岛是距纳穆尔岛最近的一座小岛。两栖履带车数量依然不足，原定于 16 时的 B 时已经过去。美军攻占了距“艾伯特”岛 200 码（180 米）的“小艾伯特”岛，并架设了机枪，为“艾伯特”岛突击行动提供支援。登陆部队仅有 4 辆两栖履带车可用，但他们仍于 18 时 24 分发起攻击。日军阵亡 6

对多数日军士兵而言，被俘不如自杀。图中场景贯穿了美军的太平洋作战历程。需注意的是，这些士兵是用脚趾扣动扳机的。（图源：汤姆·伦莱因）

人，余者逃往纳穆尔岛。19 时 15 分，登陆部队占领了“艾伯特”岛，仅 1 名陆战队员负伤。两栖履带车往返穿梭，运来了配备半履带车、反坦克炮、迫击炮和机枪的部队，这些装备将用于支援纳穆尔岛登陆战。

尽管行动时间屡屡推迟，但“伊万”岛登陆部队还是完成了所有 D 日任务。罗伊 – 纳穆尔岛已被切断，支援炮兵已经就位。经历了为期 19 天的海上航行后，突击部队蓄势待发。

罗伊岛，2 月 1 日（D+1 日）

罗伊岛和纳穆尔岛的突击行动同时展开，但为明确起见，这两场行动将分开描述。各部队方位将按美军前线从左至右的顺序得到叙述。

根据原先的计划，突击部队将从运输船登上车辆人员登陆艇，驶往载有履带车的坦克登陆舰。在这些“又大又慢的靶子”中，突击部队将有幸登上两栖履带车。按照计划，转运过程本应在礁湖外进行，但鉴于前一天海况恶劣、问题频出，天刚破晓，坦克登陆舰就进入了礁湖，使两栖登陆车能以更短距离平稳登陆，节约燃油，减少周转延迟。6 时 50 分，“田纳西”号战列舰的 14 英寸（356 毫米）舰炮开火，直接轰击连接罗伊岛和纳穆尔岛的沙嘴上的碉堡。对罗伊岛的轰击始于 7 时 10 分，邻近小岛上的陆战 14 团炮兵亦加入其中。随后，美军又发起了空袭。W 时定于 10 时。

路易斯·琼斯（Louis R. Jones）上校指挥的第 23 团级战斗队[9]，已由其第 4 两栖履带车营的履带车装载完毕，准备出动。但由于卸下两栖履带车时出了状况，原定计划有所推迟。驶往纳穆尔岛的第 24 团级战斗队，则遇到了更大困难。W 时因而推迟至 11 时。虽然第 23 团级战斗队准时抵达了攻击发起线，但突击行动再次推迟。不过，海军舰炮仍在倾泻炮火。11 时 50 分，炮击停止，第 23 团级战斗队向罗伊岛突进，于 11 时 57 分踏上海滩。

“红 2 滩”宽 550 码（500 米），位于罗伊岛南岸西半部。“红 3 滩”则位于东半部。陆战 23 团 1 营和 2 营将各出动 2 个连，分别在这两片海滩并排登陆。O-1 线自西向东穿越罗伊岛，深入岛内约 200 至 300 码（180 至 270 米），其东端位于堤道之上。11 时 33 分，第 1 两栖装甲履带车营 A 连和 C 连的两栖坦克登岸。陆战 23 团 1 营 A 连和 B 连跟随两栖坦克上岸，很快抵达了 O-1 线。

“红 3 滩”上，陆战 23 团 2 营 E 连和 F 连于 11 时 50 分登岸。18 辆两栖坦克已于此前先行登陆。敌军在“红 3 滩”上的抵抗与“红 2 滩”一样弱。在美军的狂轰滥炸下，大批敌军阵位已被摧毁，幸存敌军

13 时 05 分，纳穆尔岛上的鱼雷弹头库发生爆炸。这张照片的拍摄处位于罗伊岛滩头。陆战 24 团的半数伤亡，均来自此次爆炸。

晕头转向，一片茫然。12 时 15 分，陆战 23 团 2 营的指挥所开始运转。此时，E 连和 F 连已到达了 O-1 线。

日军的微弱抵抗，实际上让美军部队有些失控。这种情况在其他太平洋岛屿突击行动中很少见。微不足道的抵抗，使美军如释重负，士气大振。各班、各排开始冒进，乱哄哄地冲了起来，但最终奉命退回 O-1 线，等待发起协同攻击。15 时 30 分，美军再度对罗伊岛北部 2/3 地区发起突击。此前 20 分钟，美军战舰以密集的舰炮火力对目标区域实施了轰击。早先的混乱冲锋，起到了迷惑敌人的作用。这一回，面对美军更具破坏力的协同攻击，敌人猝不及防。18 时 02 分，美军宣布占领罗伊岛。

纳穆尔岛，2 月 1 至 2 日（D+1 至 D+2 日）

富兰克林·哈特上校的第 24 团级战斗队尚未抵达攻击发起线，便遇到了重重困难。根据计划，该部队将由第 10 两栖履带车营运送上岸。此前一天，后者已为邻近岛屿的突击行动提供了支援。坦克登陆母舰没有配备识别灯，高油耗的两栖履带车无法找到母舰。由于担心己舰的两栖履带车缺少燃油，各坦克登陆舰舰长纷纷拒绝陌生履带车入内。黑暗之中，许多两栖履带车未能返回所属的坦克登陆舰，只能在小岛上过夜。其他两栖履带车不是受损，就是发生了机械故障。6 时 30 分，哈特上校向施密特少将报告：“我们还缺 48 辆（共调配 110 辆）履带式登陆车。”美军疯狂搜寻掉队的履带车，但因时间所剩无多，搜索徒劳无获。

此前，2 个突击营的后备连队已补齐了两栖履带车。陆战 24 团 3 营将备用履带车重新配予突击连队，2 营也将后备 E 连的履带车换给了 G 连。就在 G 连搭乘四处搜罗而来的两栖履带车和车辆人员抵达之际，陆战 24 团 1 营 A 连恰好返回了 1 营。因此不出所料的是，各突击波的组织秩序陷入了混乱。攻击信号发出时，调度军官仍在设法区分部队。哈特上校本想叫停已开始前进的陆战 24 团 3 营，但眼见罗伊岛突击作战已经展开，他打消了这个想法，以免危及全盘行动。

“绿1滩”覆盖了沙嘴和纳穆尔岛南岸的西1/3地带。“绿1滩”东边是“绿2滩”，后者一直延伸至“萨莉”角（Sally Point）。两片海滩间以“横滨码头”（Yokohama Pier）为界。同时，“横滨码头”也是陆战24团2营和3营的分界线，这条分界线一直延伸至北岸的“娜塔莉”角（Natalie Point）。O-1线从东部堤道沿主要道路延伸，但沿途有许多被毁的建筑和茂密的灌木，导致控制和定向问题频现。

12时，3营在“绿1滩”登陆，其K连和I连向北攻击。该营于13时抵达“O-1”线。2营于11时55分登上了“绿2滩”。两栖履带车本应将部队运往岛内100码处，但反坦克壕挡住了两栖履带车，也挡住了坦克。狭窄的海滩因此变得拥堵起来。至13时，F连和E连已大部抵达O-1线，但日军的抵抗愈发强硬。

F连抵近东岸附近的O-1线时，一支突击队以锥形炸药炸破了某大型混凝土建筑。就在附近日军开始撤退时，陆战队员将炸药包扔进破洞，浑不知此处实为一座鱼雷弹头地堡。巨大的爆炸抹去了这座建筑物，混凝土、棕榈树、木材、鱼雷弹头的碎块，以及其他碎片，在岛上落如雨下。两座邻近建筑也发生了爆炸，但不及第一场爆炸。后两座建筑很可能是存放弹药的地堡，被首个爆炸的地堡所引爆。大股黑烟冲天而起，烟柱高达1000英尺（300米），岛屿大部霎时笼罩在扑面的烟尘中。此次爆炸造成岛上20名陆战队员阵亡，100人受伤，并留下了一个100英尺（30米）深的注水弹坑。F连亡14人，伤43人。

更多坦克登上了纳穆尔岛，突击部队越过O-1线，进一步深入左侧区域。日军的抵抗不断加强，守军利用碎石和茂密的灌木顽抗，美军则以37毫米榴霰弹清除植被。16时30分，在沙嘴与码头之间，美军建立起了师级推进控制点。19时30分，哈特上校命令部队掘壕过夜。19时45分，夜幕降临。

曙光初现时，美军坦克已各就各位，协助部队打退日军反扑。此前，日军对I连和B连间出现的缺口发动了反击。美军坦克隆隆向前，与袭击者交火。与此同时，L 连加入其中，堵住缺口，使日军无法取得突破。日军的反击失败了，美军陆战队向前推进了约 50 码。9 时，哈特上校发动攻击。至 12 时 15 分，陆战 24 团 3 营已占领了岛屿西北端的“诺拉”角（Nora Point）。不过，由于支援坦克未能按时抵达，2 营的攻击时间推迟了 1 小时。12 时 15 分，2 营与 3 营在岛屿北端的“娜塔莉”角会合。后方部队继续清剿残敌。14 时 18 分，美军宣布占领该岛。

陆战 4 师在首次行动中表现出色，全程仅伤亡 1000 余人。作为一支初上战场的部队，陆战 4 师存在射击纪律散漫、控制措施松懈的问

陆军步兵在埃尼威托克岛 9 英尺（2.7 米）高的路堤下止步。这道路堤挡住了向岛内前进的两栖坦克。图中，美军架起了一挺 M1917A1 重机枪，掩护部队前进。（图源：汤姆·伦莱因）

马绍尔群岛战役期间，陆战4师的两名陆战队员以棕榈叶为掩护，仔细察看周遭情况。随后，他们将向纳穆尔岛前进。（图源：贝特曼档案库，科比斯图片社）

“卡洛斯”岛棕榈遍地，是马绍尔群岛中的一处南太平洋天堂。作为马绍尔群岛突击行动的一部分，美军攻击部队搭乘海岸警卫队驾驶的登陆艇上岸。（图源：贝特曼档案库，科比斯图片社）

题，但这都是部队成熟的必经环节。有人认为，如果两栖履带车数量充足，美军在 D+1 日便可占领纳穆尔岛。2 月 2 至 5 日，第 25 团级战斗队在夸贾林环礁继续行动，肃清 47 个大多无人占领的小岛。

夸贾林突击

D 日（1 月 31 日）黎明前数小时，天暗无月。南路攻击部队（第 52 特遣编队）与第 7 步兵师，悄悄进入了夸贾林岛西南 6 至 10 英里的运输及火力支援区。这支部队的组成为：4 艘战列舰，3 艘巡洋舰，3 艘护航航母，18 艘驱逐舰，3 艘猎潜舰艇，5 艘扫雷舰，18 艘攻击运输舰，5 艘运兵船，2 艘攻击货物运输舰，2 艘驱逐运输舰，2 艘船坞登陆舰，20 艘坦克登陆舰，和 3 艘拖船。

夸贾林——邻近岛屿，2 月 1 日（D+1 日）

“塞西尔”（Cecil）岛和“卡特”（Carter）岛相距半英里，把守着夸贾林礁湖的入口。其中，“卡特”岛位于夸贾林西北 9 英里。美军特遣编队正向这两座小岛逼近，2 艘驱逐运输舰居前突进。美军已从第 7 骑兵侦察队和第 111 步兵团 B 连调集兵力，组建了 2 个连队规模的混合作战单位，隶属于韦恩·齐默尔曼（Wayne C. Zimmerman）上校的第 17 团级战斗队。“A 队”和“B 队”由各作战单位的半数兵力组成。两支侦察队的橡皮艇将由摩托艇拖至小岛周围 800 码（730 米）内，然后划桨上岸，标记登陆场。随后，各步枪排将搭乘车辆人员登陆艇登岸。一旦拿下“塞西尔”岛和“卡特”岛，岛上的原骑兵侦察队兵力便会合并重组，对“昌西”（Chauncey）岛实施侦察，步兵部队则留守“塞西尔”岛和“卡特”岛。

虽然出现了延误等小问题，“A 队”还是于 5 时 45 分在其以为的“塞西尔”岛登陆。直到打死 4 名日本守军，俘虏 2 人后，这支美军才意识到上错了岛——此岛实为“塞西尔”岛西北 1 英里的“昌西”岛。

他们发现了一艘搁浅的日军拖船，留下少量兵力加以监视，其余人员于9时29分再度登艇。11时24分，他们在“塞西尔”岛登岸，没有发现敌人的踪影。12时35分，美军宣布占领该岛。

6时20分，“B队”在“卡特”岛登陆。岛上灌木茂密，拖慢了侦察队的行进速度。不过，他们还是发现了一股20人的日本守军，将其尽数击毙。美军仅伤1人。9时48分，美军宣布占领“卡特”岛。“昌西”岛上，美军步兵发现了一支藏身小岛中央的日军，数量在100人以上。近半日军阵亡，而美军步兵离去时，仅损失2人。

“卡尔森”（Carlson）岛位于夸贾林岛西北2英里（3.2公里）、“卡特”岛东南900码（800米），与西北4300码（3900米）的“卡洛斯”（Carlos）岛隔一浅礁相望。第17团级战斗队奉命占领“卡尔森”岛和“卡洛斯”岛。2个突击营从运输船向坦克登陆艇（LCT）转移，然后登上两栖履带车，准备实施突击作战。8时10分，美军巡洋舰开始持续轰击2个目标岛屿。同时遭到轰击的，还有夸贾林岛、“伯顿”（Burton）岛和“贝弗利”（Beverly）岛。自6时18分开始轰击夸贾林岛的2艘战列舰也加入其中。16时15分，美军占领“卡洛斯”岛。9时12分，第17团级战斗队2营在“卡尔森”岛东北端登陆。登陆部队遭到了预想中的抵抗，但除了击伤1人的零星步枪火力外，敌军再无像样行动。12时10分，美军宣布占领“卡尔森”岛。野战炮兵和战舰继续发难，彻夜轰击夸贾林岛和“伯顿”岛。

夸贾林岛，2月1日（D+1日）

攻打夸贾林岛的H时，定在了2月1日9时30分。美军发起了猛烈的火力准备，其威力在太平洋战场史无前例。3.6万发舰炮和地面火炮炮弹，以及规模可观的空袭火力，不断震撼着夸贾林岛。美军舰炮交替轰击，96架次航母舰载机接连出击，与此同时，美军攻击波自面海一侧的坦克登陆舰鱼贯而出。步兵登陆炮艇向前“喷吐”火

夸贾林海滩上的美国陆军 .30 口径机枪。（图源：汤姆·伦莱因）

箭，并大量倾泻自动炮火，两栖履带车也向海岸推进。首波出击的两栖履带车中，有20辆都装备了便携式火焰喷射器。9时，登陆部队离开了登陆载具。

登陆海滩"红1滩"和"红2滩"均位于夸贾林岛最西端，前者居北，后者居南。柯蒂斯·奥沙利文（Curtis D. O'Sullivan）上校率领第184团级战斗队，在250码（230米）宽的"红1滩"上登陆。3营L连和I连分列左右，为其开路。第767坦克营B连随后登陆，然后是2营和1营。

马克·洛吉（Marc J. Logie）上校指挥的第32团级战斗队，对300码（270米）宽的"红2滩"发起突击。日军据点覆盖了每一片海滩，但这些据点多已被消灭。少数守军设法占据了弹坑和残骸，部分碉堡也未被摧毁。在海流的驱使下，两栖履带车被迫转而向右，但大多于9时30分在预定海滩登陆。日军火力薄弱，突击部队伤亡很小。

未被摧毁的海堤残段，以及弹坑、树桩和残骸，使许多两栖履带车和坦克止步不前，其中一些仍未上岸。它们以密集的机枪火力持续开火，来自"卡尔森"岛的炮火也向岛内腹地延伸。在海滩后的茂密灌木中，登陆部队发现了一片片沼泽地。不少两栖履带车并未转向侧翼，绕路折返坦克登陆舰，而是直接在沙滩上掉头。越来越多的履带车蜂拥而至，海滩拥堵不堪。珊瑚暗礁的存在，挡住了车辆人员登陆艇运载的后几波部队，使其只能涉水上岸。

突击部队已向岛内推进了250至300码（230至270米），到达了位于大片空地中的无线电测向站边缘。各突击营的2个先头连队借助海滨植被绕开空地，然后成扇形散开。14时30至50分间，他们到达了自岛屿西端穿入岛内800至900码的一条路。后续各营继续肃清余敌，各后备营固守滩头阵地。美军艰难清除每一个残存的碉堡、堑壕和掩体，推进速度转缓。由于日军工事数量众多，杂散四处，战事进展十分缓慢。此时，两营间沿跑道拉开了一道宽300码（270米）的缺口。陆

陆战 24 团被日军火力压制在纳穆尔岛某海滩上。前方木箱上的白底红十字标志，表明箱内装有医疗用品。黄色半圆标志代表陆战 4 师，另一标志中的数字表示该作战单位的番号。

战 32 团 2 营 E 连补上了缺口，破晓之前，C 连也向前移动，守卫该区域。日军数度发起集中攻击，并不断尝试渗透美军阵地。但直到此时，美军的伤亡数字都小得出奇，2 个突击营仅亡 21 人，伤 87 人。

夸贾林岛，2 月 2 至 4 日（D+2—D+4 日）

美军定于 7 时 15 分发起协同攻击。坦克向前推进，第 184 团级战斗队2营将穿过3营阵地出击。炮兵开始实施炮火准备，空中打击和舰炮轰击随后而至。美军起初进展良好，但是随后，在抵抗火力、障碍物和碎石的阻滞下，推进速度放缓。2营并未真正抵达目标线，而是在距其150至220码（140至200米）处停滞不前。陆战32团3营则勉强抵达了目标线。16时30分，G连替下F连。两团当日共亡11人，伤241人。据敌军俘虏报告，岛上守军仅余数百，通讯已被破坏，防御工事亦遭重创。前方各连得到警告，日军将在夜间发起“万岁冲锋”——届时，特别是午夜之后，日军将发起火力试探，并以密集的轻武器、手榴弹和迫击炮火力实施反击。不过，预想中的反击并未发生。次日（D+3日）的进攻将于7时15分开始。

与前一天的攻击一样，火力准备过后，第184团级战斗队1营自左方率先出击，其A连和B连穿过2营阵地。他们很快遭遇了强有力的抵抗，抵抗火力来自礁湖沿岸千疮百孔的建筑群。从这里开始，夸贾林岛北端遍布建筑物，面海一侧和北角仍有4个据点。A连继续北进，试图穿过“海军司令区”（Admiralty Area），从侧翼发起攻击，但却陷入停滞。面海一侧的陆战32团3营继续前进，以L连和I连为先头部队。K连很快替下了L连，但在此之前，K连必须穿过部分“海军司令区”，迅速切入第184团级战斗队1营所在区域。K连进展顺利。

13时30分，第184团级战斗队1营C连和A连向西出击，进入建筑区。同时，B连占领了该区域南侧。18时，部队到达礁湖边上，停下过夜。美军当日伤亡较大，共有54人阵亡，255人负伤。日军的阵亡人数，则超出了美军对岛上残余日军数量的估计。参战各营与目标线间仍相距200至350码（180至320米）。

日落后，日军发起反击，但均遭挫败。在迫击炮和地面火炮的大规模打击下，日军的后续反击还未开始便告瓦解。在岛屿北端长1000码（900米）、宽400码（370米）的一片区域中，仍残存着数量可观的敌军。美军以地面火炮、迫击炮、舰炮和空袭火力实施持续打击，但均未能削弱其实力。美军为攻克夸贾林岛付出的时间超出了预期，原因主要在于日本海军第2机动大队和海军特别陆战队的顽抗。

由于认为前锋部队已深入岛屿北部，美军团级和师级指挥所在D+4日发起了最终攻击。推进部队在身后留下了过多小块敌占地带，使后备各营难以清剿。在坦克的支援下，此次攻击于7时15分发起，立刻遭遇了强有力的抵抗。美军的推进缓慢而混乱，许多实施攻击的排级部队都停滞不前，清剿残存的小股守军。大批日军俘虏开始投降，其中多为朝鲜人。16时10分，科利特少将最终宣布夸占领贾林岛。不过，美军的清剿行动仍在进行，直至19时20分才肃清了岛屿

第767坦克营的M4A2坦克正为夸贾林岛上的推进部队提供掩护。许多草木被炮火掀翻在地，阻碍了步兵和车辆的行动。

北端的残敌。

伊拜岛突击

美军判定夸贾林岛战事无须后备团参与后，便立即开始准备对伊拜岛（即“伯顿”岛）实施突击。该岛位于夸贾林岛北边，相距仅20多英里。攻击时间定为2月3日（D+3日）9时30分。自D-1日起，该岛就遭到了炮击和轰炸。此外，“卡尔森”岛上的155毫米炮群也对其开火。正当2艘巡洋舰和地面火炮轰击该岛之际，美军的两栖履带车开始进攻。9时35分，冒着微弱的抵抗火力，第17团级战斗队1营在“伯顿”岛登陆，C连在左，A连在右。B连跟在第767坦克营C连之后。该营迅速突入岛内，向北推进。3营也登上该岛，消灭岛屿南端的守军。推进部队持续北进，直至19时才停下过夜。此时，他们已行至岛屿中部。当夜，日军不断尝试组织反击，但遭到了美军地面火炮

“伯顿”岛大部分区域林木繁茂，但狂轰滥炸过后，植被所剩无几。照片左上方为一处典型的双入口混凝土防空洞。

和舰炮的袭扰。

2 月 4 日 7 时 30 分，美军恢复进攻，但很快遭到日军抵抗。后者重新占据了面海一侧的海岸碉堡，但未在美军面前支撑多久。11 时 30 分，3 营通过 1 营战区，美军进至水上飞机停机坪。左侧的 L 连跟随坦克前进，穿过了开阔的停机坪。右侧的 K 连一路推进，穿过机库区域，抵达岛屿北端。13 时 37 分，美军宣布占领“伯顿”岛。约 450 名日军阵亡，7 人被俘。美军亡 7 人，伤 82 人。

埃尼威托克突击

攻占埃尼威托克环礁的任务，落到了托马斯·沃森准将的第 5 两栖军第 1 战术队肩上。此前，该部队一直位于夸贾林，作为舰队预备队使用。为实施“法警行动”，美军向第 1 战术队增派了一些作战单位。D 日定在了 2 月 17 日。攻击部队于 15 日启程，在埃尼威托克远征群（第 51 特遣编队第 11 特遣群 [TG-51.11]）的运载下离开夸贾林。从 1 月底开始，美军航母舰载机对埃尼威托克环礁实施了持续空袭。

“法警行动”发起的同时，第 58 特遣编队（即快速航母部队）对特鲁克实施了打击（2 月 17 至 18 日）。日军联合舰队大部虽已撤至帕劳群岛，但此次行动还是击沉了 39 艘战舰、辅助舰船和商船，并摧毁了 200 多架飞机。“冰雹行动”[10] 过后，日本海军的“太平洋直布罗陀”特鲁克已失去作用。因此，美军无须在该环礁实施代价高昂的两栖突击。

D 日凌晨，美军战舰开始炮轰恩格比、埃尼威托克、帕里和贾普坦（Japtan）诸岛。破晓以后，空中打击部队也将加入其中。埃尼威托克远征群舰船成单列纵队全速前进，在光天化日下穿过两条水道进入礁湖。远征群包括：15 艘驱逐舰，1 艘猎潜舰，4 艘扫雷舰，7 艘攻击运输舰，2 艘攻击货物运输舰，6 艘货船，2 艘驱逐运输舰，2 艘拖船，1 艘船坞登陆舰和 9 艘坦克登陆舰。4 艘护航航母及其屏护驱逐舰和辅助舰船，则留在礁湖之外。1 艘舰队航母和 2 艘轻型航母为部队提供额外支援。一名美国海军军官评论道，此次作战是“整场战争中，我所目睹的最惊心动魄的事件之一”。

美军的全部 3 次主要登陆行动，由第 708 两栖坦克营 A 连率先发起。第 708 两栖坦克营为登陆部队提供两栖履带车。约翰·沃克（John Walker）上校的陆战 22 团将独立承担大部分作战任务。拉塞尔·艾尔斯（Russell G. Ayers）上校的第 106 步兵团（分遣自第 27 步兵师）将为陆战部队提供支援，其第 2 营此时仍位于马朱罗环礁。

埃尼威托克邻近岛屿，2 月 17 至 18 日（D 日至 D+1 日）

在大型战舰炮轰主要岛屿的同时，驱逐舰也对恩格比岛东南的“山茶花”（Camellia）岛和“美人蕉”（Canna）岛实施了轰击。在两栖履带车的运载下，第 5 两栖军两栖侦察连所属部队于 13 时 20 分在“山茶花”岛登陆，并于 13 时 30 分在“美人蕉”岛登陆。登陆部队均未发现敌情，于 D 日 14 时占领了这两座小岛。为阻止敌人从恩格比岛逃走，D+1 日清晨，第 4 坦克营 D 连（侦察连）占领了“百日菊”（Zinnia）岛，并一同拿下了恩格比岛西面的另外 4 座小岛。在该阶段战事中，舰船的部署落位出现了很大混乱，但仍然如期完成。

恩格比岛，2 月 18 至 19 日（D+1 至 D+2 日）

W 时定于 D+1 日（2 月 18 日）8 时 45 分。美军对恩格比岛实施了密集的火力准备，炮击与轰炸引爆了岛上主要的弹药临时堆集处。随后，突击两栖履带车随步兵登陆炮艇向恩格比进发。各营的所有 3 个连并排登陆。登陆场位于岛屿中部的西南海岸。陆战 22 团 2 营在“蓝 3 滩”登岸，1 营也于同一时间在“白 1 滩”登陆，3 营则作为团预备队待命。陆战 22 团坦克连和第 106 步兵团加农炮连的 1 个排继之登陆。

一架美军战机在空中掠过，扫射藏身珊瑚堑壕的敌人。一群陆战队员匍匐在沙滩上，以密集步枪火力穿过硝烟弥漫的无人区打击日军。（图源：贝特曼档案库，科比斯图片社）

陆战队的坦克轻易敲掉了埋在地里、充当固定火力点的日军坦克。至10时30分，陆战22团2营已肃清了恩格比岛西半边大部分区域，这些区域多为飞机跑道所占据。“黄鼬”（Weasel）角和“蝾螈”（Newt）角的守军仍在继续抵抗，但到13时10分均被消灭。不过，岛屿东北岸遍布日军防御工事，清剿难度较大。

当夜，1营迅速分兵。A连北进至“蝾螈”角，C连向岛屿东南端的“臭鼬”（Skunk）角推进。彼处日军欲向北逃窜，却发现自己身处2个美军突击连的宽阔间隙中。他们因而得以向A连侧翼开火。该区域灌木丛生，棕榈密布，掩藏着日军的大量“蜘蛛洞”[11]防御工事。但到14时50分，沃森准将已可宣布占领该岛。美军的突击行动迅速有力，即使是经验老到的日本陆军守备部队，也无法实施任何有意义、有组织的抵抗。入夜后，美军此前绕过的日本守军和渗透部队带来了麻烦。但肃清残敌的行动持续进行，2月19日8时，美军正式宣布占领恩格比岛。美军死亡、失踪85人，伤166人。

埃尼威托克岛，2月19至21日（D+2至D+4日）

2月19日清晨，第106团级战斗队在埃尼威托克海域就位。Y时定于当日9时。最新情报显示，埃尼威托克岛的防御比预想的还要严密。因此，美军将Y时向后推迟。与此同时，海军陆战队的坦克正由机械化登陆艇（LCM）从北方25英里的恩格比运来，但因波涛汹涌而有所迟延。9时16分，坦克总算及时运抵，先头部队登岸突击。

登陆海滩就在埃尼威托克岛西北岸中心点西边。第106团级战斗队3营登上“黄1滩”后，L连转而向东，I连跟随其后，K连则一路推进，于10时30分抵达岛屿另一侧海岸。K连一部也转向岛内腹地，向东推进。3营的任务主要是：在登陆部队占领岛屿西南1/3区域期间，屏护部队东侧。1营在3营西面的“黄2滩”登陆。日军大队的指挥官

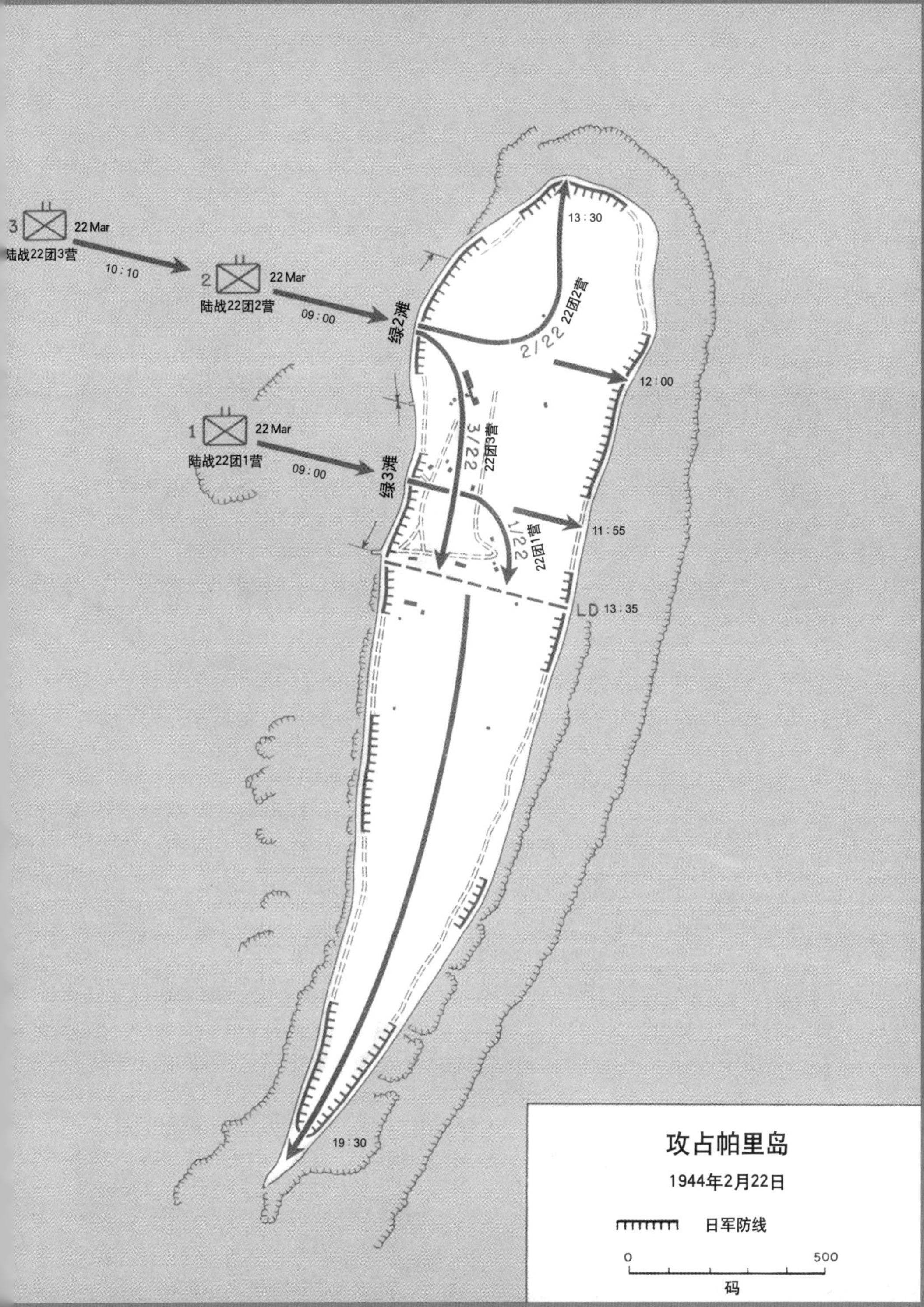

展示帕里岛攻占过程的美军原始军事地图。

美军陆战队员正在休息。他们此前刚经历了攻占埃尼威托克环礁的艰苦一战。（图源：贝特曼档案库，科比斯图片社）

放弃了半数兵力，撤至西南端，并派出其余部队对3营右翼实施反击。到12时45分，日军的反击已被击退，但美军伤亡较大。

14时25分，陆战22团3营奉命在“黄2滩”登陆，并于1小时后通过第106团级战斗队1营阵位。15时15分，两营将双双向岛屿西南端发起攻击。第106团级战斗队指挥官命令，攻击行动在入夜后继续进行，但陆战队方面进展不顺。后者认为，在崎岖地形中实施夜袭徒劳无益，而且许多敌军阵位都不会暴露。礁湖的美军舰船，为陆军的第106团级战斗队1营提供了足够的照明。陆战22团3营则没有这样的支援，而且也无坦克可用。两营逐渐拉开了间隙，陆战22团3营落在后头。3时33分，第106团级战斗队1营抵达岛屿西南端，陆战22团3营则位于其左后方100码（90米）。日军试图趁夜发起火力试探和渗透穿插。这些袭击均被击退，美军继续向海岸前进。

当夜，第106团级战斗队3营也尝试继续进攻，但徒劳无获。原因在于，面对如此困难的一项任务，该营既无信心，也无经验。4时30分，该营停止前进，离岛屿北端还差1/3路程。2月21日7时，部队恢复攻击。美军持续推进，日军抵抗转弱。16时30分，美军抵达岛屿北端。17时21分，美军宣布占领埃尼威托克岛。行动中，美国陆军和陆战部队共阵亡、失踪37人，伤94人。

埃尼威托克之战进行的同时，第5两栖军的两栖侦察连于2月19日18时占领了贾普坦岛。此前，该连已占领了环礁东缘10座无人占据的小岛。

帕里岛，2月22至23日（D+5至D+6日）

沃森准将试探性地制定了2月21日的帕里岛突击计划，计划将由已攻占恩格比岛的各营实施。20日下午，参战部队准备就绪。由于埃尼威托克的行动陷入困境，帕里岛突击行动也向后推延至22日。到此时为止，陆战22团已损失了380人，但仍有能力攻击重兵把守的帕里岛。根据其他岛屿的抵抗情况，美军提升了舰炮与火炮轰击计划的分量。Z 时定于 2 月 22 日 9 时。

6 时，各野战炮兵营开始轰击帕里岛。9 时，陆战 22 团 2 营在近帕里岛西北角的“绿 2 滩”登陆，但与预定登陆地点相比，实际登陆地点南偏了 200 码（180 米）。该营一部在南边“绿 3 滩”2/3 的海滩上登陆。登陆部队在海滩上踩到了地雷，有所伤亡。2 营阵线从左至右分别为 G 连、F 连和 E 连。G 连和 F 连转而向左，于 13 时 30 分抵达岛屿北端。E 连则长驱直入，于 12 时抵达面海一侧岛岸。登陆部队巩固阵地期间，发现了一群向北行进的日军，数量在 150 至 200 人之间。这群日军在数分钟内便被消灭殆尽。

陆战 22 团 2 营也于 9 时登陆，登陆地点位于帕里岛中央偏北的“绿 1 滩”。该营同样向南偏离了 200 码，最终仅在预定登陆海滩南缘登陆。陆战队的中型坦克很快登岸。到了这时，3 辆埋在“绿 1 滩”后的日军轻型坦克才决定开火，而不是趁此前美军步兵登岸的脆弱时刻发起攻击。“谢尔曼”坦克很快击毁了这些日军坦克，后者未能伤及美军分毫。

13 时 30 分，经过短暂的炮火准备之后，美军向南进攻。尽管遇上了大量“蜘蛛洞”散兵坑，但美军依然进展迅速。各营在距岛屿南端 450 码（410 米）处停下过夜。不过，陆战 22 团团长电告沃克准将：“我要在 19 时 30 分把帕里岛送给你。”

结局与影响

2 月 12 日清晨时分，6 架 H8K“2”式飞行艇（盟军代号“埃米莉”[Emily]）对罗伊岛发动突袭，轰炸了美国海军和海军陆战队的大型弹药、燃料和补给品堆集处。该堆集处设于岛屿中央。约 85% 的补给品和 35% 的装备被毁，30 人遇难，300 人受伤，多为海蜂队[12]成

美海军陆战队员在“跳岛”作战期间展示战利品。（图源：汤姆·伦莱因）

189624

员。尽管美军占领了夸贾林环礁、马朱罗环礁和埃尼威托克环礁，但“燧发枪行动”仍未结束。自夸贾林开展行动的陆战 22 团，在 1944 年 3 月 7 日至 4 月 5 日间实施了“小燧发枪行动”。行动目标为：摧毁马绍尔群岛次要岛屿上所有残存的日军部队、设施和物资，告知当地土著这些岛屿处于美国掌控下，并与他们建立良好关系。陆战 22 团共实施了 29 次登陆，占领了 14 座环礁和岛屿（大多无人占领）。行动造成日军阵亡近 100 人，并有少数被俘。美军陆战队仅亡 2 人。

日军依然盘踞在米利环礁、马洛埃拉普环礁、贾卢伊特环礁、沃杰环礁以及库赛埃岛、威克岛和瑙鲁岛上。升田仁助少将在贾卢伊特环礁拥兵 1.3 万人。从 3 月 4 日起，总部位于马朱罗的美海军陆战队第 4 基地防御飞行联队 [13]，与第 7 航空队发起协同行动，消灭上述日本驻军。该行动一直持续至战争结束。此前，美军海航和陆航部队已摧毁了这些岛屿上的大多数日军飞机。面对 1.3 万吨空袭弹药和频繁的舰炮轰击，日军有 2564 人毙命，另有 4876 人死于饥饿与疾病。幸存的日军最终于 1945 年 9 月 2 日投降。

攻占马绍尔群岛，意味着美军能够建立起许多机场、水上飞机基地、潜艇基地和舰队锚地，为太平洋战争的后续作战提供支持。若无这些资源，美国就须在更困难的后续战事中，为胜利而苦苦挣扎。“燧发枪行动”也尤为重要，因为该行动表明，美军汲取了塔拉瓦之战的诸多沉痛教训，并成功付诸实践。虽然在多次登陆行动中，混乱和误解命令的情况屡有发生，但就总体而言，这些行动的进展十分顺利，在许多方面都为日后的行动树立了标准。

注释

[1] 日据时期，罗伊岛与纳穆尔岛之间以狭窄的陆地和堤道相连。美军占领此地后，于 1944 年 12 月将两岛间的区域填充起来。如今，两岛被统称为罗伊–纳穆尔岛。

[2] 夸贾林岛（Kwajalein Island）是夸贾林环礁的主岛，位于夸贾林环礁最南端。

[3] 大本营（Imperial General Headquarters）是日本帝国陆海军的最高统帅机关。

[4] 火山列岛（Volcano Islands）又名硫磺列岛。

[5] 前任联合舰队司令长官山本五十六已于1943年4月18日毙命。

[6] 提尼安（Tinian）岛又译天宁岛。

[7] 第53特遣编队曾在"电流行动"中担任南路攻击部队。

[8] "伊万"岛原名梅卢岛（Mellu），"伊万"为其军事代号。后例同。

[9] 团级战斗队（Regimental Combat Team，RCT）是以团为基础，配以辅助部队的临时作战单位。

[10] 冰雹行动（Operation Hailstone）即前文美军第58特遣编队于2月17至18日发起的大规模海空联合行动。此次行动也被称为"日本的珍珠港事件"。

[11] 蜘蛛洞（Spider-hole）指一种伪装单人散兵坑。

[12] 海蜂队（Seabee）为美国海军工程部队。

[13] 美国海军陆战队第4基地防御飞行联队（4th Marine Base Defense Aircraft Wing）是美国海军陆战队第4飞行联队（4th MAW）的前身。

履带式登陆车上岸后，立刻为推进中的美军陆战队员提供炮火支援和火力掩护。此外，这些登陆车还起到了掩体的作用，如图所示。（图源：汤姆·伦莱因）

第七章 佩莱利乌岛

战役肇始

到 1944 年时，日军于 1941 和 1942 年间在远东取得的辉煌胜利，以及盟军随之蒙受的羞辱，都已成为模糊的记忆。在中太平洋战场，自 1942 年 8 月起，道格拉斯·麦克阿瑟将军的部队从瓜岛一路打过所罗门群岛岛链，连克新乔治亚、布干维尔和新不列颠，穿越新几内亚。此时，麦克阿瑟将军已准备好践行那句诺言 ：“我一定会回来。”——这是 1942 年的黑暗时日中，麦克阿瑟奉罗斯福总统之命撤离时，对菲律宾人民许下的诺言。美军认为佩莱利乌岛必须拿下，因为该岛将带来殊为重要的简易机场，并在麦克阿瑟攻击菲律宾时保护其右翼。早在 1944 年 5 月，尼米兹就已发布了一道预备命令，以“和棋行动”（Operation Stalemate）为代号，对帕劳岛群实施攻击。目标日期定在了 1944 年 9 月 8 日。

麦克阿瑟起先的计划是 ：从新几内亚向北推进，到达菲律宾和新几内亚之间的莫罗泰（Morotai），然后进军菲律宾。麦克阿瑟部队登陆莫罗泰岛当日，在第 81 步兵师的支援下，陆战 1 师将在帕劳群岛南部岛屿佩莱利乌（Peleliu）和安加尔（Angaur）实施登陆。此为“和棋 II 号行动”（Operation Stalemate II）——即修订后的帕劳群岛突击计划的一部分。由于此前马里亚纳群岛战役带来的迟延，“和棋 II 号行动”的目标日期改在了 1944 年 9 月 15 日。

西太平洋特遣部队总指挥、海军上将“蛮牛”威廉·哈尔西全权负责指挥支援行动。攻击部队向帕劳群岛开进的同时，哈尔西出动航母舰载机，对菲律宾和帕劳群岛实施空袭。虽然空袭行动造成了重大破坏，但却未遇到多少抵抗。因此，与所有人一样，哈尔西也觉得这些岛屿并无重兵把守。9 月 13 日，也就是莫罗泰岛和帕劳群岛的预定突击行动开始前 2 天，哈尔西向尼米兹发了份加急电报，提议：

1. 放弃攻占莫罗泰岛和帕劳群岛的计划。

2. 将原用于上述计划的地面部队转交麦克阿瑟，用于菲律宾作战。

3. 尽快实施莱特岛[1]进攻行动。

尼米兹很快对哈尔西的建议做出反应，向参谋长联席会议送去了自己的公报。9 月 14 日，也就是佩莱利乌之战 D 日前一天，美军最终决定提前 2 个月实施莱特岛登陆行动。不过，哈尔西的前两点提议均被无视——这一决定将使陆战 1 师和第 81 步兵师付出 9500 人以上的伤亡。

尼米兹从未就驳回哈尔西提议的决定做出过充分解释。他只是说，进攻部队已经出海，承诺已下，取消攻击为时已晚。帕劳群岛拥有优良的机场，日军可以依托这些机场，协调对美军菲律宾进攻部队的空袭行动。此外，日军还在群岛上驻有数千人的一流部队，可以增援菲律宾守军。哈尔西则坚持认为，这两个问题皆可由空中打击和舰炮轰击解决，不必动用地面部队。但尼米兹否决了他的想法。

对日军而言，帕劳群岛已是“绝对国防圈”的一部分，应不惜一切代价守住。日本首相东条英机已指示井上贞卫中将，在盟军发起预期中的攻击前，将第 14 师团从满洲运至帕劳群岛。帕劳群岛是日本在一战中攫取的托管地（包括马绍尔群岛、马里亚纳群岛和加罗林群岛）之一。井上中将的部队抵达前，帕劳群岛由山口武雄少将的部队守卫。山口部队将提升井上部队的实力，巩固帕劳群岛防务。

经过详细调查，日军做出正确判断，认为盟军很可能从南面发起攻击，先在佩莱利乌岛（夺取简易机场）和安加尔岛登陆，然后沿帕劳群岛岛链北上，向科罗尔（Koror）岛和巴伯尔图阿普（Babelthuap）岛进发。

太平洋战争中最具争议的战役之一，同时也是美国海军陆战队史上最为血腥的战事之一，即将拉开帷幕。

双方计划

美军计划——“和棋 II 号行动”

美国潜艇和水下爆破队（UDT）蛙人开展的侦察活动，带来了关键的情报报告。美军随即对突击计划进行了大幅修改。美军了解到，巴伯尔图阿普岛守备森严，同时也不适合修建大型航空设施，因而没有理由实施进攻。与此相比，佩莱利乌岛具备一个优良可用的机场，安加尔岛上亦有空间进一步修建相关设施。美军于 1944 年 7 月攻下塞班岛后，获得了数份关于佩莱利乌岛和安加尔岛守军兵力的关键情报报告。这些报告催生了一份经过修改的计划，代号“和棋 II 号行动”。计划中的行动 D 日定在了 9 月 15 日。

按照“和棋 II 号行动”的要求，美军陆战 1 师将对佩莱利乌岛实施突击，安加尔岛登陆行动则由第 81 步兵师展开。第 77 步兵师担任海上预备队，陆战 5 师负责提供支援。根据“和棋 II 号行动”第二阶段的作战要求，美国陆军第 24 军（XXIV Corps）将于 10 月 8 日对帕劳群岛东北方的雅浦（Yap）和乌利西（Ulithi）诸岛发起突击。

为了支援第一、第二阶段战事，第 3 舰队（西太平洋特遣部队）兵分多路。掩护部队和特殊舰群[2]（第 30 特遣编队 [TF-30]）仍由哈尔西直接掌控。第 3 两栖部队（第 31 特遣编队 [TF-31]）分为西路攻击部队（第 32 特遣编队 [TF-32]）和东路攻击部队（第 33 特遣编队 [TF-33]）。西路攻击部队由乔治·福特（George H. Fort）少将指挥，负责攻打佩莱利乌岛和安加尔岛。东路攻击部队由第 3 两栖部队指挥官西奥多·威尔金森（Theodore S. Wilkinson）中将率领，负责攻打雅浦和乌利西诸岛。第 32 特遣编队自身又兵分两路。一路为佩莱利乌攻击群（第 32 特遣编队第 1 特遣群 [TG-32.1]），与陆战 1 师一同行动，由福特少将直接指挥。另一路为安加尔攻击群（第 32 特遣编队第 2 特遣群 [TG-32.2]），与第 8 步兵师一同行动，由威廉·布兰德利（William H. P. Blandly）少将指挥。杰西·奥尔登多夫（Jesse B. Oldendorf）少将指挥的西路火力支援群，由 5 艘战列舰、5 艘重巡洋舰、3 艘轻巡洋舰和 14 艘驱逐舰组成。拉尔夫·奥夫斯蒂（Ralph A. Ofstie）指挥的护航航母群由 11 艘护航航母组成，提供近距离空中支援、战斗空中巡逻和反潜巡逻。不过，部分航母在行动期间分遣他处，使该航母群的航母数量减至 7 艘。

针对目标海滩（代号“白滩”和“橙滩”）的最初突击，需由 3 个团级战斗队发起，分别为陆战 1 团、5 团和 7 团。此 3 团将在 2200 码（2000 米）宽的滩头上并排登陆。各团的 3 个营中，将有 1 个营担任团预备队和师预备队。陆战 1 团将在左侧的“白 1 滩”和“白 2 滩”登陆，向岛内一处预定地点推进，然后转而向左，攻击向半岛东北部延伸的翁默布罗戈山区（Umurbrogol Mountains）西南端。陆战 1 团随后将向东北推进，抵达佩莱利乌岛北端，然后登上内瑟布斯岛（Ngesebus Island），陆战 5 团将在右翼支援。

居中的陆战 5 团将出动 2 个营，分别在“橙 1 滩”和“橙 2 滩”登陆。左侧营将与陆战 1 团会合，另一营则将长驱直入，穿过机场，抵达岛屿东岸。作为团预备队的 3 营，将于 H+1 时（初次登陆发起后 1 小时）登陆，在另两个营间穿过，加入北进的队伍。

在 1944 年 9 月的“和棋 II 号行动”中，美海军陆战队对佩莱利乌岛实施攻击。图为该岛图示。（图源：鱼鹰出版有限公司）

右侧的陆战 7 团将出动 2 个营，成纵队形式在“橙 3 滩”登陆。两营将向陆战 5 团翼侧的岛屿东岸推进，然后右转，向岛屿东南端进击，肃清已被孤立的敌军。陆战 11 团将与第 3 两栖军（IIIAC）的支援火炮一道，在随后数日中提供直接火力支援。

第 81 步兵师负责突击安加尔岛，但只有在美军已牢牢掌控佩莱利乌岛战事时，该师才会发起行动。第 81 步兵师的 3 个团级战斗队中，将有 2 个对安加尔岛实施突击，余下的 1 个则负责夺取乌利西环礁。进攻安加尔岛的日期，将由陆战 1 师师长威廉·鲁佩图斯确定。

参战部队将在安加尔岛的 2 片海滩上同时登陆。第 322 团级战斗队

陆战 1 师的战士正在演练从 DUKW 两栖运输车上下。佩莱利乌一役中，美军陆战队首次将这种载重 2.5 吨的两栖卡车投入使用。但因缺乏装甲，载有火炮和弹药、跟随美军突击波登陆的 DUKW 两栖运输车均被摧毁。

将在北部的“红滩”登陆，然后向岛内挺进，向南移动，再向西穿过岛屿。其左翼与实施突击的另一支战斗队——第 321 团级战斗队配合行动。第 321 团级战斗队在东面的“蓝滩”登陆后，将向西、向南行进，穿过岛屿。其右翼与第 322 团级战斗队左翼配合行动，直至占领该岛。

日军计划——守卫帕劳群岛

井上贞卫中将的第 14 师团将指挥部设于科罗尔岛，并在巴伯尔图阿普、佩莱利乌和安加尔岛部署了守备部队。井上贞卫认为，此三岛可能成为美军的攻击目标。为了守卫佩莱利乌岛，中川州男大佐[3]将该岛划分为 4 个防守区域。北区由第 346 独立步兵大队和第 53 独立混成旅团（IMB）守卫；南区由第 15 步兵联队第 3 大队守卫；东区由第 2 步兵联队第 3 大队守卫；西区由第 2 步兵联队第 2 大队守卫。第 2 步兵联队第 1 大队、第 14 师团战车队[4]和工兵中队，作为佩莱利乌地区队后备部队待命。

此外，岛上还有一些炮兵、坦克和工兵支援单位。守岛日军的计划，遵循了科罗尔岛总部 1944 年 7 月 11 日发布的《帕劳地区守备军制胜训练》训令中列出的具体措施，在进行海滩防御的同时，实施纵深防御。该训令提到：“……我们必须认识到舰炮轰击与空袭轰炸的局限所在。所有战士与文职人员必须保持镇定，时刻强化精神意志，乃至根据作战需要，趁敌军炮火间歇利用地形勇往直前。”中川州男将这一训令执行到了极致，充分利用佩莱利乌岛上的众多珊瑚洞和沉洞进行布防，尤其是在翁默布罗戈山区。同时，日军还一改往日的大规模自杀式“万岁冲锋”，以旷日持久的消耗战取而代之，榨尽美军的鲜血。佩莱利乌一役，将是美军部队首次遭遇此类战术。不过，在不久后的硫磺和冲绳之战中，美军还将再度与之相遇。

根据美军预期，佩莱利乌岛和安加尔岛上的作战行动在 1 周内便可结束。鲁佩图斯少将宣称："这将是场短期行动，是场持续4日、至多5日的'速决'恶战，可能带来大量伤亡。不过，你们大可放心，（陆战）1师必将攻克佩莱利乌。"关于"大量伤亡"这点，鲁佩图斯言中了。但陆战1师将无法独力拿下佩莱利乌岛，经过数月而非数日的交锋，美军才攻下了该岛。

双方指挥官

美军指挥官

尽管第3两栖部队的海军将领全权负责实施"和棋II号行动"，但他们几乎未曾参与策划帕劳群岛进攻方案。地面部队刚一登陆，他们就放松了对战术情况的掌控。

初期计划实施大半时，第3两栖军军长罗伊·盖格少将仍远在关岛酣战。但他将及时赶回，指挥登陆作战。但是眼下，佩莱利乌突击部队的指挥者，是美海军陆战队少将、陆战1师师长威廉·鲁佩图斯。二战前，鲁佩图斯曾在中国服役。期间，一场传染病夺走了他的妻子和一双儿女。这场变故对鲁佩图斯产生了深远影响，使他反复陷入抑郁，严重影响了他与下属的关系。在佩莱利乌一役中，这种影响将变得显而易见。同时，他对陆军有着明显的不信任感，这种情况在海军陆战队军官中颇为普遍。此外，在瓜岛进行的登陆演练期间，鲁佩图斯的脚踝还意外骨折了。倘若盖格当时知晓鲁佩图斯的伤势，便很可能代他出任指挥官。

在美国海军陆战队中，或许再难找到比以下这群军官更杰出的团级指挥官了。陆战1团团长、绰号"大胸"的刘易斯·普勒上校，将身先士卒奉为指挥理念。到1944年，他的领兵能力已成为传奇。他在瓜岛一役中对陆战7团1营的指挥，为他赢得了第三枚海军十字勋章。与普

陆战 1 团团长普勒上校（左）。太平洋战争前，他曾在加勒比、海地、尼加拉瓜和中国服役。他在新不列颠一役中展现出的多面能力与领导才华，使他在 1944 年 2 月晋升为陆战 1 团团长。

勒一样，陆战 7 团团长、绰号“死心眼”（Hard Headed）的赫尔曼·汉纳根上校，也曾在二战前参加过海地和尼加拉瓜的战事[5]，并赢得了荣誉勋章。汉纳根是位坚强无畏的指挥官，这份名声他当之无愧。陆战 5 团团长、绰号“巴基”（Bucky）的哈罗德·哈里斯（Harold D. Harris）上校，在 3 名团长中年龄最轻。他原为情报人员，也是 3 名团长中唯一一位非海军陆战队士兵出身者。虽然哈里斯初来乍到，在指挥作战方面是个新手，但在他的指挥下，陆战 5 团将取得极为出色的表现。

美国陆军少将保罗·米勒（Paul J. Mueller）任第 81 步兵师师长。

陆战 5 团团长哈里斯上校（中）。照片中，他正与盖格少将和威廉·鲁佩图斯少将交换意见。照片摄于陆战 5 团在佩莱利乌岛北部的行动开始前。

陆战 7 团团长汉纳根上校。在 1944 年 2 月出任陆战 7 团团长前，汉纳根曾任陆战 1 师参谋长和助理师长。

米勒曾以营长身份参加了第一次世界大战，并曾在一、二战的战间期参与了众多参谋任务。

日军指挥官

奉日本首相东条英机之命，日本帝国陆军中将、第 14 师团指挥官井上贞卫率援军 1.2 万人赴帕劳群岛。井上贞卫负责指挥帕劳群岛的所有日军部队，并兼任帕劳地区守备军司令官。他狂热地传承着其家族的

陆军中佐时期的中川州男。他是第2步兵联队（加强联队）联队长，奉命守卫佩莱利乌和安加尔。正如佩莱利乌一战所示，中川州男是出类拔萃的战术家。他也许可与死守硫磺岛的栗林忠道将军相提并论，位居日本顶尖战术家之列。

5代军人传统。

井上贞卫刚一抵达指挥部所在地科罗尔岛，就指派中川州男大佐为佩莱利乌岛新任指挥官，率其第2步兵联队（加强联队）守卫该岛。作为第2步兵联队及佩莱利乌地区队指挥官，中川州男大佐极具才干。他将充分利用佩莱利乌岛的所有防御工事和守备部队，遵循上级命令，让美军为每寸土地付出巨大代价。不过，中川州男履新后，其级别超越了佩莱利乌岛原先的指挥官伊藤贤三海军中将。将一名陆军大佐置于海军中将之上的做法，在彼此竞争的陆、海军之间造成了很大嫌隙，并恶化为一场闹剧。井上中将为解决问题，将陆军少将村井权治郎从科罗尔岛总部派往佩莱利乌岛，使陆军军官的级别与海军中将的头衔相称。不过，从实际来看，佩莱利乌岛的防务依然掌握在中川州男大佐手中。

证据表明，到佩莱利乌之战的最后阶段，村井权治郎少将和中川州男大佐出现了分歧。村井支持发起最后的光荣冲锋，中川则倾向于坚持原先的防御性消耗策略。井上中将站在中川一边，他对村井指示道：“死很容易，难的是生存下去。由于关乎日本人民的士气，我们必须选择艰难的路，继续战斗。塞班岛因无用的‘万岁冲锋’而迅速失陷，本土人民的士气因此受到了很大打击。”村井少将接受了井上的忠告，最终没有组织“万岁冲锋”，而是和中川继续并肩指挥防御战，直至最后一刻。

双方部队

美军部队

登陆进攻发起前，在 8 条轻、重巡洋舰的配合下，美军的 5 艘战列舰将以 14 英寸（356 毫米）舰炮对目标实施轰击。此外，自 D-3 日（9 月 12 日）起至 D 日当天，3 艘舰队航母、5 艘轻型航母和 11 艘护航航母[6]的舰载机也将发动空袭，持续削弱佩莱利乌的防御力量。

陆战 1 师组建于 1941 年 2 月。作为一支老资格的陆战部队，该师全面参与了瓜岛和新不列颠岛的战事。到 1944 年 6 月，该师已接收了急需的 4860 名补充兵。不久前，第 1 坦克营也接收了装备 75 毫米炮的 M4A2“谢尔曼”坦克。此外，还将有 3 个两栖履带车营为突击行动提供支援，这几个营拥有一些配备了 75 毫米榴弹炮的新型 LVT(A)-4 履

早饭前的体操。佩莱利乌岛行动前，陆战 1 师战士在帕武武（Pavuvu）岛上锻炼身体，使体质合乎作战标准。

带式装甲登陆车。各步枪连的机枪排装备了火焰喷射器、爆破装具以及“巴祖卡”火箭筒，用于攻击碉堡和洞穴。

第 81 步兵师曾参加过一战，战后解散。1942 年 6 月，该师再度组建。重建的第 81 步兵师以少量常备军官兵为骨干，再补以新入役的预备役军官和征召部队。第 81 步兵师受过丛林战训练，因此，虽然该师曾在能见度有限的崎岖地形中受训，适应了此类环境，但却几乎未曾就“和棋 II 号行动”做过专门准备。安加尔一战，将是第 81 步兵师重建后的首次实战。该师第 710 坦克营配备了 M4A1“谢尔曼”坦克和部分 M10 坦克歼击车，对摧毁洞穴而言有着无可估量的价值。与海军陆战队一样，陆军部队的两栖履带车营也装备了 LVT-2 和 LVT-4 两栖履带车。

“和棋 II 号行动”突击部队约有 2647 名军官和 44914 名士兵，其中，海军陆战队军官和士兵分别为 1438 人和 24979 人。

日军部队

1944 年 4 月，在井上贞卫中将的率领下，第 14 师团从满洲出发，经塞班岛抵达帕劳群岛。该师团成立于 1905 年，参加过日俄战争、“西伯利亚干涉”[7] 以及“满洲事变”[8]。1932 至 1944 年间，该师团曾三度在中国及满洲地区服役。第 14 师团各联队装备了多种防御武器，如反坦克炮和常规火炮，其中的 18 门 75 毫米炮将在必要时防御指定区域。此外，身为“重装”联队的第 2 步兵联队，还装备了 6 件火焰喷射器和 9 辆轻型坦克。

井上中将还负责指挥第 53 独立混成旅团，以及帕劳群岛上的其他陆军部队（中川州男大佐麾下的 6500 人）。他已断定，帕劳群岛岛链南部的佩莱利乌岛、内瑟布斯岛和安加尔岛，将首先遭到盟军攻击。因此，他将防御重点放在了此三岛上。

山口武雄少将的第 53 独立混成旅团下辖 3800 人，兵力主要集中于科罗岛。雅浦岛的守卫力量包括：第 49 独立混成旅团的 4000 名日军，第 46 根据地队的 3000 名日本帝国海军人员，以及 1000 名劳工。日军已于美军登陆前数月放弃了乌利西环礁。佩莱利乌岛上的其他日本陆军作战部队，还包括 1 个轻型防空队和数个迫击炮连。

帕劳群岛上的海军部队，由伊藤贤三中将指挥。到 1944 年时，海军部队已在靠近佩莱利乌东北部半岛尽头处，构筑了大量钢筋混凝土碉堡和掩体，掘筑了庞大的隧道体系，同时对岛上的天然洞穴进行了充分利用。复杂的多层次隧道体系可容纳千人部队。守备部队部署了 8 门 120 毫米高平两用炮，以及约 3 门 200 毫米岸防炮。一些航空部队部署了约 30 门 25 毫米双管自动火炮，并从被毁战机上回收了至少 12 门 20 毫米加农炮，架设于临时炮架上，用于保卫机场。佩莱利乌岛上的日本帝国海军人员，共计约 4000 人。

安加尔岛的守卫部队，是分遣自第 14 师团的第 59 步兵联队第 1 大队（加强大队），又称安加尔地区队，由后藤丑雄少佐指挥。该大队召集了约 1400 名官兵。除此之外，该部队的增援兵力还包括：少量由海军人员操作的 80 毫米岸防炮，1 个 75 毫米山炮中队，1 个 20 毫米机关炮中队，1 个 37 毫米和 1 个 47 毫米反坦克炮小队，以及一些迫击炮小队。

尽管估计数字不一，但日本在帕劳群岛约驻有陆军 2.1 万人，海军 7 千人，劳工 1 万人。

佩莱利乌突击

D 日

经过瓜岛的登陆演练，历经 2100 英里的平顺航程，陆战 1 师和第 81 步兵师官兵已做好战斗准备。他们爬入车辆人员登陆艇和履带式登陆车，后者更常被称为两栖履带车。

5 时 30 分，海军支援舰艇已开始实施炮火准

D 日当天，在大规模海空火力准备持续进行的同时，LVT（A）-4 履带式装甲登陆车向佩莱利乌登陆海滩破浪前行。奥尔登多夫少将声称海军已无轰击目标，并转派大量舰船前去支援菲律宾进攻行动。遗憾的是，他对炮击效果的看法实属夸大。

18

备，轰击1000码（900米）外的海滩。对海滩的炮火准备于7时50分解除，为航母舰载机腾出空间，使之能够在头几波部队登陆前，对海滩实施低空扫射。与此同时，海军炮火向岛屿腹地目标延伸。根据计划要求，第一突击波将搭乘履带式登陆车登陆。随后跟进的支援波次，将在珊瑚暗礁边缘离开车辆人员登陆艇，换乘从海滩返回的两栖履带车。佩莱利乌一役的作战计划，本质上与1943年的塔拉瓦之战相同。但是这一回，美军拥有配备了75毫米榴弹炮的履带式装甲登陆车，可提供压制火力。同时，第一攻击波前方还有18艘步兵登陆炮艇，均装备了4.5英寸（114毫米）火箭炮。

不过，就在履带式登陆车跨过攻击发起线，向滩头全速推进时，情况很快明朗起来——佩莱利乌岛上依然活跃着大量日军。日军火炮和迫击炮炮弹开始在两栖履带车之中落下。D日当天，共有26辆两栖履带车被毁。第一波上岸的陆战队员来自陆战1团3营，他们于8时32分在“白1滩”登陆，仅比预定时间晚了2分钟。随后4分钟内，陆战部队将踏上全部5个登陆海滩。陆战1团按计划在“白滩”登陆，2营居右，3营居左，1营则定于9时45分左右登陆，充当团预备队。

“白2滩”上，2营成功登陆，并随即向岛内推进，日军的抵抗火力中规中矩。在该营的M4A2“谢尔曼”坦克登岸前，为其提供支援的是一些履带式装甲登陆车。9时30分，该营穿越密林到达岛内约350码（320米）的一处阵线，停步于此。此处靠近森林尽头，面向机场及建筑区域。2营与右侧的陆战5团建立了联系，等待3营解决其所面临的问题。

3营刚刚踏上“白1滩”，就遭到了日军顽固而凶悍的阻击。日军的轻武器阵位迎面喷吐着火舌，火炮和迫击炮火力也覆盖了整片海滩。更糟的是，先头部队上岸后仅向岛内推进了不到100码（90米），就遇上了一个极为难受的天然障碍。这是道崎岖的珊瑚岭，部分岭体高达30英尺（9米），但却未曾在任何地图上标注过。祸不单行的是，该珊瑚岭（美军陆战队将其命名为“要点”[the Point]）正面布满了蜂窝般的洞穴和日军用炸药炸出的射击阵位，挡住了美军的所有初期进攻。即使是前来支援的美军坦克，也陷入了宽深的反坦克壕，遭到岭上火力的压制。

为了弥合左翼拉开的缺口，美军付出了种种努力，但均未奏效。当日傍晚，美军拿下了“要点”南部的一处立足点，才多少改善了战局。不过，局势依然堪忧。更严重的是，运载陆战 1 团的 5 辆履带式登陆车，在通过珊瑚暗礁时遭到了重击，损失了通信装备和操作员。直到当日许久后，陆战 1 师指挥部才充分意识到了陆战 1 团陷入的危险境地。

经过历时 8 个多小时、可能是太平洋战争至此为止最激烈的战斗，陆战 1 团阵线上的两处缺口，已严重威胁到了 D 日当天整个陆战 1 师的阵位。后备部队已悉数投入战场，包括指挥部人员和来自第 1 工兵营的至少 100 人。他们共同组成了一条纵深防线，应对日军的反击威胁。幸运的是，反击并未发生。

对陆战部队而言，“要点”显然已无法从正面取得突破。因此，美军最终派出部队攻入岛内，绕到“要点”背后实施突击。这些部队由乔治·亨特（George P. Hunt）上尉指挥，奋战近 2 小时，沿着“要点”杀出一条路来，期间成功消灭了保卫主要碉堡和火力点的所有敌军步兵。亨特上尉手下尚存约 30 人，在接下来的 30 个小时中，他们将孤军奋战，不断遭到企图利用 K 连阵线缺口实施渗透的日军的攻击。到被替下时，亨特手下的这支把守“要点”的孤军，仅余 18 人。

陆战 5 团境遇稍好。其 1 营在“橙 1 滩”登陆，3 营在“橙 2 滩”登陆。在这两片海滩上，1 营和 3 营只遇到了零星抵抗，即使是向岛内进军时，也未遭遇强力阻击。与陆战 1 团受阻于未经标注的珊瑚岭不同的是，陆战 5 团 1 营推进途中穿越的椰林，为其提供了充分掩护。9 时 30 分，该营抵达首条目标线，与左侧的陆战 1 团 2 营建立了联系。机

美军陆战队抢滩登陆后，遭遇了比预想中更为强大的敌军部队。（图源：贝特曼档案库，科比斯图片社）

美军海空力量的狂轰滥炸刚刚结束，陆战1师突击部队就对佩莱利乌岛实施了疾风骤雨般的登陆。两栖履带车停留在登陆部队身后的浅水中，庞大的攻击舰队在遥远的地平线上铺陈开来。（图源：贝特曼档案库，科比斯图片社）

6CB

场就在前方，但该营却停了下来。原因一方面是陆战1团在最左端的“要点”无所进展，另一方面是日军正猛烈倾泻火炮和迫击炮火力，覆盖机场及该营正前方的开阔地带。

“橙2滩”上的陆战5团3营，则不如在“橙1滩”登陆的1营般进展顺利。运载该营大部分通信装备和人员的履带式登陆车，也在珊瑚暗礁上被击毁。根据计划，3营的I连和K连分别在左右两侧登陆，L连作为营预备队稍后登陆。左侧的进展相对顺利，I连与陆战5团1营取得了联系，与后者一同向岛内挺进。

不过，右侧的K连却遇到了麻烦。陆战7团的部分部队登上了“橙2滩”，而非原定的“橙3滩”。由此引发的混乱迟滞了K连的进展。

直到10时，K连才赶上了I连。3营恢复向岛内前进后，其面临的情况有所恶化。当时，K连和I连在稠密的灌木丛林中失去了联络。到了下午，担任陆战5团预备队的2营已经上岸。该营将替下I连，但行动区域的地图绘制拙劣，加剧了混乱的情形。3营噩运连连——17时许，日军的一阵迫击炮火命中了该营指挥所。营长肖夫纳(Shofner)上校及另外数名指挥人员负伤，不得不撤出战场。受这一意外情况的严重影响，在D日余下的时间中，3营的整体作战效力将大打折扣。

最右端的陆战7团即将在“橙3滩”登陆。3营率先上岸，然后是1营。由于珊瑚暗礁布满了天然与人工障碍物，1营陷入困境。两栖履带车推进缓慢，承受了大量火力。因此，许多履带车驾驶员转而向左，最终在“橙2滩”而非“橙3滩”登陆。陆战7团耗费了大量宝贵时间，才重回正轨。不过，到了上午中段时分，又意外发生了一桩乌龙事件：在登陆区中部和右侧实施突击的2个团，分别为陆战5团和陆战7团，但其侧翼营的番号均为3营，下属连队的番号也均为I、K和L连。这一混乱使2个团间出现了缺口——陆战7团3营暂时止步，评估形势；陆战5团3营则继续向前。

“这将是场短期行动，是场持续4天，至多5天的‘速决’恶战，可能造成大量伤亡。不过，你们大可放心，（陆战）1师必将攻克佩莱利乌。”

——威廉·鲁佩图斯少将

与此同时，陆战7团1营一部虽误入“橙2滩”，但其余部仍按原计划于10时30分在“橙3滩”登陆，进展比3营略大。该营按计划转向右方，但却遇到了寸步难行的沼泽。这片沼泽未曾在任何地图上标注过，而且守卫严密。1营花费了大量时间绕过沼泽。直到15时20分，戈姆利（Gormley）上校才得以确认自己已抵达目标线。

右路迟迟缺乏进展的状况，使鲁佩图斯忧心忡忡。由于担心部队失去进攻势头，他先是派遣师属侦察连登岸，后又再次试图动用师预备队。美军陆战队在D日当天的进展情况，使先前的乐观估计落了空。陆战1团和5团均未达成目标，向岛内取得实质进展的唯有陆战7团。左侧的陆战5团3营中央仍然存在缺口，对整条南向战线构成了威胁。

D日约16时50分，日军发起了大规模反击。反击部队由坦克和步兵组成，穿越机场北部大肆出击。此次攻击已在美军陆战队的预料之中，因此，参战团指挥官调集了火炮、重机枪和坦克，向该区域提供支援。由于日军坦克驾驶员采取了蹩脚的战术，日军侧翼遭到了美军火力的猛烈打击，反击遂告瓦解。

D日下午及夜间，日军又向美军阵线发起了数次规模较小的反扑，但均收效甚微。对此，美军陆战队注意到了一点：日军发起的反击均是有纪律的协同攻击，而非以往那种疯狂的自杀式“万岁冲锋”。这

这架日军战机支离破碎，尾翼和机翼悉皆断裂，连“红圈”机徽也被炮弹洞穿。美军陆战队在占领佩莱利乌机场时发现了这架日机。（图源：Topfoto）

との

一最初迹象表明，攻上佩莱利乌岛的美军陆战队，将会踏入某种不同的命运。

D+1 至 D+7 日

D+1 日 9 时 50 分，鲁佩图斯少将及其参谋人员登岛指挥作战，接管了 D 日设立于大型反坦克壕中的指挥所，指挥所位于“橙 2 滩”往岛内去不远处。由于该区域不时仍会遭到日军火力的袭击，对鲁佩图斯而言，这里多少有些不自在，况且他的腿和骨折的脚踝上仍打着石膏绷带。尽管 D 日目标尚未全部达成，但以原先穿越岛屿的作战计划为基础，美军又制定了进一步的计划。

陆战 7 团 1 营向南攻击。攻击区域中的防御工事大都面朝大海，因为日军判断该区域可能成为登陆场之一。因此，1 营实施突击之处，是防御相对薄弱的工事侧面及后方。不过，该区域仍密布着蜂窝般的暗炮掩体、碉堡、地堡和永备火力点，互为支撑。战况惨烈而残酷。1 营最终于 10 时 25 分左右抵达南部海岸。

阻碍美军陆战队取得进展的另一个因素，是佩莱利乌岛的气温。岛上的白昼气温在 100 华氏度（37.8 摄氏度）以上，长时间的战斗和脱水带来的疲劳开始

佩莱利乌岛上，一辆日军坦克遭到了美军迫击炮和“巴祖卡”火箭筒的阻击。日军反击期间，其坦克显然无法与美军陆战队的火炮、反坦克炮和“谢尔曼”坦克相抗衡。（图源：汤姆·伦莱因）

显现。12 时左右，美军停止前进，直至水和新鲜的补给品送达后，才再度进发。D+1 日余下时间中，美军都在运送补给，并送坦克上岛，协助部队清除残余的日军防御工事。

D+2 日，陆战 7 团进一步向南，攻击岛屿南岸的东南和西南海角。到 13 时 20 分，该团已拿下了整个东南海角。西南海角则比东南海角大得多，是 1 营的攻击目标。最终，在一些坦克的支援下，到黄昏时分，西南海角也落入了美军陆战队手中。

D+2 夜至 D+3 日凌晨，美军向前线调去了更多装甲部队。D+3 日 10 时，部队恢复前进。不过，许多后备部队遭到了藏身洞穴与地下掩体的日军的袭击，进展依然极度缓慢。随着西南和东南海角的拿下，美军已占领了佩莱利乌岛南部。指挥部报告："D+3 日 15 时 20 分，陆战 7 团在佩莱利乌岛上的任务已完成。"然而，事实并非完全如此。

在陆战 7 团成功占领南部的同时，中部的陆战 5 团正准备扩大其在 D 日当天的战果。该团不仅遭遇了日军的猛烈抵抗，还须应对红树林沼泽的不利作战环境。D+2 日，陆战 5 团继续向东北前进。但陆战 1 团前方高地上的日军阵地，开始对 5 团侧翼实施火力打击。D+2 日上午中段时分，陆战 5 团 1 营抵达目标地点，并据守于此，直至 3 营将其替下。当天下午，3 营试图再次前进，但其左翼却遭到了密集火力压制，全营动弹不得。右侧的 2 营则进展良

陆战队员正在距海滩 20 码（18 米）的阵位上呼叫火力支援。（图源：汤姆·伦莱因）

好。该营藏身于树林间，避开了日军火炮和迫击炮火力的打击，得以一路前进，越过目标线。不过，高温和地形因素开始对陆战部队造成损失。到 D+2 日黄昏，2 营已与左侧的 3 营建立了联系，其右侧为海岸线。D+3 日（9 月 18 日），陆战 5 团缓慢而持续地向前推进。到 D+4 日，该团已抵达东部和南部海岸线，并在仅仅 2 天后（D+6 日）占领了半岛。

普勒上校的陆战 1 团残部由陆战 7 团一部替下，撤出战线。起初，他们被告知将短暂休整数日，但因该团消耗过大，难以为继，盖格少将命其返回帕武武基地。

D+1 日当天，鲁佩图斯少将刚一抵达滩头指挥所，就命令陆战 7 团 2 营（师预备队）加入普勒手下陷入困境的陆战 1 团，努力“保持前进势头”。在坦克的支援下，经过一番苦战，陆战队步兵占领了 500 码（460 米）长的一段珊瑚岭。D+1 日夜，他们又击退了日军发起的一次协同反击。但艰难的战斗对美军造成了损失。D+2 日，陆战 1 营一部率先进抵翁默布罗戈山区。航空照片几乎无法拍出后者的实际特征。对于这片山峦，陆战 1 团后来记录道：“这是一片扭曲的珊瑚团块，遍布着碎石峭壁、脊岭和沟壑。”到 D+2 日，陆战 1 团已伤亡过千。因此，其下属的全部 3 个营并排集结于该团前线。3 营居左，1 营居中，2 营居右。新来的陆战 7 团 2 营作为预备队待命。

陆战 1 团 2 营官兵攀上了第一道山岭（命名为 200 高地 [Hill 200]）的斜坡。经过短兵鏖战，2 营付出了大量伤亡的代价，于傍晚时分占领 200 高地顶端，但立刻遭到下一道山岭（210 高地）的火力阻击，战事模式就此定型。中部的 1 营起先进展良好，直至遇到一座坚固的钢筋混凝土碉堡，后者本应被进攻前的炮火准备摧毁。左侧的情况稍好一些，该侧的 3 营沿着相对平坦的海岸平原推进。但由于存在与右侧的 1 营失联的风险，该营不得不停止前进。

到 D+3 日，普勒的陆战 1 团已伤亡 1236 人，但鲁佩图斯少将依然敦促普勒“保持前进势头”。如此一来，所有可用的后备部队，包括先遣部队、工兵部队和总部人员在内，均上阵充当步兵。D+3 日的情形与 D+2 日相同，这种情形还将一天天重复下去。陆战 1 团 2 营拿下 210 高地的同时，日军对 200 高地发起了反击，迫使此处的陆战部队撤退。日军彻夜发起反击，经此磨难，陆战 1 团残部与陆战 7 团 2 营一道，在舰炮与火炮实施密集轰击后，于 D+4 日恢复攻击。与此前一样，左侧的进展情况依然最好。该侧的陆战 1 团 3 营向前推进，但不得不再次停下脚步。中部的后备营翻山越岭，艰难前进，承受了大量伤亡。右侧的陆战 1 团 2 营在类似地形上推进，遭到了日军的顽强抵抗，每翻过一道山岭，情况都变得越来越糟。

陆战1团2营当前的攻击区域，将成为日军在翁默布罗戈山区最后的立足之地，但该营对此并不知情。D+4日终了，陆战1团已名存实亡。该团伤亡近1749人，仅比整个陆战1师在瓜岛的伤亡数字少6人。又一天的短兵鏖战过后，第3两栖军军长罗伊·盖格于D+6日造访了刘易斯·普勒。返回师部途中，盖格目睹了战况，于是命令鲁佩图斯以第81步兵师第321团级战斗队（此时位于安加尔岛）替下陆战1团，并将普勒及其残部送回帕武武。到了此时，陆战1团报告的伤亡人数为1749人。一名陆战队员后来对翁默布罗戈山区战事的描述，也印证了陆战1团陷入的惨况：

> 我捡起一名阵亡陆战队员的步枪，向山上爬去。我所记得的，不过是数码之内弹痕累累的山坡。我不再担忧死亡，我已退出了人类之列。我匍匐向前迅速攀爬，然后一动不动地躺着，对人性已毫无感觉。下一个散兵坑中有个步兵。他用红肿而疼痛的双眼费劲地看着我。我不关心他，他也不关心我。作为一支战斗部队，陆战1团完了。我们不再是人类，我向前方任何移动的东西开火，无论是敌是友。我没有战友，我只想杀人。

安加尔和乌利西的插曲

“和棋II号行动”中，第81步兵师作为第3两栖军预备队待命。该师将在必要时参战，然后出动其3个团级战斗队中的2个攻击安加尔岛，但前提是佩莱利乌的战事“尽在掌中”。9月16日（D+1日），陆战1师师长鲁佩图斯少将做出保证：“佩莱利乌再过几天便可拿下。”因此，根据鲁佩图斯的报告，盖格将军下令继续实施安加尔岛攻击行动。进攻安加尔岛的F日，定在了9月17日（佩莱利乌之战的 D+2 日）。

安加尔岛位于佩莱利乌西南 7 英里。该岛驻扎着自第 14 师团分遣而来的第 59 步兵联队第 1 大队（加强大队），大队长为后藤丑雄少佐。后藤丑雄将与约 1400 名日军一道，在安加尔岛实施最后的抵抗。他将该岛划分为 4 个防区和一小片中央预留地。后藤少佐判断，美军将在岛屿东南部的优质海滩登陆，即美军代号中的"绿 1 滩"和"绿 2 滩"。因此，后藤在此构筑了极难对付的海岸防御工事，包括钢筋混凝土掩体及碉堡，大量反登陆艇火炮工事，机枪工事，和射击掩体。不过，美军侦察力量已提前探知了这一部署。因此，美军将转而在"红滩"和"蓝滩"上发起两栖突击。

第 322 团级战斗队按计划在东北岸的"红滩"登陆，第 321 团级战斗队在东南偏东的"蓝滩"登陆。登陆期间，这两支团级战斗队只遇到了小规模抵抗。但二者向岛内推进后，很快发现了出没于茂密灌木丛林中的大批日军机枪手和狙击手。两支团级战斗队进展缓慢，付出了高昂代价。但到黄昏时分，二者均已抵达各自的目标线。

经历了日军在夜间发起的许多小规模反击后，战斗第三天（9 月 19 日），第 321 团级战斗队奋力推进，成功将岛屿切为两部分。第 321 团级战斗队自岛内突袭"绿滩"防御工事。在坦克和支援武器的协助下，该战斗队得以逐一拔除日军工事。第三日终了，日军手中仅剩下两片区域。其中最大、最难啃的一片位于东北方，以罗莫尔多山（Romauldo Hill）为中心。罗莫尔多山由一连串珊瑚岭和峭岩构成，比佩莱利乌岛的山岭还要崎岖，但规模不及后者。随着佩莱利乌和安加尔战事牢牢掌控在美军手中，第 3 两栖军的预备队，也就是第 81 步兵师的第三支团级战斗队——第 323 团级战斗队，奉命按计划进攻次要目标乌利西岛。由于日军已放弃该岛，美军轻松将其拿下。

后藤少佐的部队装备了步枪、机枪和迫击炮，在罗莫尔多山的众多洞穴和坑道中构筑了坚固工事。面对这支装备精良的日军，美军还将经佩莱利乌岛上，新教牧师鲁弗斯·奥克利（Rufus W. Oakley）正在主持礼拜仪式。这里距日军阵地不到数百码，倘若日军选择以迫击炮攻击，此处便完全位于其射程之内。

美军攻占安加尔岛图示。（图源：鱼鹰出版有限公司）

历长达4周的短兵鏖战，才可将其击溃。然后，在“野猫”战斗机的坚决支援下，美军大量使用火焰喷射器、手榴弹和炸药，才将日军残部扫除殆尽。日军的正式抵抗终止于10月22日。与佩莱利乌的部队相比，第81步兵师的伤亡相对较轻，共阵亡260人，伤1354人，并有940人因非战斗原因丧失作战能力。日军约有1338人阵亡，59人被俘。

“可怖之地”

9月23日，第81步兵师的第321团级战斗队从安加尔岛前往佩莱利乌岛，逐步替下普勒遭受重创的陆战1团。该团原先撤至岛屿南边休整，后又于D+11日攻击了东北半岛。攻击目标分别被命名为1号山、2号山、3号山和“雷达山”，合称“山列”，实际上是阿米安加尔岭（Amiangal Ridge）的南部支脉，由约1500名日军守卫，包括步兵、炮兵、海军设营队和科罗尔岛援军。右翼部队前进的同时，陆战5团2营避而向西，往北推进，留下1营继续实施攻击。夜幕降临时，陆战5团2营已占领了最后一道山脊的南端。2营官兵所不知道的是，他们正面对着佩莱利乌岛上最为复杂的洞穴体系，这里也是日本海军设营队的地下大本营。美军陆战队很幸运，日本海军设营队虽然是很好的坑道工兵，但却不擅长步兵作战。

D+11和D+12日，战斗终日持续进行。夜间，日军发起了数次小规模反击。但到D+12日终了，陆战5团2营已拿下了岛屿北岸（阿卡拉科罗角 [Akarakoro Point]）。但如果说美军陆战队占据了地面区域的话，日军则依旧把守着地下区域。美军陆战队还须耗费数周，才可最终粉碎日军在阿卡拉科罗角的一切抵抗，然后炸塌一切坑道入口，把日本守军封在其中自生自灭。经过2天鏖战，美军陆战队且炸且烧，一路杀至“山列”诸山顶端。到D+14日，除翁默布罗戈山区的日军孤地外，美军已拿下了佩莱利乌全岛。

孤地

此时，美军对翁默布罗戈孤地的日军防御工事发起的攻击，已如同一场中世纪围城战。随着第 321 团级战斗队自北部发起攻击，美军对日军孤地形成了彻底包围。与此同时，陆战 7 团继续自南、自西实施压迫。日军占据的孤地，此时已缩小至约 1000 码（910 米）长、500 码（460 米）宽，比 10 个橄榄球场大不了多少。

接着，鲁佩图斯少将做了个不大明智的决定。他命令第 1 坦克营返回帕武武。在佩莱利乌之役的最后时日里，美军将极其想念这些坦克的重火力。令情况愈加恶化的是，一场持续 3 天的台风席卷了佩莱利乌，使美军无法向上岛部队输送给养、燃料或弹药。艰苦的战斗仍在继续。至此，陆战 7 团已在翁默布罗戈鏖战了 2 周。D 日当天，陆战 7 团共有 3217 人登陆。而到此时，该团已有 1486 人阵亡、负伤或失踪。参战不到 3 周，全团伤亡就已达到 46%。陆战 7 团所辖的 4 个营，包括自陆战 5 团划转而来的 3 营，此时均已耗减至近连队规模。盖格将军建议鲁佩图斯少将立即撤换下陆战 7 团。于是，鲁佩图斯派出了手中仅存的一个团——陆战 5 团。

陆战 5 团开始攻击日军孤地后，哈里斯上校采取了两种新“策略”，并将它们沿用至战事结束。两种策略分别为：第一，只从日军孤地北部发起攻击，使美军有最佳机会来逐一敲掉众多山岭；第二，佩莱利乌之战第一周，哈里斯上校组织实施了空中侦察，此次侦察使他认识到了翁默布罗戈山区有多么可怕——山区植被荡然无存，露出了无数陡峭的山岭、山丘、沉洞、峡谷和洞穴，更不用说那些强悍的日军防御工事，美军显然只能采取围攻之策。哈里斯打算“挥霍弹药，吝惜人命”。

这种战法收到了成效。到 D+28 日，日军孤地已缩小至 800 码（730 米）长、500 码（460 米）宽。中川州男通过无线电向科罗尔岛报称，他的有效作战兵力仅剩不到 700 人。尽管战况惨烈，鲁佩图斯仍然

第 81 步兵师的坦克和步兵进入翁默布罗戈孤地的马蹄形山谷。山谷左侧是五兄弟山。照片近处大型沉洞上的小湖，是日军唯一的淡水来源，许多日军在趁夜取水时命丧于此。

拒绝了第 81 步兵师的援助。不过，形势比人强。先是第 81 步兵师的第 323 团级战斗队从乌利西移师佩莱利乌，然后是佩莱利乌总指挥威尔金森中将奉命返回夏威夷，由福特少将接替。福特少将刚一接手，就发出了一份公报，宣布已占领佩莱利乌。这不仅意味着岛上机场已可使用，还意味着“和棋 II 号行动”的突击阶段已经结束，让仍在岛上作战的官兵大为惊讶。盖格将军因而得到指示，撤下陆战 1 团，按照原先的设

在这条东西向道路的开阔处，日军的人力牵引火炮被逮了个正着，遭到了美国海军和陆战队战斗轰炸机的毁灭性打击。美军空中支援部队全面占据了空中优势，能够迅速敲掉暴露于开阔地的任何日军。

想，将各岛交予第 81 步兵师进行扫荡和驻守。

实际上，为了攻下最后的日军孤地，第 81 步兵师还将耗费 6 周时间，采取与陆战部队别无二致的围攻战术，逐山逐岭地展开缓慢而艰苦的战斗。D+70 日，中川州男大佐向科罗尔岛总部的上级发出了最后一封电报。他在电文中报告，自己已烧掉了第 2 步兵联队的旗帜，并命令部队“四处击敌”。D+70 与 D+71 日间的那一夜，25 名日军在企图实施渗透时被击毙。次日早晨，一名被俘的日本兵确认，中川州男大佐和村井权治郎少将已双双在指挥所切腹自杀。

结局与影响

随着行动的结束，美军终于有时间对此役进行反思，评估人力成本。海军陆战队方面有1050人阵亡，250人伤重不治死亡，5450人负伤，36人失踪。各团伤亡数字分别为：陆战1团——1749人，陆战5团——1378人，陆战7团——1497人。第81步兵师在佩莱利乌岛伤亡1393人，其中阵亡208人。此外，在安加尔一战中，该师还有260人阵亡，1354人负伤。日军在佩莱利乌岛上的死亡数字约为10900人，包括在增援和突袭途中殁于海上者。被俘者仅202人，多为朝鲜和冲绳劳工。驻守安加尔岛的1400名日军几近全灭，仅59人被俘。

虽然战事已正式结束，美军宣布占领佩莱利乌岛，但在岛上的零星地带和洞穴中，仍有未被消灭的落单或小股日军，他们主要位于翁默布罗戈山区。翁默布罗戈孤地之战结束3个月后，庞大的隧道体系仍为少量日本帝国海军及陆军部队所占据。美军数度劝降，但徒劳无用，于是将入口炸塌封闭起来。令所有人感到惊讶的是，1945年2月，5名幸存

“……我们必须认识到舰炮轰击与空袭轰炸的局限所在。所有战士与文职人员必须保持镇定，时刻强化精神意志，乃至根据作战需要，趁敌军炮火间歇利用地形勇往直前。”

——日军训令

1944年7月11日

这块日军石碑纪念着在佩莱利乌一役中与美军交战的战士。
（图源：戴夫·豪泽 [Dave G. Houser]，科比斯图片社）

日军设法挖了条通道逃出地下，随即被俘。

D日后不久，美军陆战队的飞机陆续抵达佩莱利乌岛。海军方面的海洋搜索部队也将加入其中，协助援救水手和落水的飞行员。巴伯尔图阿普岛北部的科索尔水道（Kossol Passage）仍作为美军的舰队锚地使用，并与乌利西环礁一道，为菲律宾作战行动提供支援。美军尚未彻底拿下安加尔岛时，海蜂队就已占据该岛，为陆军航空队修建7000英尺（2100米）长的机场。这座机场后为第494重型轰炸大队所用，该大队出动24架“解放者”轰炸机，为战斗在菲律宾的美军部队提供支援。美军飞机还对科罗尔岛和巴伯尔图阿普岛发起了突袭。彼时，这两座岛屿仍为井上贞卫中将所据。

留在佩莱利乌岛和安加尔岛上的第81步兵师对残敌展开扫荡，清理战场上数月来的受损装备和物资，并防备日军可能从北部发起的海上突袭。该师于1944年12月至1945年2月间离开。此后，第81步兵师和陆战1师将双双加入冲绳一战。

根据传闻，二战结束后数年，佩莱利乌岛上仍有幸存日军躲藏在山区和沼泽中。后来，美军向该岛派出了120名陆战队员，搜寻日军幸存者。据传，这些日军正准备袭击美国海军家属房。美军数度尝试诱敌出动，但均失败。一名日本海军将领被送往佩莱利乌，告诉这些幸存者战争确已结束，他们可以带着荣誉投降。最终，在1947年4月22日，一名中尉和34名满身泥污的士兵走出了藏身处——他们的佩莱利乌之战终于结束了。这是第二次世界大战的最后一次正式投降。

佩莱利乌岛有无拿下的必要，仍有待军队将领和历史学家思索，但一些事实是清楚的：

1. 此战确保了麦克阿瑟的侧翼安全，使他能顺利重返菲律宾。日军从帕劳群岛发动空袭或派遣增援部队的威胁得到解除。但是，这一威胁微乎其微，因为帕劳群岛的日军飞机已尽数被毁，而且几乎没有日军驳船能在开阔海域航行700英里抵达菲律宾。

2. 数千名日军一流部队已被歼灭，佩莱利乌岛和安加尔岛新增的美军航空基地可发起海空行动，牵制西加罗林群岛的日军余部。

3. 日军在战术上的变化，对盟军即将发起的作战而言是一次预警。因此，面对即将到来的冲绳之战，陆战1师和第81步兵师成了准备最充分的两个师。

注释

[1] 莱特岛（Leyte）位于菲律宾群岛中东部，吕宋岛与棉兰老岛之间。

[2] 这里的特殊舰群（Special Groups）包含1个旗舰群，1个修理船勤务群，1个油船和运输群，以及1个由1艘护航航母和4艘护航驱逐舰组成的猎潜群。

[3] 中川州男大佐死后特晋两级为陆军中将。

[4] 战车队即坦克队。

[5] 即前文中的“香蕉战争”。

[6] 舰队航母指跟随海军舰队行动的航母，装甲防护相对完善，速度更快，载机量更大。轻型航母常改建自战斗舰只，体型比舰队航母小，排水量一般是后者的一半或三分之一，但速度同样很快。护航航母往往由商船改装而来，体型更小，速度慢，常用于保护舰队或两栖舰队，有时还担负运输船的角色。

[7] 西伯利亚干涉（Siberian Expedition）指1918至1922年间，一战协约国派兵干涉俄国内战之举。以日美为首的协约国军队在俄国远东海岸登陆，直接武装支援沙俄白军推翻远东的布尔什维克地方政权。

[8] “满洲事变”即我国史称的“九一八事变”。

道格拉斯·麦克阿瑟上将在莱特岛涉水登岸。对麦克阿瑟而言，这既是对他个人“十字远征”的辩白，又是他对菲律宾人民贡献的象征。（图源：美国国家档案和记录管理局）

第八章 莱特湾

战役肇始

到 1944 年夏，海军上将切斯特·尼米兹已占领了马里亚纳群岛，陆军上将道格拉斯·麦克阿瑟则控制着新几内亚全线。对于下一步行动，尼米兹建议攻打那些可将日本本土纳入打击范围的岛屿。虽然这一建议具有强有力的论据，但麦克阿瑟情绪激昂地主张先打菲律宾。麦克阿瑟认为，夺回菲律宾不仅是一记战略上的“左勾拳”，还是一种道义上的责任。对于这样一个忠于美国，并且有潜力成为战后贸易源地的国家，美国有义务将其解放。麦克阿瑟赢了——菲律宾将成为美军的下一个目标。

双方指挥官

美军指挥官

尼米兹坐镇珍珠港基地，对第 3 舰队进行战略上的控制，将该舰队的战术指挥权交予“蛮牛”哈尔西上将。无论是性格，还是举止，二人都相去甚远。尼米兹拥有准确可靠的战略嗅觉，从不仓促下决定。哈尔西则是个典型的老水手，具有明显的侵略性，但由于广受下属和公众爱戴，这一性格特点便不甚惹眼。

马克·米彻尔中将是职业海军飞行员出身，负责行使快速航母舰队（第 38 特遣编队[1]）的战术指挥权。1944 年时，他已 57 岁，但却肩负着沉重的职责。1945 年 7 月，在对日最后一战进展顺利之际，米彻尔被调至陆上履职，但仅 19 个月后便去世。

麦克阿瑟的官方职务是西南太平洋战区最高司令（Supreme Commander of the Southwest Pacific Area），但却自称“总司令”（Commander-in-Chief）。他的家族与菲律宾和菲律宾人民关系密切。从某种意义上说，日军对菲律宾的占领，使麦克阿瑟开启了一场个人“十字远征”，目标是解救菲律宾人民。尽管麦克阿瑟麾下的三个主要军种各有一名高阶总指挥，但他

栗田健男中将指挥的中央舰队，拥有迄今为止最强大的 2 艘战列舰——“大和”号和“武藏”号。（图源：美国国家档案和记录管理局）

的参谋班子走的是陆军路线，其余军种的代表只是技术顾问。

托马斯·金凯德中将自1942年11月起任第7舰队司令。金凯德深受麦克阿瑟信任，曾两次由后者调动，替下原先的指挥官。事实证明，在即将来临的战事中，他对细节的注重将起到重要作用。

杰西·奥尔登多夫少将是名职业海军军官，此前经历了佩莱利乌一役。在苏里高海峡（Surigao Strait）之战中，他将指挥第77特遣编队（TF-77）。

日军指挥官

军令部总长丰田副武大将是优秀的战略家，但与日本帝国陆军不睦。与此相反，小泽治三郎中将则与陆军相处融洽，但对个人升迁却没什么兴趣，后来拒绝升为大将。小泽治三郎被认为是一流的海军作战将领，他既是才干出众的战术家，又是鱼雷战和夜战专家。

栗田健男从未入读过海军大学校[2]，但却是鱼雷战专家。老将小泽治三郎对西村祥治中将的评价高于栗田健男。与栗田健男一样，西村祥治也是名才干过人的海军军官和鱼雷战专家。

双方部队

美军部队

就太平洋的作战行动而言，所有盟军舰船都隶属于美国第3舰队或第7舰队，或由这两支舰队支配。第3舰队为尼米兹麾下一部，舰队司令是哈尔西。第3舰队的总体职责是“掩护和支援”莱特岛扩张行动。第7舰队归于麦克阿瑟麾下，由金凯德指挥。第7舰队的任务是“在莱特岛海域运送部队登岸，使之在岸上站稳脚跟，并提供支援”。

第 3 舰队

第 3 舰队几乎囊括了一整支第 38 特遣编队，后者由 4 个快速航母特遣群组成。第 38 特遣编队共包含约 90 艘舰船，十分平均地分配于 4 个特遣群中。各特遣群都是独立的作战单位，有能力承担自主作战任务。每个特遣群通常包括：2 艘攻击航母，2 艘轻型航母，1 艘或多艘战列舰，最多 4 艘巡洋舰，以及 1 个驱逐舰中队。驱逐舰中队通常由 4 个驱逐舰分队共 16 艘驱逐舰组成。

为了降低第 38 特遣编队航母的高损耗率，该编队还配备了 11 艘护航航母（搭载替补飞机）、弹药船和救助拖船。这支宝贵的大型辅助船

大批美军舰船沿莱特岛海岸全速航行。美军在此役中的投入，几乎确保了最终的胜利。（图源：美国国家档案和记录管理局）

队拥有自己的护航屏卫部队，由 18 艘驱逐舰和 26 艘护航驱逐舰组成。

位于第 3 舰队“尖端”的是它的航母部队。除建造于 1938 年的“企业”号航母外，其余所有攻击航母，均是 33400 吨的新型埃塞克斯级航母。轻型航母则全部由 14200 吨的新型独立级航母组成，该级航母由重巡洋舰壳体改建而来，航速可达 31 节以上。

每艘埃塞克斯级航母均搭载 1 支航空大队，后者通常包括：40 至 45 架战斗机（F6F“地狱猫”），25 至 35 架俯冲轰炸机（SB2C“地狱俯冲者”），以及 18 架鱼雷轰炸机（TBF/TBM“复仇者”[3]）

第 7 舰队

第 7 舰队在很大程度上从属于美国陆军，其舰艇配置亦旨在协助陆军实施两栖作战。因此，第 7 舰队被视为一支“褐水”海军[4]。该舰队由少量巡洋舰和驱逐舰打头，主要组成部分为两栖舰艇，并且不甚协调地配备了潜艇。对于美军计划中即将对菲律宾发动的突击，金凯德显然不适合、也不足以

格鲁曼“复仇者”鱼雷轰炸机在美军航母上振翅欲飞。与此同时，一艘驱逐舰紧跟在航母后方。（图源：美国国家档案和记录管理局）

担纲指挥重任。因此，尼米兹暂时从太平洋舰队调出了几近舰队规模的兵力。这些临时增调的部队另行划分为 3 支特遣编队，即第 77、78 和 79 特遣编队。

第 77 特遣编队由金凯德调度，负责识别任何日军特别攻击队。莱特岛作战期间，该特遣编队不设总指挥，而是由数个特遣群和特遣分队组成，其中最重要的是第 77 特遣编队第 4 特遣群（TG-77.4）。该特遣群是支护航航母部队，由托马斯·斯普拉格（Thomas L. Sprague）少将指挥，负责在突击区域提供空中支援。与此同时，第 78、79 特遣编队必须运送部队登陆。正是这一登陆行动所触发的海军行动，最终引发了莱特湾海战。

日军部队

到 1944 年中期，日本帝国海军已陷入了严重困境，缺乏飞机和燃油，危机重重。相形之下，到 1944 年秋，美国海军已取得飞速发展。航空母舰崛起为制胜力量，如同棋盘上的“皇后”[5]。无论是为了胜利，还是纯粹为了生存，空中优势都已成为重中之重。由于日军的陆基飞机仅能提供有限的空中掩护，日军舰队所能指望的最优防御区，便是以日本—琉球群岛—台湾岛—菲律宾一线为界的地带。为了在这条外围防线各处抵挡美军发起的突击，日军制订了 4 项所谓的“捷号作战”计划。计划的实施，全赖于海军部队和陆航力量之间的有效协同。

经过了近 3 年战争的消耗，日军舰队的实力依然强劲。日军舰队能够集结 7 艘战列舰、11 艘航母、13 艘重巡洋舰和 7 艘轻巡洋舰。对任何作战行动来说，驱逐舰都必不可少。日军驱逐舰的数量从 151 艘降至仅 63 艘，潜艇也仅余 49 艘。

单看哈尔西上将的第 3 舰队的纸面实力，日军或许会得出一个设想：与之“决战”并非毫无胜算。原因在于，第 3 舰队的实力一直维持在 7 艘战列舰、8 艘攻击航母、8 艘轻型航母、8 艘重巡洋舰和 9 艘轻巡洋舰上下。不过，哈尔西舰队力量集中，其对手则不然。哈尔西麾下皆为现代舰艇，全部训练有素，而且能在一定程度上得到替换。此外，他还拥有金凯德的第 7 舰队作为后备。

日军舰艇则存在不同程度的老旧问题，雷达和通信装备也与美军相差甚远（尽管从随后的实战来看，装备的发挥取决于使用者的素质）。不过，交战双方最重要的分野，在于第 3 舰队的航母能够集结 800 架以上的飞机。

双方计划

美军计划

根据预定计划，美军在莱特湾的登陆地点包括 2 片海滩，分别定名为北部海滩和南部海滩。每片海滩长约 3 英里（5 千米），宽约 11 英里（18 千米），两支攻击部队各取其一。

根据参谋长联席会议的设想，登陆行动的主要目的在于：有效分割驻扎于北部吕宋岛和南部棉兰老岛上的日军部队。如若达成目标，美军将可在战略要地吕宋岛上建立“跳板”，同时还可牵制和绕过无关紧要的棉兰老岛地区。

麦克阿瑟所掌控的，不只是打击能力可观的第 7 舰队护航航母部队，还包括西南太平洋战区陆军航空队。更复杂的是，同一战区内还有另 2 支陆航部队——第 14 陆军航空队和第 20 陆军航空队。此外，英国太平洋舰队也在该战区活动。后者在印度洋扮演主要牵制角色，但日军没有上当。

日军计划

日本帝国海军明白，自己必须等待经过训练的补充兵力到来，然后才有能力根据其奉行的理论，与美国海军展开“决战”。但盟军的推进速度，意味着日军将无法得到渴求的喘息空间。所有线索都表明，菲律宾将成为美军的下一个目标。在“捷号作战”的 4 项应变计划中，“捷 1 号作战”最有可能得到实施。日军须以手头现有兵力执行计划。

日本帝国海军的参谋长为福留繁中将，他并未向丰田副武或小泽治三郎坦白陆基航空部队的真实损失情况。不过，日军已达成共识：任何来犯的盟军舰队，都需由水面作战予以歼灭，而非空中攻击。

因此，日军计划的中心在于，将一支足够强大的部队投放于盟军入侵区域。由于美军第 3 舰队将阻碍计划的实现，日军显然会设法将其诱往别处。而令第 3 舰队无法拒绝的一个诱饵，便是小泽治三郎那已失去“獠牙”的航母部队。日军没时间考虑长远后果——美军的威胁迫在眉睫，一旦丢失菲律宾，日军便更无理由保全小泽舰队。

为应对当前形势，日军匆匆修改了“捷 1 号作战”计划。修改后的计划概况如下：小泽治三郎将亲率诱饵航母部队，故意驶向吕宋岛东北，远离盟军可能的登陆地点。美军第 3 舰队的航母群被诱开后，日军水面作战群将在破晓之际从南北同时进抵，钳击盟军入侵区域。

栗田健男将率领更为强大的一支分遣舰队，形成钳形攻势的北路部队，向盟军入侵区域进逼。较弱的分遣舰队则由西村祥治指挥，目标是在同一时间从南部出击。由于该舰队缺乏必要火力，此后还将有一支部队加入其中。这支增援部队由志摩清英中将率领，须从日本远道赶来。

“捷 1 号作战”计划在最后关头的改变，造成了种种重大缺陷。多名日军指挥官对彼此动向知之甚少，乃至一无所知。例如，福留繁并未接到命令掩护栗田的中央舰队。他仅仅得到指示，利用其空中力量歼灭盟军登陆部队。西村祥治和志摩清英本需合兵一处，最大限度提升南路

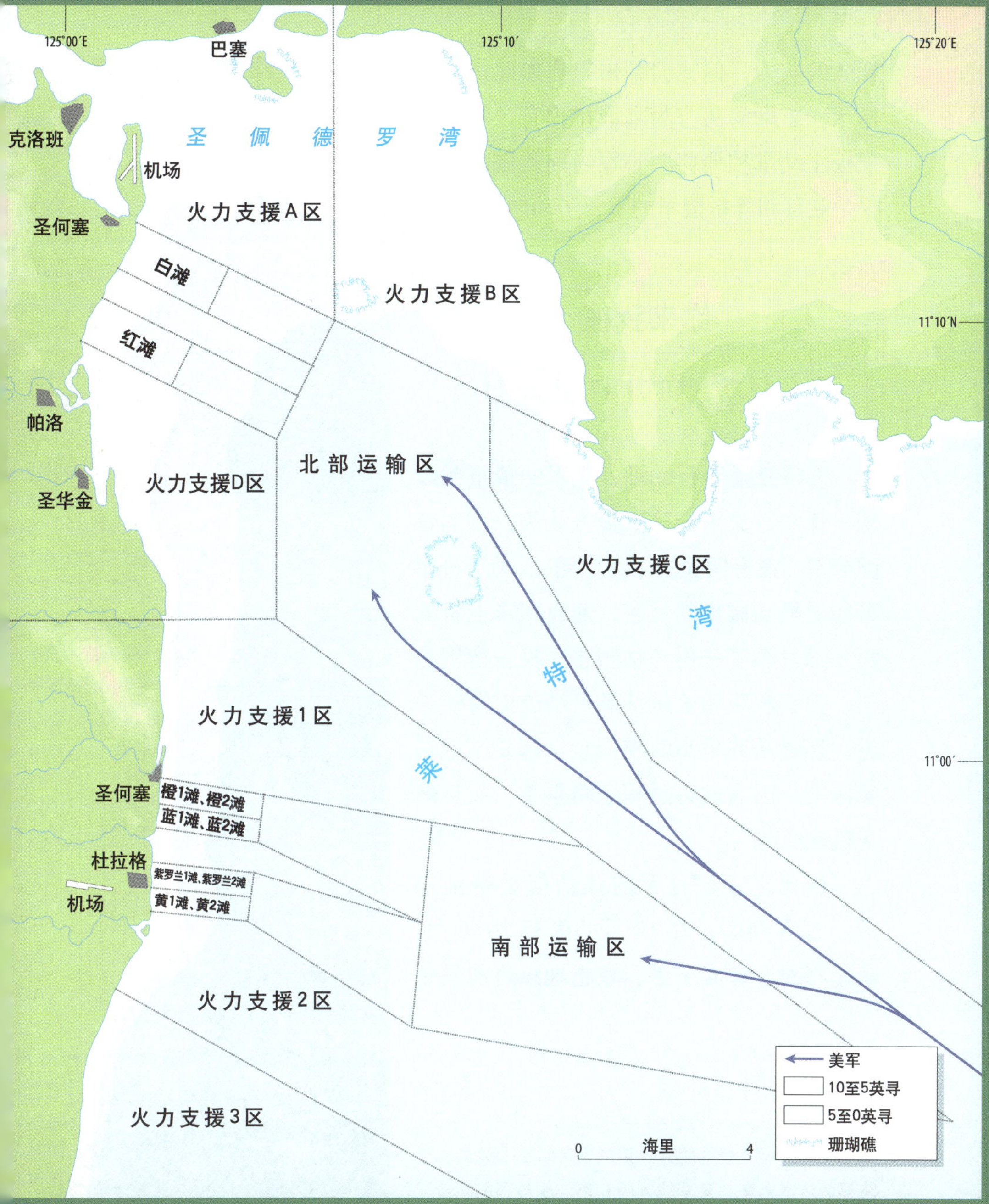

莱特岛突击作战组织情况与进抵路线示意图。（图源：鱼鹰出版有限公司）

舰队的实力，但他们却未得到如此行事的指示。志摩清英身为高级指挥官，却未能积极主动掌控局势。日军当前所做的，仅仅是观察和等待盟军的下一步动向。

你来我往

开局谋动（10月17至22日）

莱特岛登陆行动前，美军的情报判断既不详实，又不准确。美方认为，日本帝国海军“没有明显的干涉意图”。关于日军可能对登陆做出的反应，麦克阿瑟上将的司令部发布了一份评估报告。报告特别指出，美军舰队无论是从圣贝纳迪诺海峡逼近，还是从苏里高海峡逼近，都是“不切实际的，因为航行过程危险重重，而且缺乏机动空间”。

相比之下，日军的评估似乎精准得多。日方判断，在10月的最后10天中，美军将对菲律宾下手，攻击地点可能是莱

美军的坦克登陆舰远远停泊在莱特岛海滩外，登陆部队涉水上岸。美军战列舰和巡洋舰对岛屿实施了猛烈轰击，浓烟中的天空暗淡无光。（图源：美联社© EMPICS）

311

日军航母上预备起飞的零式战机。（图源：美国国家档案和记录管理局）

特岛。不过，只有这一判断得到确证，日军才可下达“捷 1 号作战”的执行令。

从东部开放海域向莱特湾进抵的航线，为数座小岛所阻碍。这些小岛的存在，使日军能够有效部署炮兵阵地和观察哨，同时将一切船运限制于特定航道，而这些航道可能——实际上也的确布有水雷。因此，10 月 17 日破晓，第 6 突击兵营[6]所属连队登上了各座小岛，消灭敌军威胁，扫雷舰也随之驶入航道。

上述活动足以使日军判定美军的意图。10 月 17 日 8 时 09 分，丰田副武向日军舰队各部发布了“捷 1 号作战”警报。但部队一旦派出，便不可撤回，丰田副武依然心存谨慎。因此，他推迟至 10 月 18 日 11 时 10 分才下达执行令。这意味着，日军对盟军两栖舰队发起实际攻击的最早时间，须定为 10 月 22 日破晓。即便是这个日期，后来也不得不又推迟了 3 天，原因一是航空联队难以装载到航母上，二是燃料难以补充。

第一批盟军突击部队将趁着黎明前的黑暗，在莱特湾各就各位。而在此前约 48 小时，栗田舰队已从林加锚地（Lingga Roads）出发。10 月 18 日 1 时，在栗田旗舰的率领下，一支实力强悍的水面作战部队浩浩荡荡开拔出海。排水量 6.8 万吨的超级战列舰“大和”号和“武藏”号亦在其列。二者的庞大体型，以及由 9 门 18.1 英寸（460 毫米）舰炮构成的主炮组，将再无来者。支援战舰包括 5 艘相对老旧，但经过完全现代化改装的主力舰，分别为“长门”号、“扶桑”号、“山城”号、“金刚”号和“榛名”号战列舰；此外还有 11 艘重巡洋舰、2 艘轻巡洋舰和 19 艘驱逐舰。

栗田健男的目的地是文莱湾（Brunei Bay），航行期间平安无事。栗田舰队在文莱湾补充燃料，等待最后的命令。命令于 10 月 20 日下午来到，而到此时，盟军对莱特湾的最初突击已成功结束。

数小时后，在遥远的北方，小泽治三郎的诱饵部队——北路舰队，

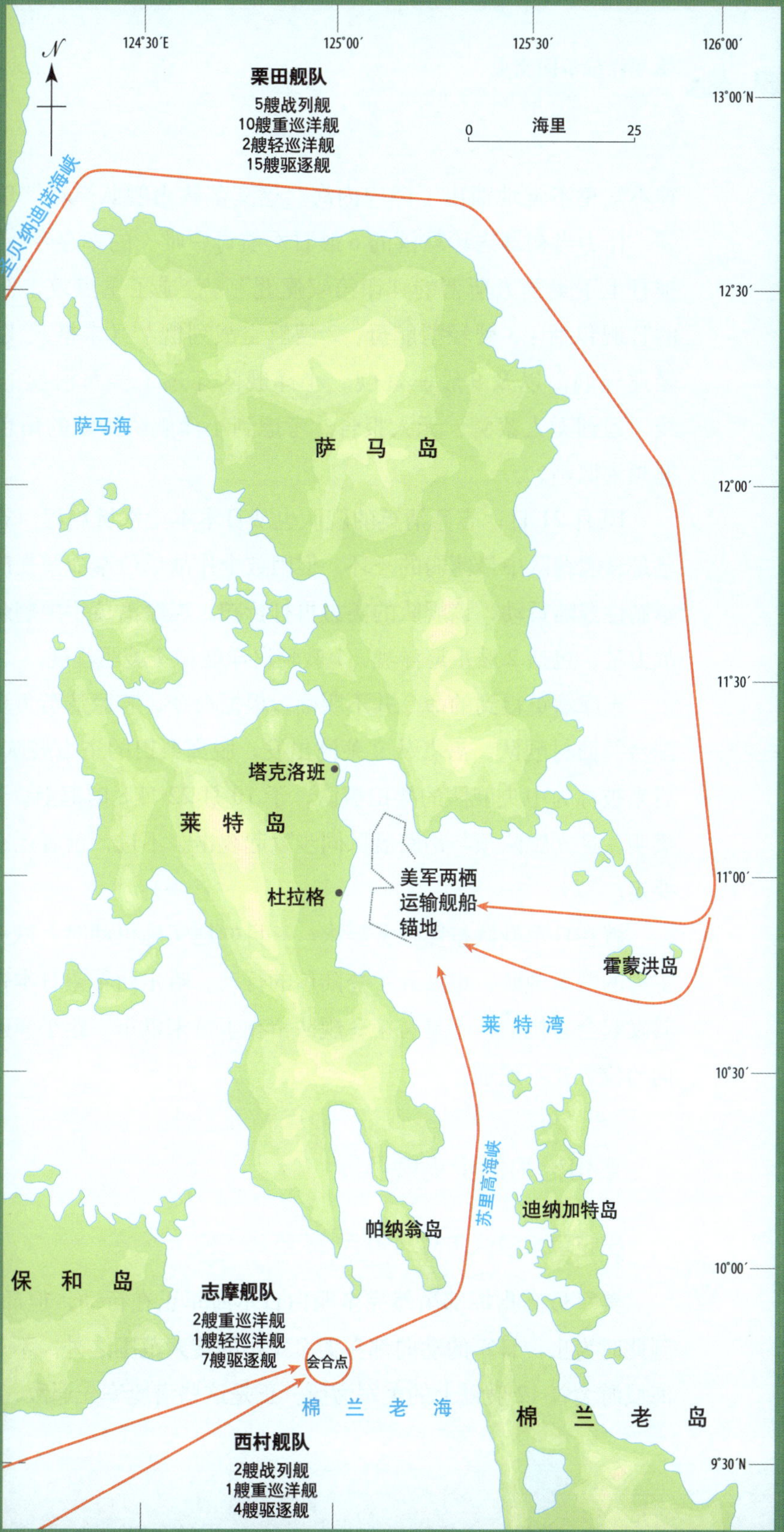

日军攻击计划图示。（图源：鱼鹰出版有限公司）

神不知鬼不觉地溜出了濑户内海。这支部队由舰队航母“瑞鹤”号率领。作为当初肆虐珍珠港的6艘日军航母中唯一的幸存者，“瑞鹤”号被打上了美国人所谓的“印第安魔咒”[7]，成了重点攻击对象。同行的日舰包括：3艘轻型航母，2艘航空战列舰[8]（未搭载飞机），3艘轻巡洋舰，以及9艘驱逐舰。小泽舰队穿过了美军潜艇的例行巡逻线，但却无人察觉、无人报告。考虑到小泽舰队扮演的角色，这种情况颇为讽刺。

10月21日，志摩清英的舰队也从日本本土水域启程。志摩舰队虽已是日舰编队中最薄弱的一环，但因数个作战单位奉命前去应对美军的牵制性登陆行动，该舰队的实力再打折扣。志摩清英手中剩余的有效作战力量，包括2艘重巡洋舰、1艘轻巡洋舰和7艘驱逐舰。

志摩清英得到的命令并不明确。根据命令，志摩清英负责“支援与配合”西村舰队。后者从文莱湾出发，脱离栗田的主力舰队独自行动。后来被称为中央舰队的栗田舰队，于10月22日8时起航。10月25日黎明，这支舰队须与南路舰队同步发起攻击。不过，前者还有更远的路要走。

就在日军舰队按照任务要求，有目的地实施机动时，以美军军舰为主力的盟军舰队，也展开了登陆前的行动。哈尔西希望日本帝国海军对其发起全力挑战，于是将第3舰队留在了吕宋以东，距小泽舰队正在驶向的位置并不遥远。

栗田健男的中央舰队

巴拉望水道伏击战（10月21至23日）

美军最高指挥部虽然完全明白日本海军正在行动，但却不知其踪。到此时为止，日军的动向都在美军飞机的搜索范围之外。不过，菲律宾海域游弋着12艘以上的美军潜艇，正是这些潜艇率先遇敌，斩获首杀。

受时间所限，栗田健男取道巴拉望水道，从文莱湾前往菲律宾群岛中部。这是条相对直接的航线，但因存在浅礁，航路较窄。因此，任何行经此处的敌军舰船，都必定会被美军的巡逻潜艇发现。

10 月 23 日 2 时 45 分，天色仍旧漆黑。尽管如此，美国海军的“镖鲈”号[9]潜艇仍能分辨出海上的日舰编队。“镖鲈”号以 15 节航速行驶，与日舰编队保持平行。仅 2 万码（18.3 公里）之遥的这支编队，是潜艇官兵梦寐以求的目标——一支庞大的战舰集群，目标交错相叠。栗田舰队呈 2 个主要纵队全速前进，各纵队均由 2 部分组成，包括战列舰和两三艘居前引领的重巡洋舰。

“镖鲈”号与搭档的“雅罗鱼”号[10]潜艇一同进入了攻击阵位。栗田健男的旗舰“爱宕”号被击沉，栗田及其参谋被迫游水逃生。“高雄”号遭受重创掉队，调转航向离去。

2 艘美军潜艇不仅重创了日军中央舰队，还对其指挥官栗田健男的信心造成了沉重打击。栗田健男被一艘驱逐舰从海里救了上来，转移至“大和”号战列舰。他的重要通信人员要么已经身亡，尸体漂散在舰队周围，要么正在返回已遭重创的“高雄”号。栗田健男继续前进，但他的舰队及其构成已经暴露。到 10 月 23 日午夜及 24 日凌晨，栗田舰队向东航行，朝民都洛（Mindoro）岛前进。至 24 日天光渐强时，该日舰编队已绕过民都洛岛南端，进入锡布延海（Sibuyan Sea）。美军已让栗田舰队付出了血的代价，但后者依然危险，正按计划准时驶向关键的圣贝纳迪诺海峡。阻截栗田健男的任务，此时落到了哈尔西肩上。

锡布延海之战（10 月 24 日）

10 月 24 日黎明，弗雷德里克·谢尔曼少将的第 38 特遣编队第 3 特遣群（TG-38.3）已离开吕宋；杰拉尔德·博根（Gerald Bogan）少将的第 38 特遣编队第 2 特遣群（TG-38.2）位于圣贝纳迪诺海峡以东，哈尔西的旗舰“新泽西”号也在阵中；拉尔夫·戴维森（Ralph Davison）

少将的第38特遣编队第4特遣群（TG-38.4）处在与莱特湾并列的位置。所有特遣群都尽早实施侦察，确定日军舰队的最新方位、航线和速度。

根据哈尔西估算的日军舰队方位，来自第38特遣编队第2特遣群“勇猛”号（Intrepid）航母的一架美机，向菲律宾东部相应区域飞去，于6时25分意外发现了正绕过民都洛岛南端的栗田舰队。惊讶之余，哈尔西不得不接受这样一个事实：栗田舰队正向圣贝纳迪诺海峡前进，即将向美军发起挑战。他当即命令谢尔曼和戴维森率部全速机动，向博根的特遣群靠近。

就在美舰特遣群奉命机动时，一架侦察机报告，发现一支新的日军舰队，该舰队正穿过苏禄海向东航行。这支舰队是西村祥治所率南路舰队的先锋部队。哈尔西再次做出了正确评估，判断该舰队也是朝莱特湾而去，但这一回是经苏里高海峡行至莱特湾南部。根据哈尔西对航母战斗群下达的最新命令，最南端的航母战斗群——戴维森的第38特遣编队第4特遣群将驶出与西村舰队

美军潜艇在巴拉望水道伏击了栗田健男的中央舰队，“雅罗鱼”号是参与伏击的潜艇之一。（图源：美国国家档案和记录管理局）

莱特岛战役期间，一架无畏式俯冲轰炸机从美军航母上起飞。（图源：汤姆·伦莱因）

FLY

的交战距离。尽管如此，哈尔西仍然相信金凯德有足够手段解决西村舰队带来的麻烦。

然而，独断专行的麦克阿瑟坚持维护其指挥权的独立性，禁止第 3 舰队和第 7 舰队之间以任何直接方式进行联络。如此一来，哈尔西和金凯德就无法直接沟通，仅可通过舰队主无线电台交换意见。因此，两位海军将领之间的电文往来耗费多时，要么顺序错乱，要么根本就无法送达。10 月 24 日的黎明清朗明亮，米彻尔的 3 支特遣群向菲律宾东侧游弋——谢尔曼居北，博根（与哈尔西）居中，戴维森居南。大战在即，为防万一，哈尔西召回了约翰·麦凯恩 [11] 中将的特遣群（第 38 特遣编队第 1 特遣群 [TG-38.1]）。此时，后者正在 300 英里外，向美国海军的南太平洋锚地——乌利西环礁驶去。在第 38 特遣编队的 4 支特遣群中，麦凯恩特遣群最为强大。不过，由于要在中途与补给船会合，补充燃料，麦凯恩特遣群的回归时间有所推迟。

由于谢尔曼吸引了福留繁的大部分打击火力，博根和戴维森得以集中力量对付规模最大的敌舰编队，即栗田舰队。8 时 10 分，这支日舰编队在塔布拉斯海峡（Tablas Strait）被发现，随即遭到了美机的一连串空中打击——总计 259 架次。

中央舰队阵中，庞大的“大和”号和“武藏”号战列舰最为显眼，后者最终沉没。第三次空中打击过后，栗田健男暂时失去了信心，开始掉转航向，因此失去了关键的 4 小时。直到 17 时 15 分，栗田健男才转而向东，往海峡驶去。栗田舰队已损失了 1 艘战列舰、4 艘重巡洋舰和数艘驱逐舰。不过，这支舰队依然是个强有力的威胁。

哈尔西手下返航的飞行员们群情振奋，对战果做出了过于乐观的评估。哈尔西选择相信栗田的中央舰队已不成威胁。他的心思飞向了别处。海上某处，行踪不明的日军航母正在游弋。这些航母是哈尔西的眼中钉。

小泽治三郎的北路舰队

对小泽而言，他的任务是种折磨。相比于通常的 250 名飞行人员，小泽只能勉强凑出 100 名训练不足的飞行人员。而他的角色，也仅仅是故意被美军第 3 舰队的搜索飞机发现，然后以宝贵的航空母舰为活饵，尽可能远地将哈尔西诱向北方，为栗田健男开路，使之得以扫除莱特湾中的美军两栖舰船。北路舰队于 10 月 20 日离开濑户内海后，一直保持靠西航行，没有被从马里亚纳群岛之塞班岛出动的美军侦察机发现。在栗田舰队取得顺利进展前，小泽不愿过早暴露。因为一旦北路舰队早早被灭，便会一无所获。

10 月 24 日 14 时 30 分，小泽派出了 2 艘航空战列舰“伊势”号和“日向”号（均缺少飞机，但仍各自拥有 8 门 14 英寸 [356 毫米] 舰炮），与 1 艘轻型护航舰同行，向美军发起直接挑战。

15 时 40 分，戴维森特遣群的 2 架飞机发现了上述日舰。当时，戴维森特遣群仍在与博根特遣群一道，对穿越锡布延海的栗田舰队实施空中打击。日军陆基航空部队的活动越来越少，谢尔曼得以投入更多飞机跟进搜索。16 时 40 分，美机最终确定了小泽舰队的位置，报称其由 4 艘航母、2 艘轻巡洋舰和约 5 艘驱逐舰组成。由于北路舰队已全部暴露，小泽再次收拢编队。

哈尔西眼下有些进退两难。他手下最北端的航母战斗群，是谢尔曼的第 38 特遣编队第 3 特遣群，而小泽舰队位于该特遣群以北 200 英里左右。要对敌舰队发起空袭，再让飞机赶在黄昏前返回，已为时过晚（夜间飞行当时仍属特殊专业范畴）。小泽可能独自继续北进，以远程战机实施“穿梭轰炸”。这些战机可从航母起飞，飞往吕宋岛的机场；补充燃料和弹药后，再飞回航母。在这两个航段中，日机将可对谢尔曼特遣群实施空袭。哈尔西赌定栗田舰队已如报告那样，成了强弩之末。

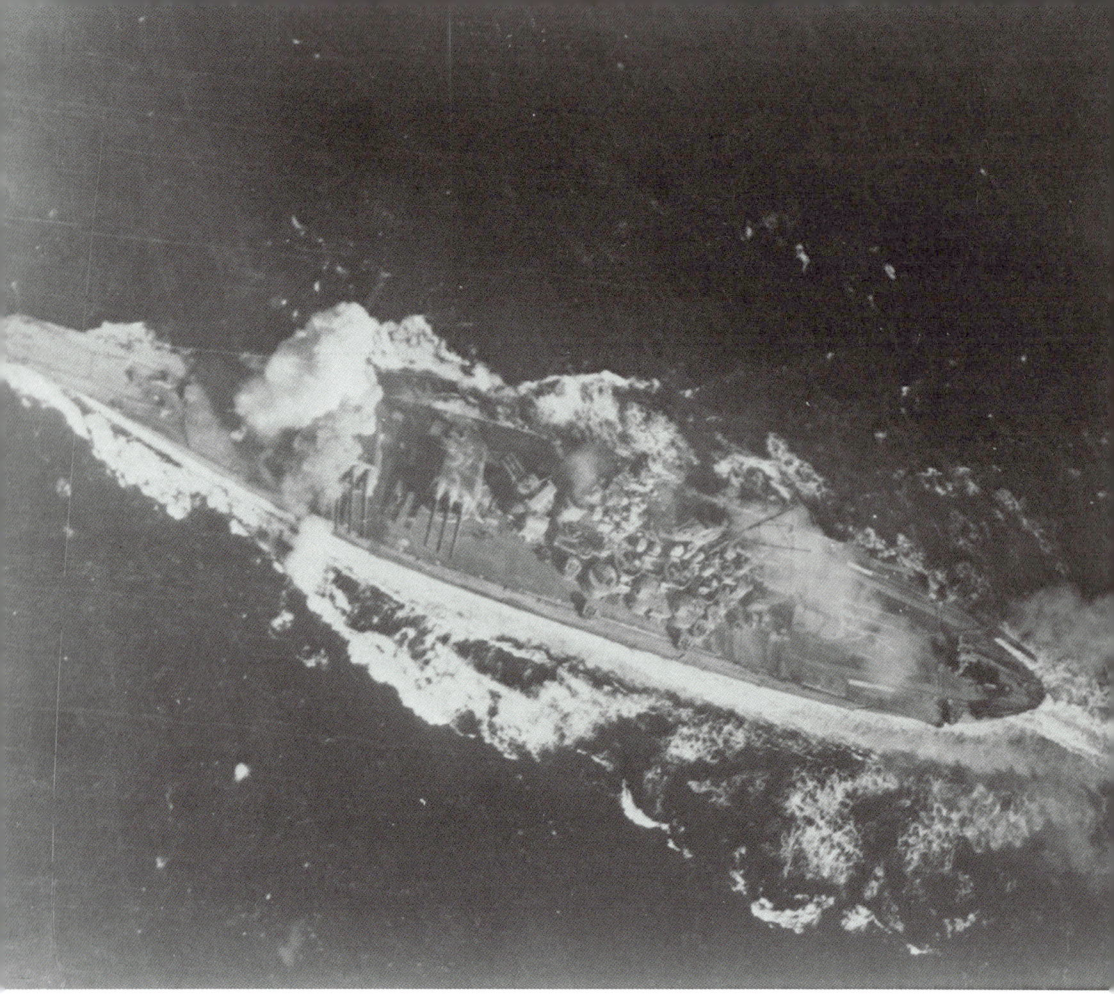

锡布延海之战中，日军战列舰“大和”号遭到攻击。图为一颗炸弹命中其舰首炮塔旁某处。“大和”号挺过了这次攻击。（图源：美国国家档案和记录管理局）

于是，他召来自己的参谋长——绰号“米克”（Mick）的罗伯特·卡尼（Robert Carney）少将，下达了一道影响重大的命令：“米克，开始北进。”

哈尔西的第3舰队

哈尔西的决定（10月24至25日）

哈尔西决心已定。10月24日20时22分，他命令博根和戴维森与谢尔曼特遣群会合，集体向北机动，于25日黎明对小泽舰队发起攻击。除此之外，他还指示回归途中的麦凯恩特遣群尽快补充燃料，加入特遣编队。哈尔西决心在旗舰舰桥上指挥一次大规模行动。但此举正中日军下怀。

双方之间，哈尔西的舰群报称，发现了齐装满员的北路舰队。不过，北路舰队当时尚未合兵一处。然而，哈尔西既已在数小时前采信了飞行员对于栗田舰队损失情况的夸大报告，又怎会怀疑此番报告中的强敌只是个幌子？10月24日午夜，第3舰队全体高速向北驶去。23时45分，3支航母战斗群如期会合。与此同时，栗田健男在惊讶之余如释重负，指挥中央舰队穿过眼下已无人看守的圣贝纳迪诺海峡。哈尔西一心追赶小泽舰队，并下令派出夜航搜索飞机。经过种种努力，2时稍过，小泽舰队的存在得到了确认，而且这支舰队就在100英里外。

米彻尔的参谋长阿利·伯克（Arleigh Burke）上校建议，为规避风险，避免己方的脆弱航母在黎明前误入敌军重型战舰阵中，明智的做法是立刻组建第34特遣编队（TF-34），将其排成战列线部署在前。哈尔西接受了这项建议。2时40分，威利斯·李（Willis Lee）中将的舰群高速脱离大部队。

哈尔西将此动作告知了尼米兹、金、麦克阿瑟和金凯德，后两人仅得到了间接消息。哈尔西的讯息，止于一句不可捉摸的电文：“我部3支特遣群已集结。”金凯德想必很快就收到了这条电文，因为3时12分，显然无法确定哈尔西真正意图的金凯德，抛出了一个直接的问题：“第34特遣编队是否在守卫圣贝纳迪诺海峡？”

对哈尔西而言，间接信号通路再次成了个大问题。直到6时48分，他才收到了金凯德提出的这一尖锐疑问。7时04分，他做出了明确回答：“否。第34特遣编队正与航母战斗群一同对战敌航母部队。”金凯德失望透顶，但再过几分钟，情形还会进一步恶化。

为了支援奥尔莫克湾登陆行动，美国陆、海军战机对日舰编队发起袭击。图为袭击过后，一艘日军战舰在莱特岛海域下沉。哈尔西认为中央舰队的多数日舰都处于类似状况，故动身追赶小泽舰队，但后者实为诱饵。（图源：贝特曼档案库，科比斯图片社）

栗田健男的中央舰队

萨马岛海战（10月25日）

栗田健男此时已大大落后于预定计划，再也无望与南路的西村祥治和志摩清英对莱特湾发起同步攻击。23时20分，“独立”号（Independence）航母的最后一批夜航飞机飞离了日军中央舰队上空。在哈尔西的重新部署下，这些飞机将转而前去搜寻小泽治三郎的北路舰队。这些飞机已经发回了中央舰队进展情况报告，主要供金凯德参考。但因第 3 舰队与第 7 舰队间的通信系统效率低下，没有记录显示金凯德曾收到过这些报告。

至 25 日 0 时 35 分，中央舰队已全部通过圣贝纳迪诺海峡。令栗田健男感到意外的是，这里连一艘美军哨戒舰艇也没有。栗田舰队继续沿萨马岛沿岸疾驶，以最短路线直扑目标。

金凯德的第 7 舰队拥有十分强大的火力，这一因素影响了哈尔西的决策。不过，这支舰队的用途是为两栖作战提供支援，而非参与大规模作战。该舰队的战列舰均为超期服役的老舰，航母也是清一色的护航航母。舰队中的护航航母组成了第 77 特遣编队第 4 特遣群，由托马斯·斯普拉格少将指挥，划分为 3 个特遣分队——“塔菲（Taffy）1 号”（由托马斯·斯普拉格直接指挥）、“塔菲 2 号”（指挥官为菲利克斯·斯顿普 [Felix Stump] 少将）和“塔菲 3 号”（指挥官为克利夫顿·斯普拉格 [Clifton Sprague]，他与托马斯·斯普拉格并无亲戚关系[12]）。在齐装满员的情况下，每支特遣分队可部署约 150 架飞机。各特遣分队独立行动，彼此可能相距 50 英里。10 月 25 日晨，“塔菲 1 号”位于最南端，在棉兰老岛北部海域活动。“塔菲 2 号”位于莱特湾正东。“塔菲 3 号”居于其北，在萨马岛海域活动，直接挡在了栗田健男中央舰队的行进路线上。

关于日军南路舰队进展情况的报告陆续定时送达，金凯德彻夜未眠。1 时 55 分，由于对哈尔西能否控制住北边海区持保留态度，金凯德命令斯普拉格自黎明起实施空中搜索。

10 月 25 日晨，天光渐强，栗田健男的忧虑逐渐加深。在此前的 48 小时中，栗田从旗舰的沉没中幸存了下来，但与许多亲信参谋人员失去了联络。美机的空袭如入无人之境，栗田经历了数小时的低空扫射、空中轰炸和鱼雷轰击，不得不丢下伤痕累累的“武藏”号战列舰，任其自生自灭。而到此时，他却得以穿过一条无人防备的咽喉要道，眼前的地

美军 GM FM-2“野猫”战斗机（通用汽车公司生产）在萨马岛海战中投入使用。这些“野猫”战机从“塔菲 2 号”和“塔菲 3 号”特遣分队护航航母的甲板上起飞，帮助美军在极为不利的情况下翻盘取胜。（图源：美国国家档案和记录管理局）

平线空空如也，仿佛在怂恿他前进，不禁令人生疑。

栗田确信第 3 舰队就潜伏在附近，其强大的空中力量很快就会向他倾泻火力。而当栗田舰队的雷达侦测到前方空域有飞机活动时，栗田的怀疑似乎得到了证实。6 时 27 分，随着朝阳在清朗的晨空升起，栗田改变了舰队部署，将夜间的巡航队形转换为防空编队。正当小型单位在大型战舰周围就位时，观察哨报告，前方地平线缀满了桅杆。数分钟内，又传来了凶多吉少的消息：这些桅杆属于航空母舰。

眼见担忧成真，栗田决心主动出击，尽可能让美军付出高昂的代价。时间不等人，栗田撤销了先前重新部署舰队的命令，改为发出“总攻”信号，让所有指挥官独立为战。一条由 4 艘战列舰和 6 艘重巡洋舰组成的威严战列线不见了，取而代之的场景是：栗田的舰只正混乱而仓促地冲向想象中势不可挡的敌舰编队。

实际上，栗田眼前所见不过是他心中所想。挡在前方的并非美军第 3 舰队，而是克利夫顿·斯普拉格的“塔菲 3 号”特遣分队的护航航母。第 3 舰队已被哈尔西派向遥远的北方。6 时 45 分，一架美机报告自己遭到了一支陌生战舰编队的攻击。种种征兆已经显现，观察员却表示难以置信。与此同时，日军战舰巨大的上部结构，正缓缓伸出地平线。

当炮弹掀起的第一排水柱穿过克利夫顿·斯普拉格的编队时，他下令改变航线，向东行驶。这一做法不仅拉开了空间，还使斯普拉格得以出动飞机，并广播紧急求援信号。

友军反应迅速，但“塔菲 1 号”约在 130 英里之外，“塔菲 2 号”的距离也有 50 英里。所有航母均派遣飞机增援，增援飞机不做准备，即刻启程。金凯德从指挥舰上对战斗机侦察分队下达命令，让后者将所有已升空的飞机派去支援斯普拉格。与此同时，“塔菲 3 号”的各艘航母排成了直径约 2500 码（2300 米）的圆形编队。“塔菲 3 号”的护航舰只则喷吐着大股黑烟，对庞大的敌军舰队发起真真假假的鱼雷攻击。日舰已在约 3 万码（27 公里）处开火，但因烟幕浓重，加之斯普拉格编队航线多变，日舰花费了一些时间才锁定目标。不妙的是，双方距离正快速拉近，敌舰那散乱无序的编队，反而使之能够向两翼包抄。

7 时 05 分，一场持续 15 分钟的暴风雨笼罩了陷入日军围攻的美军护航航母（CVE），使斯普拉格有机会向莱特湾的庇护处行进。同一时间，栗田健男则饱受数十架美机的困扰。美机并未协同出击，其中多数没有投掷炸弹，而是一再实施扫射。它们之所以如此作战，仅仅是因为没有时间挂载弹药。意外的是，日军观察员对美军护航航母的轮廓特征[13]并不熟悉，仍然臆断已方面对的是第 3 舰队。日舰心存顾虑，不敢接近美舰的杀伤范围。通过对日舰火力予以猛烈还击，斯普拉格的部队得以保全至此时。

不过，美军战舰也不可避免地受损。“约翰斯顿”号（Johnston）驱逐舰淹没在敌舰炮火中。同行的“赫尔”号（Hoel）和“黑尔曼”号（Heermann）驱逐舰，也遭遇了类似命运。但两舰“虚张声势”，以实际上已打光的鱼雷威胁敌人，迫使各艘日舰采取规避战术，使其编队阵型愈发支离破碎。“赫尔”号沉没前，共身中约 40 枚各种口径的炮弹。

骤雨浓烟中，海上能见度在 100 至 25000 码（90 米至 23000 米）间变化。只要觅得美军航母，日舰就会伺机开火。重压之下，斯普拉格派出了 4 艘小型护航驱逐舰。四舰均装备了鱼雷发射管，但却从未用过。眼下，这些舰只奉命前去填补浓烟中的空隙，寻机以鱼雷实施攻击。经过一番艰难摸索，四舰逐渐走上了正轨。有一阵子，通过“追随齐射落点”[14]，它们灵活地避开了敌舰的打击，但齐射的弹雨太多了。到 8 时 45 分，栗田已失去对所有舰只的战术控制力，但对斯普拉格而言，这一战的前景却着实黯淡。

余下的日军巡洋舰已自行组成纵队，自左舷一侧包抄美舰，驱逐舰

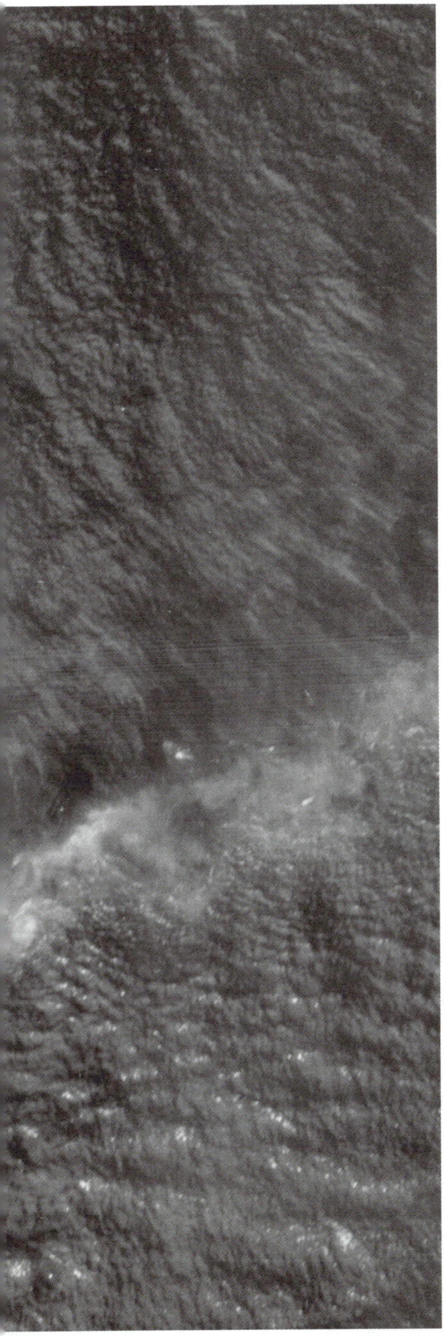

则再次尝试从右舷一侧实施包抄。重型单位和中央舰队的余下舰只位于后方。

斯普拉格的所有护航航母，此时正以最快速度向西南疾驶。敌军巡洋舰紧咬不放，距离近到美军护航航母能够使用单联装5英寸（127毫米）舰炮，透过烟幕的空隙还击。但“甘比尔湾”号（Gambier Bay）护航航母被击沉。不过，敌人并未占尽便宜。9时05分，就在“甘比尔湾”号护航航母翻转倾覆之际，从“基特昆湾”号（Kitkun Bay）上起飞的一队俯冲轰炸机，对“鸟海”号重巡洋舰实施了准确打击，造成严重破坏。大约20分钟内，“鸟海”号便沉没了。

9时24分，“塔菲2号”特遣分队已能看见日军战列舰的上部索具桅杆，双方的距离之近，使美舰进行了数次测距齐射。斯顿普出动了4波空袭机群，9时35分，他又派出了第5波。栗田意识到，己方舰只的残损数量也在增加。这

萨马岛海战期间，日军巡洋舰“筑摩”号躲避美军攻击。一颗炸弹已炸掉了这艘战舰的部分舰尾。“筑摩”号在此战中扮演着主导角色，将大部分攻击火力集中在了美军护航航母“甘比尔湾”号上。（图源：美国国家档案和记录管理局）

些受损舰只将妨碍日军实施任何快速撤退行动，而且麻烦的是，栗田那已完全陷入混乱的舰队，眼下又撞上了美军的第二支航母战斗群。此时，栗田健男距莱特湾的攻击目标仅有 50 英里远，但他依然深信自己正与美军第 3 舰队交战。他还推断，美舰的这番抵抗，使美军有足够时间撤走莱特湾内的所有两栖和运输舰船。因此，即便他的舰队成功突破美舰防线，也将有去无回，难逃覆灭的命运。连日的征战令栗田疲惫不堪，他的决心动摇了。

事实上，美军几乎已无从阻止栗田舰队推进至登陆行动发起区。用最恰当的话来说，挡在栗田面前的，唯有“战争迷雾”[15]。

9 时 11 分，栗田命令阵型散乱的舰队向北撤退，重新编队。此外，栗田还收到了令人不安的讯息，内容与南路舰队的命运（见下文）有关。因此，此时已脱离战场的栗田健男，在萨马岛海域漫无目的地游弋了 3 个多小时，决定接下来的最佳对策。13 时 10 分，栗田下令撤退，萨马岛海域的水面行动就此结束。

小泽治三郎的北路舰队

恩加尼奥角海战（10 月 25 日）

为了不在夜间错过敌方舰队，哈尔西的第 3 舰队不疾不徐向北行进。期间，哈尔西将舰队的战术指挥权交予米彻尔。到 10 月 25 日 4 时 30 分，根据约 2 小时前发回的夜间侦察报告，美军已将小泽舰队的方位定在了前方的交战距离上，并严密监视搜索雷达的显示屏。米彻尔其人既不虚掷时间，又处变不惊。在出动大量搜索飞机后，5 时 40 分，美军的第一波打击机群腾空而起。这支机群飞至舰队前方既定距离后，奉命盘旋等待，直至发现小泽舰队。7 时 10 分，小泽舰队露面。这支日军舰队位于吕宋岛北部的恩加尼奥角以东约 200 英里，距哈尔西仅 150 英里。由于米彻尔的先见之明，以逸待劳的美军空袭机群距日舰仅

80 英里。

8 时，首批“地狱俯冲者”俯冲轰炸机从高高的蓝空直扑而下。日军空中巡逻机队的战机数量不过 12 架，被上方的护航美机轻松揍了下来。为躲避美军俯冲轰炸机，日舰编队陷入混乱，使挂载鱼雷的“复仇者”战机有机会选择单个目标实施攻击。美机鱼雷约在 1500 码（1400 米）外施放入水。

面对日舰密集的防空火力，美机发起了坚决攻击。9 时 37 分，“千岁”号航母沉入水下。“瑞凤”号航母身中 1 弹，但没有沉没。美军的首要目标——小泽治三郎的旗舰“瑞鹤”号航母，在空袭临近结束时被 1 枚鱼雷击中，小泽因而转移到了“大淀”号轻巡洋舰上。

由于日军舰队已无空中掩护，美机得以引导后续波次发起空袭。第二波空袭的规模小得多，空袭火力集中于日军的“千代田”号航母。“千代田”号身中数枚炸弹，燃起了熊熊大火。第三波空袭由 200 架飞机展开，这一庞大机群于 13 时 10 分抵达目标空域。美机发现，小泽舰队中尚未受损的战舰，分为了 2 支主要舰群高速机动。随后，第三波空袭机群将打击火力集中于已经受损的“瑞鹤”号航母，最终于 14 时 15 分将其击沉。14 时 10 分，为了避免更多损失，小泽治三郎放弃了“千代田”号，任其自生自灭。

14 时 45 分，美军的第四波打击机群来袭。此次空袭最终击沉了“瑞凤”号航母。空袭火力随后集中于“伊势”号航空战列舰。不过，玩命机动的“伊势”号挺过了这次攻击。16 时 10 分，米彻尔派出了第五波机群，实施规模最大的一波空袭，但“伊势”号和“日向”号再次躲过一劫。最终，规模较小的第六波空袭机群于 18 时前抵达，机群中的多数飞行员已是当天第三次出击。疲惫的美军飞行员未对日舰造成更多损伤。但美军此前的空袭，已让小泽治三郎损失了 3 艘航母。而第 4 艘航母，也就是弃舰“千代田”号，也于 17 时左右被美军巡洋舰的炮火击沉。尽管如此，小泽还是成功引开了哈尔西的第 3 舰队，完全实现

萨马岛海域的美军护航航母制造烟幕，逃离日军中央舰队。“塔菲3号”特遣分队的幸运之处在于，栗田中将以为自己遭遇了一支全规模航母战斗群，因此谨慎有加。

“地狱俯冲者”俯冲轰炸机在马绍尔群岛上空翱翔。这些战机在莱特湾的诸多战事中发挥了重大作用，对日本海军资产造成了相当程度的破坏。（图源：汤姆·伦莱因）

了自己的作战意图。此外，他还将大部分残部带回了日本本土。

在哈尔西漫长的军旅生涯中，1944 年 10 月 25 日大概是最糟糕的一天。此时，哈尔西正在收到关于米彻尔首波空袭的有利报告，他认为美机之所以没有遇到空中抵抗，仅仅是因为打了日军一个措手不及。哈尔西了解到第二波空袭机群已经升空，小泽舰队已遭重创，便对其手下 4 支航母战斗群中的王牌——麦凯恩的第 38 特遣编队第 1 特遣群重新下达指令，命其在完成加油后“以最快速度”驰援金凯德。眼下，威利斯·李的第 34 特遣编队仍在北上。10 时左右，金凯德再次求援：“我部形势危急。快速战列舰（BB）和空袭支援可使护航航母免遭敌歼灭，阻敌进入莱特湾。”如果说这份电文使哈尔西感到不安的话，那么尼米兹本人从珍珠港发来的一封电报，则几乎立刻点燃了哈尔西的神经。电报内容为：“火鸡快跑入水 GG 在哪？重复。第 34 特遣编队在哪？ RR 全世界都想知道。”[16] 敌军的北路舰队已被击败，余部分散。哈尔西的 16 英寸（406 毫米）舰炮，距离这些日舰仅 40 英里，他无比渴望将其一举歼灭。于是，哈尔西分兵两路，一面命令谢尔曼和戴维森干掉小泽，一面指挥第 34 特遣编队的战列舰和博根的第 38 特遣编队第 2 特遣群回师莱特湾。此时是 10 时 55 分。

哈尔西的第 3 舰队

向南驰援（10 月 25 日）

哈尔西有些茫然。南北均有敌人，但均鞭长莫及。栗田的中央舰队险恶地徘徊着，其指挥官踌躇未决。“塔菲 3 号”特遣分队已经溜走，但这并不意味着护航航母的磨难就此结束，因为托马斯·斯普拉格的“塔菲 1 号”自身正面临着挑战。“塔菲 1 号”已于破晓时分派出了 28 架战机组成的空袭机群，目标直指日军南路舰队。1 小时内，该特遣分队陆续派出余下每一架可用的飞机，支援“塔菲 3 号”。一系列激烈事件中，所有人都无暇顾及敌军陆基飞机那近乎不存在的威胁。

7 时 40 分，6 架日机从棉兰老岛方向飞来，朝下方的美舰俯冲而去。这是新成立的神风特攻队首次参战。神风特攻队飞行员均已做好准备牺牲自己，驾机实施有纪律、有预谋的攻击。就在“塔菲 1 号”特遣分队清理残骸、救助伤员之际，克利夫顿·斯普拉格的“塔菲 3 号”被神风特攻飞机选为了目标，再遭重创。其中，“圣罗”号（St. Lo）护航航母被击沉。

栗田健男的中央舰队

栗田的解脱（10 月 25 至 26 日）

就在栗田健男为是否应当撤离而大伤脑筋时，12 时 20 分，他遭到了“塔菲 2 号”和“塔菲 3 号”发起的最后一波零散攻击。尽管此前遭到了日军水面炮火和神风特攻队的凶残打击，但这两支护航航母战斗群依然斗志昂扬。10 时 40 分，麦凯恩特遣群的航母从 335 英里（539 公里）之外出动了 100 架飞机，发起了二战中距离最远的航母打击行动之一。由于需要将燃料加到最满，参战美机只能携带炸弹，无法装载鱼雷。空袭在 13 时 15 分展开，但麦凯恩的战机对栗田舰队造成的损伤微不足道。

与此同时，栗田与哈尔西之间的距离正快速缩小。21 时 40 分，“独立”号航母的夜航飞机再度率先遇敌，它们发现的实为敌中央舰队。当时，中央舰队正以单列纵队鱼贯进入圣贝纳迪诺海峡。哈尔西命令两支航母战斗群在拂晓时分准备完毕，“痛扁”日舰编队。

两支航母战斗群于 26 日 5 时会合，并在 1 小时后发起第一波空袭。不过，直到 8 时 10 分，美军才确定了日舰编队的方位，派出第二波空袭机群。12 时 45 分，第三波空袭机群腾空而去。不过，在疲劳的影响下，美机的进攻锋芒已有所减弱，栗田幸运地只损失了 1 艘轻巡洋舰和 1 艘驱逐舰。

南路舰队

进场阶段（10 月 24 日）

上文叙述了日军中央舰队和北路舰队的命运，在此期间，为避免读者混淆，笔者有必要将西村舰队（南路舰队）和志摩舰队（后方编队）的进展与命运暂且搁置。这两支舰队虽然得到了彼此支援配合的命令，但均未尝试联系对方。

10月24日9时05分前，西村祥治的先头编队稳步推进。当时，戴维森的第38特遣编队第4特遣群的搜索飞机报告，这支日舰编队位于内格罗斯（Negros）岛最南端以西约50英里，美机对其实施了俯冲轰炸，但收效甚微。约3小时后，美军发现了志摩清英所率后方编队，后者同样在绕道前往内格罗斯岛。12时40分左右，美军再次得到了关于西村舰队动向的报告。此后，西村舰队无人察觉地航行了近12小时，因为在哈尔西的命令下，戴维森特遣群已与其他特遣群一同北上。而当戴维森告诉哈尔西，其特遣群的飞机正在追踪一支规模可观的日舰编队时，他得到的回答是，第7舰队有足够的资源对付这支日军。不过事实上，截至此时的各份目击报告，在日舰的数量和类型上相互矛盾。然而，金凯德的主力部队还是被引向南方对付南路舰队，无法在紧要关头现身萨马岛海域，迎击栗田的中央舰队。而当金凯德急需关于敌军进展的定时报告时，戴维森特遣群又被调离，爱莫能助。因此，这位第7舰队司令只能依靠装备雷达的PBY水上飞机获取敌情，但后者完全没能找到日军舰队的踪迹。

金凯德的第7舰队

金凯德的部署（10月24日）

24日午后不久，金凯德向所有作战单位发出警报，指出敌军很可能在当天夜里发起攻击，并指派全权指挥各轰炸大队的杰西·奥尔登多夫少将，就第7舰队的必要迎战部署做出安排。奥尔登多夫将把地理环境转化为优势。日军舰队希望走条不受察觉的航道，悄悄进入莱特湾，但奥尔登多夫将这条航道变成了死巷。

金凯德的众多海军资产中，包括39艘鱼雷巡逻艇（PT boat）。由于眼下缺乏有效的夜航侦察机，奥尔登多夫将鱼雷巡逻艇分为13组，

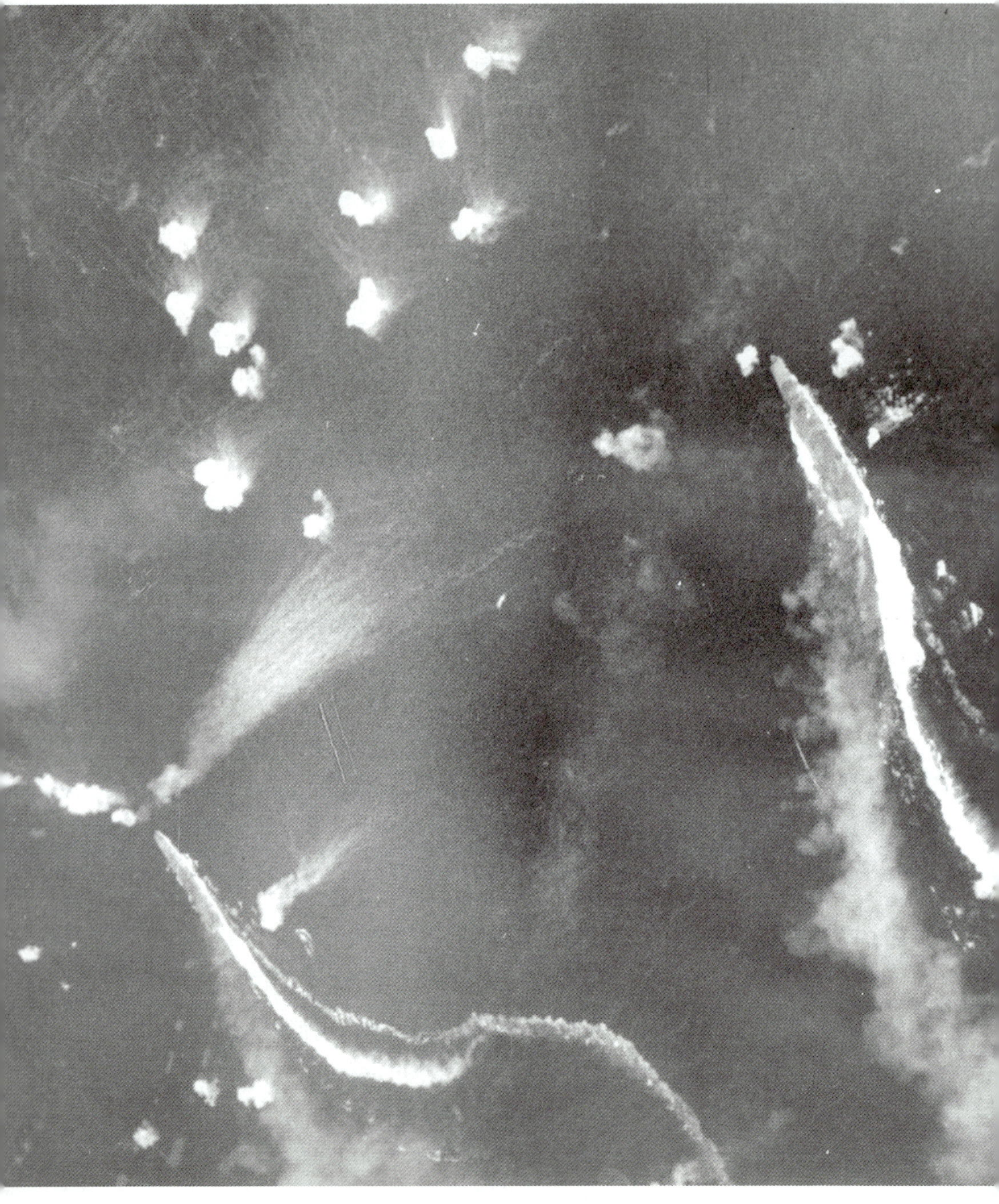

每组 3 艘，部署于保和岛（Bohol Island）和苏里高海峡间约 100 多英里的海面上。这些鱼雷巡逻艇的任务是静静潜伏，报告敌军航线，然后各组轮番发起攻击。

由于假定哈尔西将控制住接近莱特湾的北部海区，因此，在奥尔登多夫策划的迎战部署中，水面战舰的数量将最大化。28 艘驱逐舰将在苏里高海峡伏击日舰编队。撑过这波伏击的日舰，随后将向海峡上端行进。但这些日舰只会发现，奥尔登多夫的重型战舰挡在前方，锁住了出口。6 艘战列舰（由乔治·韦勒 [George L. Weyler] 少将行使战术指挥权）将形成战列线，在开放水域全速航行，使其舷侧的全部火力不受阻碍地倾泻在目标上。列阵对敌的美军战舰还不止于此。韦勒的战列线两翼，还部署有巡洋舰部队。这些巡洋舰补上了战列线两端与邻近海岸线之间的空隙。左侧的巡洋舰部队由奥尔登多夫亲自指挥，包括 3 艘重巡洋舰和 2 艘轻巡洋舰。右侧的巡洋舰部队包括 1 艘重巡洋舰和 2 艘轻巡洋舰。这场似已无可避免的海上交锋，将在黑暗中打响，交战双方均无法使用飞机。这场海战，将成为同类海战的绝响 [17]。

恩加尼奥角海战中，日军航母“瑞鹤”号（左）和“瑞凤”号（右）在美军攻击下实施机动。（图源：美国国家档案和记录管理局）

南路舰队：苏里高海峡之战

第一阶段（10月24至25日）

22时36分，“PT-131”号鱼雷巡逻艇在雷达上发现了西村祥治的先头编队。此时此刻，日军“最上”号重巡洋舰和3艘驱逐舰已奉命前出，2艘战列舰和1艘驱逐舰（“时雨”号）尾随其后。后3艘战舰右舷受敌，转身前去迎战袭击者。紧接着，美军鱼雷巡逻艇发起了殊死行动。与此同时，“时雨”号的探照灯打向了这些鱼雷巡逻艇，以所有武器与之交火。与轻型舰艇的普遍状况一样，这些鱼雷巡逻艇很少受过鱼雷攻击训练。

其他各组的美军鱼雷巡逻艇也未占到多大便宜，因为日舰编队展示了夜战方面的天赋。此次防御的成功，以及当下的进展，打消了西村祥治的疑虑。他于1时向栗田健男（其中央舰队已离开圣贝纳迪诺海峡）和志摩清英发电，称他将途经帕纳翁岛（Panaon Island），于1时30分进入苏里高海峡。西村收拢编队，向莱特湾做最后进逼。2艘驱逐舰居前搜索，旗舰“山城”号（Yamashiro）在约4000码（3700米）后跟随。余下2艘驱逐舰位于“山城”号两侧。

在帕纳翁岛与棉兰老岛间8英里宽的海面上，另5组美军鱼雷巡逻艇正严阵以待。此时的日舰编队正在实施六点转向，以便顺利进入海峡，因而十分脆弱。日舰编队的防御同此前一样警惕而高效，小小的美军鱼雷巡逻艇再次被“扫”到了一旁。2时13分，这支先头编队击退了最后1艘美军鱼雷艇。还有3组鱼雷巡逻艇在前方埋伏，但它们奉命规避，由驱逐舰发起攻击。若非攻击了志摩清英的后方编队，这些鱼雷巡逻艇将遭受彻底的失败。3时25分左右，志摩舰队绕过帕纳翁岛时，“PT-137”号艇成功地以1枚鱼雷击中了“阿武隈”号轻巡洋舰。“阿武隈”号脱离了编队，但仍未下沉。次日，美国陆军的轰炸机将其炸沉。

到 1944 年末，日军针对美军部队发起的“神风”攻击，已成为太平洋战争的一项普遍特征。这些攻击体现了日军的决心，并对美军舰队造成了大量损伤。同时，它们还将恐惧注入了美军部队心中。（图源：汤姆·伦莱因）

参战鱼雷巡逻艇的数量为 30 艘，共发射了 34 枚鱼雷，命中 1 枚。10 艘鱼雷巡逻艇被还击火力损伤，其中 1 艘沉入水下。美军驱逐舰会取得更好的战果吗？

第二阶段（10 月 25 日）

韦勒的战列舰以南约 1 万码（9.1 公里）处，第 54 驱逐舰中队（Desron 54）同样巡经苏里高海峡北端。由于鱼雷巡逻艇当时已发回了西村舰队的进展报告，奥尔登多夫将报告转发驱逐舰人员。后者得到命

奥尔莫克湾战役只是莱特湾内部及周边战事的一部分。该战役爆发的原因在于，日军发起了行动，向莱特岛守军提供增援与补给。起初，美军以为日军意在撤出岛上的部队。但到了11月，情况进一步明朗，日军的真实意图，是将3.4万名援军送上莱特岛。美军随后开始拦截护航船队，如图所示。图中，一架B-25战机正在扫射日舰。（图源：汤姆·伦莱因）

令，只能以鱼雷实施攻击，不准使用舰炮暴露位置。为了保持隐蔽，也为了在韦勒的战列舰开火时保持距离，各驱逐舰分队在实施攻击后，将转而驶向海岸。自美军鱼雷巡逻艇的最后一攻结束，已过去了平静的半小时。不过，日舰编队依然保持警惕。3 时，就在美军驱逐舰依次向左急转，射出鱼雷之际，日舰的探照灯再次刺破夜幕。不过，由于双方相距 9000 码（8200 米），日舰的探照灯未能照亮美军驱逐舰。鱼雷首先击中了“扶桑”号战列舰，然后是“山城”号战列舰和 3 艘驱逐舰。3 艘驱逐舰中，有 1 艘沉没，另 2 艘遭受重创。

现在轮到第 24 驱逐舰中队（Desron 24）出击了。该中队有 6 艘驱逐舰，负责掩护奥尔登多夫的右翼巡洋舰部队。这些驱逐舰沿苏里高海峡西侧下行，编为 2 个分队，直接命中“山城”号一次，并干掉了“扶桑”号和“满潮”号。此时，身负重创的“山城”号放慢了速度，但仍行驶在既定航线上。到韦勒的战列线开火时，“山城”号舰尾右舷一侧，仅余尚未受损的“最上”号重巡洋舰，以及唯一残存的驱逐舰“时雨”号。

第三阶段（10 月 25 日）

不得不说，西村祥治有副赤裸裸的胆量，因为他将手下的残破编队领进了“地狱火海”。到了 4 时，“山城”号已多处起火，火光照亮了舰身的每一处细节。海水大量涌入这艘战列舰，使之缓缓倾覆，于 4 时 19 分沉入水下。一同葬身水下的，还有西村祥治中将和大部分舰员。虽然“最上”号未被美军战列舰和驱逐舰完全击毁，但这艘重巡洋舰也着了火，舰长阵亡。眼见大势已去，仅存的日军驱逐舰“时雨”号的舰长，决定撤入相对安全的茫茫夜幕，最终偶遇了志摩清英后方编队的先头舰。由于无法同西村祥治取得联系，志摩清英的后方编队已经撤退。

第四阶段（10 月 25 日）

志摩清英将自己的意图电告东京，然后召回了麾下的驱逐舰，于 4

时25分开始撤离。又过了数分钟，在奥尔登多夫的航迹标绘台上，敌军南路舰队余部正在撤离的事实，才变得显而易见。或许是由于反应迟缓和疲劳过度，奥尔登多夫的追击显得漫不经心，追击部队的航速起初仅有15节。

5时20分，在渐明的天光中，奥尔登多夫看清了自己的猎物。“最上”号仍在燃烧，如同“着火的城市街区”。这艘倒霉的日舰招来了炮

澳大利亚巡洋舰“什罗普郡”号（HMAS Shropshire）（远处左方）和“澳大利亚”号（HMAS Australia）（远处右方）参与了莱特湾之战。其中，“什罗普郡”号还出现在了苏里高海峡的巡洋线中。（图源：美国国家档案和记录管理局）

苏里高海峡之战双方主要动向及关键事件图示。（图源：鱼鹰出版有限公司）

火，但又一次幸存下来。不过，到7时30分，“朝云”号驱逐舰已经沉没。但随后传来消息，斯普拉格的护航航母与栗田的重型编队交上了火。眼下，志摩清英的好运仍在延续。追击舰只在燃料不足、弹药短缺的情况下，仍逐步提至全速，朝反方向驶去，协助应对莱特湾周边不断加深的危机。

肃清残敌

收尾阶段（10月25至27日）

上述几场主要战事过后，显而易见的是，在10月25日某时，包括志摩清英、栗田健男和小泽治三郎在内，有不下3名日本海军将领正在撤退，试图尽量保住残余实力。美军的任务仍是利用日军舰队的混乱，敲掉那些受损和脆弱的日舰。从时间顺序上看，第一支撤退避险的日舰编队是南路舰队，该舰队大概于4时25分转向。对于是否进一步发起水面行动追歼志摩舰队，奥尔登多夫犹豫不决。与此同时，斯普拉格的护航航母率先出击，于5时45分派出了1支空袭机队。直到9时10分，这支机队才找到了奄奄一息的“最上”号，最终将其击沉。斯普拉格的护航航母脱离栗田舰队的威胁后，再次回应了奥尔登多夫此前的请求，对志摩舰队发起了最后的空袭。25日15时左右，美机发现了已深入棉兰老海[18]的志摩舰队，但仅仅击伤了1艘驱逐舰。

在此期间，栗田于12时36分发出信号，开始撤退。尽管损失了“野分”号驱逐舰，但在21至22时之间，栗田舰队还是消失在了圣贝纳迪诺海峡中。

10月26日，美军航母出动舰载机，与陆基B-24轰炸机共同对栗田舰队发起了3次空袭。但由于撤退及时，栗田同样保住了相当比例的部队。自10月25日6时30分左右起，小泽治三郎的北路舰队大致向北航行，仍欲将哈尔西的第3舰队诱往北方。

NEWS ALL THE TIME
...me Delivered Circulation
... Advertising Volume

Los Angeles Times

EQUAL RIGHTS
LIBERTY UNDER THE LAW
TRUE INDUSTRIAL FREEDOM

IN TWO PARTS
PART I — GENERAL NEWS
Times Office: 202 West First Street
Los Angeles 53, Cal.
Times Telephone Number MAdison 2...

CC THURSDAY MORNING, OCTOBER 26, 1944 DAILY, FIVE CE...

...S. DEFEATS ENTIRE JAP NAV...

...ttleship, Carrier Sunk; 7 Others Damage...

...y Vows ...ity in ... House

...eader Lists ... Methods' ... New Deal

...EN B. FRANCIS ... Representative

..., Oct. 25.—Re-... battle cry, "He ...here it is!" Gov. ...ewey tonight de-... of the most vig-... ...ents of the cam-... ...inst President ...d the New Deal. ...ast speech before ... in the stadium ...epted the nomina-... ...four months ago, ...ed that Mr. Roose-... talking in this ...t 'fraud' and 'fal-... ...hen, after listing ...examples of Mr. ...devious methods."

...wonder that when ...ouse speaks, the ... the people ask is ... the news is good ... it true?'"

...store Honesty

...ministration," he ...ce again restore ...integrity to the ... so that its spoken ...rusted." ... that "for a thou-... ...aid on the line to

...ress ...ts Set

...ey's talk from ... night will be ...oday as follows: ..., KECA; 12:30-... ...FC; 1:30-2 p.m.,

...urth term drive" ...ion "boldly offers ... privilege, includ-... ...l privilege of as-... ...formulation of ad-... ...licies.'" ...om a letter dated ...hich he said was ... letterhead of the ...cratic campaign ...Little Rock, Ark., ... H. L. McAllister ...Watkins, State fi-... ..., inviting the re-... ... the "One Thou-... ... the payment of ... Democratic cam-...

... Quoted

...read what he said ...ng quotation from

MAY RETURN — Dr. Clarence A. Dykstra, who may become provost at U.C.L.A.

Dr. C. A. Dykstra May Be Named U.C.L.A. Provost

The nomination of Dr. Clarence A. Dykstra, former Los Angeles educator and administrator and now president of the University of Wisconsin, for appointment as provost for the Los Angeles campus of the University of California, may be made by Dr. Robert Gordon Sproul, president of the University of California, at a meeting of the Board of Regents of the university at the California Club tomorrow.

Appointment of someone to fill the post left vacant by the death of Dr. Earle R. Hedrick Feb. 3, 1943, is known to be considered a matter of increasing urgency by alumni groups and other leaders of the university, and action by the regents was considered likely tomorrow.

Leading Possibility

While Dr. Sproul is known to have been considering several of the university faculty members and three or four other eastern educators as nominees, it was reported to several friends of the university yesterday that Dr. Dykstra is the leading possibility for the appointment.

Dr. Sproul last night admitted that he had been considering Dr. Dykstra "among several possibilities for the nomination" and indicated that nomination and appointment of a provost is likely to be the chief order of

Turn to Page 12, Column 2

All Must File New Tax Form

Every employee in Southern California as well as the rest of

Allied Pincers Closing In on 70,000 Nazis

Power Drives Seize 'S Hertogenbosch and Smash Into Tilburg

ALLIED SUPREME HEADQUARTERS, PARIS, Oct. 26 (Thursday.) (U.P.)—Allied armies, in a series of power drives gaining up to eight miles on a 100-mile front, yesterday broke the back of German resistance in Southern Holland and tightened a squeeze on possibly 70,000 enemy troops which belatedly wheeled north, hoping to escape across the bridgeless Maas Estuary.

Using flame throwers, the British 2nd Army captured 'S Hertogenbosch except for a knot of resistance in the southwest corner of that road hub, smashed into the outskirts of Tilburg, 12 miles to the southwest, and surged ahead in no less than seven columns.

Canadians Capture Fort

To the west the Canadian 1st Army captured Ft. Frederick-Hendrik after a bitter three-day battle, clearing the south bank of the Scheide Estuary, and shot six miles up the neck of Beveland Peninsula, north of the Scheide, against weak opposition. The latter drive resulted in the capture of Rilland, six miles west of Woensdrecht on the mainland.

The Canadians also advanced five miles up the west coast northeast of Beveland and began outflanking the road center of Bergen Op Zoom.

Nazis Escape by Ferry

Only rear guard resistance was encountered in these drives, indicating that the 10,000 or so Germans commanding the Antwerp passage from the north are trying to withdraw toward Rotterdam from island to island by ferry.

Between the main Canadian and British drives a new British push began rolling toward the city of Breda in the center of the Dutch front. Advancing two miles from positions established some time ago north of Baarle Nassau, the British are only about five miles from Breda.

It was estimated that up to 70,000 Germans are on the move

Turn to Page 5, Column 3

Two Ration

U.S. NAVY BLOWS IN WESTERN PACIFIC—Arrows indicate U.S. aerial blows in the Western Pacific, including 3rd Fleet carrier action and an attack on Kyushu by Superfortresses. In the Philippines area the U.S. Navy won its greatest victory when two Jap naval forces entered the Sibuyan and Sulu seas while a third moved south from Formosa.

Progress of Philippine Naval Battle at Glance

BY THE ASSOCIATED PRESS

Out of a welter of reports, here briefly appears to be the still-developing situations in the Philippines-Formosa naval-air battles:

The Japanese sent two fleet groups eastward against invaded Leyte in the Central Philippines. A third fleet group moved down from Formosa.

Although outnumbered, Vice Adm. Thomas C. Kinkaid split up his 7th Fleet to engage the two groups moving toward Leyte.

Adm. William F. Halsey's 3rd Fleet carrier planes took on the third group approaching from Formosa.

Kinkaid's forces won and sizable results have been announced. Reports are somewhat meager on the Formosa action, although Adm. Chester W. Nimitz has reported from Pearl Harbor the definite sinking of a large Nipponese carrier and two others damaged.

Of the two groups Kinkaid took on, here is what happened:

One group moved out of the Sulu Sea through the Mindanao Sea, passed through Surigao Straits and approached Leyte Gulf from the southwest. A 25-minute naval battle, plus carrier-plane attacks, occurred. The Japanese fleet withdrew to the southwest, leaving a Yamasiro class battleship sinking and several cruisers and destroyers sunk.

The second Japanese group, moving through the Philippine inland sea of Sibuyan, sailed between Luzon and Samar and was engaged off the east coast of Samar. It was attacked with gunfire, then by planes of Kinkaid's escort carriers, supported by flyers from another American task force, forcing it to flee north.

Victory Told by Eyewitness

[Following is the first eyewitness account of the naval battle which ended in a great American victory yesterday.]

BY RALPH TEATSWORTH

ABOARD ADM. KINKAID'S FLAGSHIP OFF PHILIPPINES, Oct. 26. (U.P.)—The Tokyo Express rammed into the American Navy Limited today.

The pride of Japan was wrecked so badly it may never make another long trip. It was the day our Navy had dreamed about for more than a year.

Concentrated Hell

It was 17 hours of concentrated hell, and the most amazing thing about the battle was that our Pacific flight carrier force—which nobody thought could deliver such a terrific punch—held off the bulk of the Japanese fleet all day and had it on the run all afternoon.

Enemy Loses Cruisers and 150 Planes in Most Crushing Defeat of Wa...

U.S. PACIFIC FLEET HEADQUARTE... PEARL HARBOR, Oct. 25. (U.P.)—The Japan... navy has been defeated, seriously damaged a... routed in the Philippines in momentous enga... ments with the United States Fleet which ha... cost the enemy at least one battleship and one a... craft carrier sunk, at least five battleships and t... carriers heavily damaged, and several cruisers a... destroyers sunk, it was announced today.

Complete details of the engagements have not been ...ceived and the battle is continuing.

The news of the great American naval victory—poss... the greatest of all time—was disclosed in a series of ...matic announcements and eyewitness accounts which ... of furious aerial engagements between carrier planes ... with warships of both fleets firing broadsides at each ot... in close contact.

Halsey Reports to President

Adm. William F. Halsey, commanding the U.S. 3rd F... which won one part of the victory, reported to Presid... Roosevelt:

"The Japanese navy in the Philippines area has b... defeated, seriously damaged and routed by the Un... States Navy in that area."

Gen. Douglas MacArthur said in a special statem... "The Japanese navy has received its most crushing de...

Illustrated on Page 3, Part I.

...of the war. Its future efforts can only be on a dwind... scale."

Adm. Ernest J. King, commander-in-chief of the Un... States Fleet, said that virtually the whole Japanese f... was involved in the series of actions, which extended fr... the mid-Philippines invasion zone to the waters betw... the Northern Philippines and Formosa.

(Gordon Walker, broadcasting from Leyte Island ... Mutual Network, quoted a naval spokesman as saying ... practically every major ship in the Japanese navy, with ... exception of carriers, has been either sunk or damaged.)

Down 150 Jap Planes

At least 150 enemy planes have been shot down, probably the total will prove above 200.

The United States has lost the 10,000-ton light airc... carrier Princeton and several PT boats sunk and sev... escort carriers and destroyers damaged.

MacArthur reported the loss of an American escort ...rier. Presumably this was not the Princeton, which ... full-fledged carrier.

At the same time MacArthur announced that his tr... had invaded Samar, third largest island of the Philippi... while on Leyte the Americans drove nine miles inland ... seize Burauen.

The enemy battleship known sunk was of the 29,... ton Yamasiro class mounting 12 14-inch guns in its m... batteries. It was in one of two Japanese battleship for... tions which attempted to attack MacArthur's inva... forces in the Leyte Gulf. Both formations were ...

WORLD WAR II: LEYTE GULF.
...he Granger Collection, New York

1944 年 10 月 26 日，《洛杉矶时报》（*Los Angeles Times*）头版报道了美国在莱特湾海战对日本海军部队取得的胜利。（图源：Topfoto）

虽然哈尔西已于 11 时 15 分派第 34 特遣编队南下，但他仍留有一支 4 艘巡洋舰组成的编队，用以歼灭小泽舰队的掉队者。身负重创的“千代田”号航母被击沉。随后，“初月”号驱逐舰被美军驱逐舰击沉，“多摩”号轻巡洋舰也于 10 月 25 日 23 时 10 分被一艘美军潜艇击沉。扮演牺牲角色的北路舰队不仅损失了全部 4 艘航母，还损失了 1 艘轻巡洋舰和 3 艘驱逐舰。纵使如此，小泽治三郎还是成功完成了任务，并带回了 2 艘战列舰、1 艘轻巡洋舰和 5 艘驱逐舰。

结局与影响

1936 年，一份美国海军战争学院出版物指出，在海战中，“过失屡见不鲜，错误司空见惯；情报甚少完整，常常有失准确，频频出现误导”。这段话也可写在莱特湾海战之后。10 月 23 至 26 日间，美军的菲律宾登陆行动引发了一系列冲突，这些冲突一同构成了史上最大的海战。但通信流程的落后，使一场大捷未能转化为全面胜利。此前 6 月的菲律宾海海战过后，日本帝国海军需要时间重新训练兵员。美军做出了正确选择，通过迫使日军在莱特岛一带全力出击，使其无法获得喘息之机。虽然日军水面舰队有相当一部分战舰保存了下来，但再无能力对美军的制海权发起重大挑战。

注释

[1] 第 38 特遣编队（TF-38）又译第 38 特遣舰队或第 38 特混编队。

[2] 海军大学校简称“海大”，是旧日本帝国海军培养高级军官的学校。

[3] TBF 和 TBM 分别指格鲁曼公司和通用汽车公司生产的“复仇者”轰炸机。

[4] “褐水”海军（“brown water” navy）泛指具备近海作战能力的海军形态。根据海洋地理学，海军可分为内河、褐水、绿水和蓝水等 4 种类型。

[5]　“皇后”（Queen）是国际象棋棋局中实力最强的棋子，横、竖、斜都可以走，步数不限。

[6]　第 6 突击兵营（6th Ranger Battalion）又译第 6 游骑兵营。

[7]　印第安魔咒（Indian Sign）指带来厄运的诅咒。

[8]　航空战列舰是战列舰与航空母舰的结合。

[9]　“镖鲈”号（Darter）是一艘猫鲨级潜艇，又译“海鲫”号。

[10]　“雅罗鱼”号（Dace）是一艘猫鲨级潜艇，又译“鲦鱼”号。

[11]　指航母作战先驱老约翰·麦凯恩（John S. McCain Sr.）。其子小约翰·麦凯恩（John S. McCain Jr.）曾在二战中任潜艇指挥官，后在越战中任美国太平洋舰队总司令。

[12]　虽然克利夫顿·斯普拉格与托马斯·斯普拉格并不存在亲戚关系，但二人均曾就读于美国海军学院，并从同一个班级毕业。

[13]　护航航母是种小型航空母舰，其岛式上层建筑比常规航母袖珍得多。

[14]　追随齐射落点（chasing salvoes）指舰船向对方上一波齐射的弹着处机动，因为下一波齐射不太可能打中同一位置。

[15]　战争迷雾（Fog of War）是 RTS 类游戏用语，包括地形黑雾和视野迷雾。

[16]　GG 和 RR 是为迷惑敌方、防止电文破译而加入的间隔字母，二者之间的内容才是电报正文，其余为无意义文字。哈尔西的译码官误把 RR 后的文字也当作正文，未予删除。哈尔西阅读电文后觉得受到了嘲讽，故勃然大怒。

[17]　苏里高海峡之战是世界海战史上的最后一次战列舰对决。

[18]　棉兰老海（Mindanao Sea）又名保和海（Bohol Sea），位于菲律宾南部，是米沙鄢群岛和棉兰老岛之间的一个陆间海。

从登陆艇尾部拍下的这张照片，记录了美军陆战队陷入的混乱——火山灰深及脚踝，敌军火力点和掩体正在前方，每过 5 分钟，都有更多部队抵达。（图源：美国国家档案和记录管理局）

第九章 硫磺岛

战役肇始

1944年尾声将至，日军在所有战线上都面临着失败，准备立足“内防御圈”守卫本土。硫磺岛占据着特殊的战略位置，位于B-29“超级堡垒”轰炸机从马里亚纳群岛飞往东京的航线中途。因此，美军势必要将其纳入掌控。在美军于1944年夏占领塞班岛、提尼安岛和关岛之前，B-29轰炸机仅可从中国中部地区的基地起飞，对日本南部实施突袭。由于轰炸机燃油需跨越数千英里危险地带空运而来[1]，加上载弹量小带来的限制，这些空袭行动的影响力微乎其微。不过此时，随着5座大型机场在距日本本土仅1500英里的美占岛屿上竣工，第20航空队已能畅通无阻地对日本的工业心脏地带发起大规模空袭。

根据计划，第20航空队将实施一种新战略——“区域轰炸”。挡在其飞行路径上的唯一障碍，便是硫磺岛。该岛拥有2座机场，第三座也正在施工。此外，岛上的一座雷达站还能在袭击来临前2小时发出预警。美军空中力量急需消除硫磺岛机场的日军战斗机带来的威胁，消灭岛上的雷达站。美军若能拿下该岛，便能获得额外的好处：为受损的轰炸机提供庇护；为海空救援水上飞机提供设施；更重要的是，为P-51“野马”远程护航战斗机提供行动基地。

过去3年来，美国开发的种种两栖技术，即将在硫磺岛上迎来终极测试。3个美军陆战师将与2.1万余名掘壕坚守的日军展开厮杀。而这支日军的指挥官，是才华横溢、坚韧不拔的陆军中将栗林忠道。栗林即将从硫磺岛向妻子发出诀别：“不必期待归来。”令人黯然的是，对于近6000名美军陆战队员而言，栗田的这句话也将成谶。

作为一名经历过塔拉瓦和马里亚纳群岛之战的老将，时任美国太平洋舰队陆战队司令的陆军中将霍兰·史密斯，将硫磺岛战役称为：“海军陆战队史上最残酷、代价最高昂的一场战役。”

双方指挥官

美军指挥官

1944年10月3日，美国参谋长联席会议向太平洋舰队兼太平洋战区总司令切斯特·尼米兹上将发出指示，命其攻占硫磺岛。与海军陆战队此前在“跳岛”作战中实施的两栖登陆一样，对于代号“分遣行动”（Operation Detachment）的硫磺岛突击作战，尼米兹也委派了手下久经战火的战术三杰——斯普鲁恩斯、特纳和史密斯制定和实施计划。从最初的塔拉瓦登陆行动（1943年）起，三人已策划了几乎每一场作战行动。

雷蒙德·斯普鲁恩斯在中途岛一战的表现十分突出，自此之后，他就成了尼米兹的左膀右臂。他安静而谦逊的举止下，隐藏着刀刃般锋利的智谋，以及善用参谋人员经验智识的能力。相比之下，联合远征部队指挥官里士满·凯利·特纳少将则有着暴躁易怒、出口成“脏”的恶名。不过，特纳拥有极为突出的组织能力，因而承担了行动发起人的特殊角色。紧密衔接数十次空中打击和对岸轰击，指挥成千上万名官兵离开登陆载具，以对的顺序在对的海滩登陆，可谓责任深重。稍有不慎，便可能引发潜在的灾难。不过，特纳一次次证明了自己的能力。霍兰·史密斯是太平洋舰队陆战队司令，已步入职业生涯的尾声。他那咄

五星上将切斯特·尼米兹。（图源：美国海军）

雷蒙德·斯普鲁恩斯中将。（图源：美国国家档案和记录管理局）

里士满·凯利·特纳少将的组织能力堪称传奇。除佩莱利乌一役外，他策划了太平洋中的每一场登陆行动——从瓜岛之战，直至最后的冲绳之役。（图源：美国海军）

霍兰·史密斯中将脾气火爆。图中，他戴着双色头盔，身旁是美国海军作战部长（带双筒望远镜者）和一群参与硫磺岛之战的海军陆战队员。（图源：美国国家档案和记录管理局）

咄逼人的战术和毫不妥协的态度，使他树敌众多，其中便包括麦克阿瑟。硫磺岛之战中，他满足于退居幕后，支持第 5 两栖军军长哈里·施密特少将出战。

硫磺岛登陆行动中，美军将史无前例地集结 3 个陆战师，即陆战 3 师、陆战 4 师和陆战 5 师，分别由格雷夫斯·厄斯金（Graves B. Erskine）少将、克利夫顿·凯茨（Clifton B. Cates）少将（曾获海军十字勋章）和凯勒·罗基（Keller E. Rockey）少将指挥。筹备和实施“分遣行动”中陆战队作战行动的重任，落到了第 5 两栖军登陆部队指挥官哈里·施密特少将肩上。作为一名参加过塞班岛之役的老手，他将获得一份殊荣——指挥在单场战役中参战规模史无前例的海军陆战部队。

日军指挥官

5 月，栗林忠道中将被日本首相东条英机大将召至办公室，得知自己将担任硫磺岛守备部队指挥官。栗林忠道是名武士，也是位拥有 30 年杰出服役经历的资深军官。他曾以副武官身份驻美，并曾对家人声称：“美国是日本最不应与之交战的国家。”栗林忠道成功做到了太平洋战场上其他日军指挥官未能做到的事——使美军陆战队的伤亡人数超过己方。

双方部队

美军部队

美军陆战队总兵力逾 7 万人，包括许多久经战火的老兵。2 月 15 日，美军进攻舰队离开塞班岛，先以坦克登陆舰运送来自陆战 4 师和 5 师的第一波部队，再在次日以运兵船运送余下的陆战部队以及坦克、补

栗林忠道中将抵达硫磺岛后，发现该岛的防御体系存在不足，于是争分夺秒重整防务。照片中，他正与参谋人员指挥作业。（图源：栗林太郎）

给物资、火炮和支援单位。

日军部队

日军统帅部认识到了硫磺岛的重要性，早在 1944 年 3 月就开始增援该岛。第 145 步兵联队和第 109 师团（含第 26 战车联队）均被派往该岛。包括防空队和设营队在内的海军部队也入驻该岛。到 1945 年 2 月 19 日美军陆战队登陆时，硫磺岛上的日军总兵力已达 21060 人，远远超出美军估计的 13000 人。

双方计划

美军计划

施密特的第 5 两栖军制定的攻击计划看似简单。陆战部队将在折钵山和东船湾（East Boat Basin）间 2 英里长的海滩上登陆。海滩分为 7 段，每段 550 码（500 米）。折钵山山下是“绿滩”（陆战 28 团 1 营和 2 营），其右侧分别为 :“红 1 滩”（陆战 27 团 2 营），“红 2 滩”（陆战 27 团 1 营），“黄 1 滩”（陆战 23 团 1 营），“黄 2 滩”（陆战 23 团 2 营），“蓝 1 滩”（陆战 25 团 1 营和 3 营）。“蓝 2 滩”就位于采石场的已知敌军火炮工事下，这片采石场俯瞰着东船湾。经决定，陆战 25 团 1 营和 3 营将在“蓝 1 滩”并肩登陆。陆战 4 师师长凯茨少将曾说 :“如果我知道（“蓝滩”上）右侧小队最右方战士的名字，我就会在进攻前推荐他获得一枚勋章。”

陆战 28 团将径直打过岛上最窄的部分，到达另一侧海岸，迅速左转，孤立并占领折钵山。其右侧的陆战 27 团将穿过岛屿，向北行进。与此同时，陆战 23 团将夺取 1 号机场，然后向北突进，直扑 2 号机场。

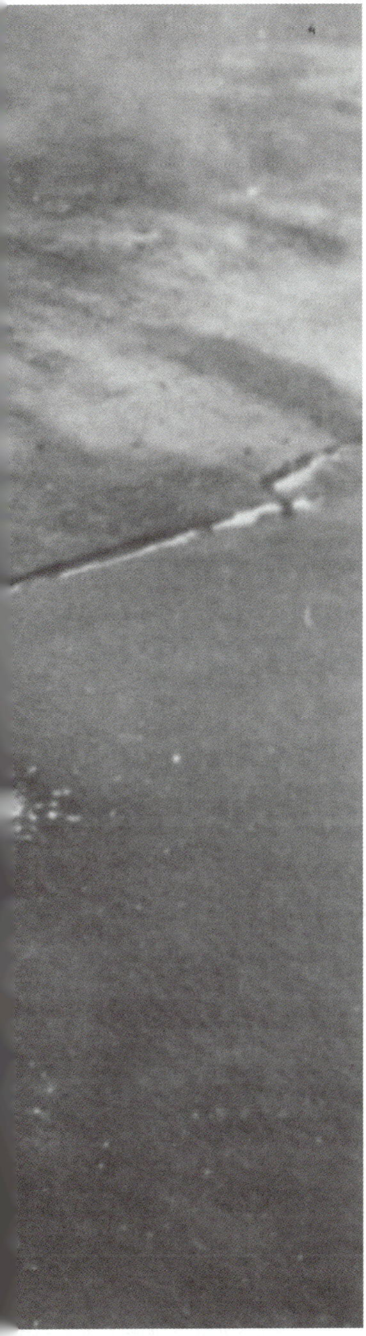

最右的陆战25团将消灭目标高地，后者位于俯瞰东船湾的采石场周围。

日军计划

日军的海军巡逻机很快发现了庞大的美军舰队，硫磺岛守备部队立刻实施警戒。栗林忠道已于此前向全军发布了名为《奋战宣言》的文件，规定每名士兵要以死前击杀10名美军为己任。随着防务就绪，手下官兵做好决死准备，栗林耐心等待着越来越近的进攻部队。栗林忠道已将所有平民送回本土，并发起了一项浩大的地下防御工事计划，构筑了由坑道（部分坑道里甚至还有手术室）、洞穴、火炮工事、碉堡和指挥所组成的庞大体系。栗林忠道对早先那些以拒敌于滩头为目标的日军防御手段有过研究，认识到这些手段总是失败。他明白，美军终将拿下硫磺岛，但他决心在该岛易手前，对美军陆战队造成可怕的伤亡。

硫磺岛的地理环境，实际上决定了攻击部队登陆场的位置。从航拍照片，以及“旗鱼”

图中前景为折钵山。登陆海滩位于右侧，向北延伸至东船湾。陆战部队的第一要务是将这座火山孤立开来，因而需要尽快穿越半英里（800米）宽的岛颈。（图源：美国海军）

号（Spearfish）潜艇用潜望镜拍摄的照片来看，可供美军陆战队登陆的海滩显然只有两处。数月之前，栗林忠道也得出了相同结论，并制定了相应计划。

开战

D 日："地狱里的一场噩梦"

作为登陆行动的前奏，施密特曾请求威廉·布兰迪（William Blandy）少将的两栖支援部队（第 52 特遣编队）连续发动 10 日炮击。希尔少将拒绝了这项请求，原因是 D 日之前，他没有足够时间为舰船重整军备。最终，在陆战部队登岸前，施密特仅得到了为期 3 天的炮击支援，用以削弱敌军。斯普鲁恩斯的意见是："我知道你们的人能搞定。"——但随着战事的进行，这句话将显得苍白空洞。

持续 3 天的舰炮轰击令人大失所望。在恶劣天气的阻碍下，施密特抱怨道："在 34 小时的白天时间中，我们只得到了约 13 小时的炮火支援。"相比之下，到了 D 日当天，也就是 1945 年 2 月 19 日（星期一），拂晓时分却是晴空万里。此前的夜里，雷蒙德·斯普鲁恩斯上将坐镇旗舰"印第安纳波利斯"号，随同马克·米彻尔中将的第 58 特遣编队抵达硫磺岛海域。米彻尔中将的庞大编队由 16 艘航母、8 艘战列舰和 15 艘巡洋舰组成，刚刚对日本本土实施了极为成功的打击。

美军战列舰和巡洋舰对硫磺岛实施炮击的同时，一群群舰载机发起了空中打击，成千上万的陆战队员从运兵船离开，履带式登陆车的推进之势愈发浩大。担任先锋的 68 辆 LVT（A）两栖装甲履带车，均装备了 1 门 75 毫米榴弹炮和 3 挺机枪。它们将冒险突入滩头 50 码（45 米），掩护第一波陆战部队。不过，美军作战计划出现了诸多差错，其中的第一项差错，将导致部队无法展开。登陆海滩上处处是 15 英尺

炮火准备开始后，折钵山西侧笼罩在烟雾中。史密斯对炮火准备的结果感到失望，他批评海军未能在陆战部队登陆前摧毁大部分敌军设施。（图源：美国海军）

(4.6 米）高的海岸阶地，遍布着柔软的黑色火山灰。火山灰没及登陆官兵的脚踝和登陆车辆的轮毂罩，履带式登陆车和“谢尔曼”坦克仅开上滩头数码，便无法动弹。

日军的抵抗相对较弱，与栗林忠道的策略保持一致。栗林企图先任大批美军登上海滩，再对其实施协同轰击。轻武器和机关枪子弹不断在海滩上呼啸穿梭，迫击炮炮弹不时炸起一片飞沙，但最可怕的敌人，则是沙子本身。美军陆战队受到的训练是快速向前突进，但在这里，他们只能蹒跚前进，很快丢弃了种种装备。

3 艘老旧的美国海军战列舰进入阵位，准备在登陆开始前实施炮火打击，削弱岛上的防御力量。硫磺岛海岸线处处是混凝土掩体，而这些战列舰的 16 英寸（406 毫米）舰炮无疑是打击混凝土掩体的理想武器。（图源：美国国家档案馆）

第一波陆战部队挣扎向前时，后续波次也以约 5 分钟的间隔陆续抵达，情况迅速恶化。10 时后不久，日军防御工事火力全开。隐蔽良好的日军阵位喷吐出猛烈的火炮、迫击炮和机枪火力，拥挤的海滩上霎时弹如雨下。

到 10 时 40 分，哈里 · 希尔手下已有 6000 人登岸，推土机已随此前的登陆波次上岛，在遍布火山灰的阶地上开路。一些坦克向地面坚实的区域突破，美军部队总算开始从可怕的海滩脱身而出。海滩上，栗林忠道的火炮和迫击炮正在逞凶。《时代生活》杂志的著名战地记者罗伯特 · 谢罗德（Robert Sherrod），毫不夸张地将眼前景象形容为“地狱里的一场噩梦”。

“绿滩”滩头最左端，地形条件带来的困难相对较小。在这里，折钵山山脚的岩块和石头取代了火山灰。折钵山由厚地兼彦大佐和 2000 名日军守卫。在这座火山下，哈里 · 利弗塞吉 [2] 上校的陆战 28 团开始冲过半英里长的地峡，试图孤立这座战略要地。

陆战 28 团 1 营无视左翼的这一威胁，继续向另一侧海岸强行推进，但很快遭遇了长田谦次郎

陆战部队曾以为海滩可径直穿过，但相反的是，他们碰上了满是黑火山灰的一道道阶地，其中一些高达 15 英尺（4.6 米）。美军的兵员、坦克和火炮迟迟未能向岛内进发。（图源：美国国家档案和记录管理局）

大尉的第 312 独立步兵大队。围绕着一连串掩体和碉堡，双方爆发了激烈的战斗。1 营部分被歼，余部绕道狂奔，穿过岛屿。

10 时 35 分，1 营 B 连有 6 人抵达了硫磺岛西岸。不久后，C 连残部也将与之会合，孤立折钵山——尽管这种孤立状况并不稳固。“红 1 滩”和“红 2 滩”上，托马斯·沃纳姆[3]上校寸步难行。日军炮兵对拥挤的海滩进行了夹叉射击，伤亡数字每时每刻都在增加。沃纳姆右侧的“黄 1 滩”和“黄 2 滩”上，沃尔特·温辛格（Walter Wensinger）上校的陆战 23 团正面遭遇了大量碉堡和永备火力点。面对凶残的机枪火力，仅装备手榴弹和 1 支手枪的达伦·科尔（Darren Cole）中士以一己之力敲掉了 5 个碉堡，直至被 1 枚手榴弹炸死。硫磺岛一役，海军陆战队共有 27 人获颁荣誉勋章，达伦·科尔是其中首位。

最右端的“蓝 1 滩”上，约翰·拉尼根（John Lanigan）上校的陆战 25 团径直向前，避开右侧威胁明显的采石场高地。该团兵分两路，1 营向岛内推进，3 营则快速右转，突击采石场底部的悬崖。

10 时 20 分左右，第 4 坦克营的部分坦克最终在“蓝 1 滩”成功登岸。14 时，在绰号“跳跳乔”（Jumpin’ Joe）的贾斯蒂斯·钱伯斯（Justice M. Chambers）的指挥下，3 营开始攀爬采石场周围的悬崖。在敌人的疯狂抵抗下，这支陆战部队从 9 时登陆时的 900 人，锐减至 150 人。

折钵山山脚下，陆战 28 团正在巩固阵位。到了下午，少量“谢尔曼”坦克已突破滩头，向前挺进，以 75 毫米坦克炮摧毁了许多日军碉堡，为部队提供了宝贵支援。至夜，美军已牢牢将折钵山与全岛其余区域孤立开来。占领这座可怕“堡垒”的严酷任务，需等到晚些时候才可实施。

中央的陆战 27 团和 25 团逐渐摆脱了“红滩”和“黄滩”，向 1 号机场进发。尽管承受了很大伤亡，海蜂队（海军修建营）依然出色地完成了海滩清理作业，使美军恢复了正常登陆速度。即便如此，在几乎每

硫磺岛日军防御与美军登陆形势图。（图源：鱼鹰出版有限公司）

一个弹坑内，都躺着至少一具陆战队员的遗体。

11 时 30 分，部分陆战队员已抵达 1 号机场南端。1 号机场坐落于一处高地，高地东侧周界拔地而起，颇为陡峭。日军进行了激烈抵抗，数百人阵亡，余者或是蜂拥过机场跑道，或是消失在排水系统的管道之中。

夜幕将至，美军陆战队控制了一条起自折钵山山脚、穿越 1 号机场南界、止于采石场脚下的防线，但尚未抵达不切实际的 D 日目标线——O-1 线。“埃尔多拉多”号（Eldorado）指挥舰上，“咆哮的疯子”霍兰·史密斯研究了当日的报告。部队进展不如预期，伤亡数字触目惊心——“我不知道主导这出戏的日军将领是谁，但他是个厉害的杂种。”史密斯对一群战地记者如是说。

D+1 至 D+5 日：“重创敌人”

D+1 日

D+1 日，星期二。寒风彻骨，4 英尺（1.2 米）高的大浪拍打着海滩。无论是陆战队员，还是他们的指挥官，都打不起精神。陆战 28 团在将折钵山孤立开来后，又面临着一项不值得羡慕的任务——攻占此山。而在北面，攻击部队余部已准备发起协同攻击，拿下 1 号和 2 号机场。在地面火炮和空中支援下，美军陆战队在宽广的战线上发起攻击。但面对厚地兼彦大佐所率守军的猛烈抵抗，到 12 时为止，美军陆战队仅推进了 75 码（70 米）。因补充燃油而耽搁许久的美军坦克，已于 11 时左右加入战斗，带来了宝贵的支援。不过，日军拥有一个巨大优势——其既设阵位所在的高地地势更高。

下午的进展微乎其微，陆战队员掘壕固守，等待援军和额外的坦克，准备于次日发起全面进攻。日军决意不给美军任何喘息之机，沿整条前线发起了密集的炮火轰击。是夜，日军部队开始在折钵山东坡附近集结。但在探照灯的刺眼强光照射下，“亨利·威利”号（Henry A. Wiley）驱逐舰频频对其发炮，日军的夜间反击遂告中止。

北面战场的另3个团于8时30分左右发起攻击，其右翼在采石场就位，左翼迅速向北，试图拉直战线。这些陆战部队遭遇了猛烈抵抗。下午3时左右，全新的美军战列舰“华盛顿”号抵达战场，以巨大的16英寸（406毫米）舰炮对采石场周围悬崖实施轰击，造成山体滑坡，堵住了数十个敌军洞穴。

陆战队二等兵R. F. 卡拉汉（Callahan）分排长（Section Chief）呼叫155毫米炮火打击日军阵地。（图源：美国海军陆战队）

至 12 时为止，1 号机场主体已落入美军手中，对栗林忠道可谓沉重一击。尽管 D 日目标 O-1 线尚不可及，但美军陆战队此时已拥有了一条贯穿全岛、近乎笔直的前线。施密特少将决定派出陆战 3 师 21 团参战（参谋长联席会议曾希望保留整个陆战 3 师不动，用于接下来的冲绳一役）。不过，由于海上强浪不断，海滩拥挤不堪，登陆行动受挫，该团最终奉命返回。

D+2 日

星期三的作战计划看似简单明确——陆战 28 团将对折钵山发起最后突击，余下部队将在宽广的前线上北进。但因天气状况不断恶化，海浪高达 6 英尺（1.8 米），海滩再度无法登陆。

美军的地面火炮和舰炮发起了密集而猛烈的轰击，40 余架航母舰载机以凝固汽油弹和机枪火力实施空中打击。在这些支援下，陆战 28 团于 8 时 45 分对折钵山发起了突击。炮火炸秃了前方的地面，使双方前线间的一连串碉堡和相互连通的战壕暴露无遗，一同暴露的还有一排排危险的铁刺网。由于补充油料的问题，美军急需的坦克又一次迟到了。

弹壳堆中的一支机枪小队。摄于折钵山南边某处。（图源：美国国家档案和记录管理局）

居中的3排遇到了激烈抵抗，但在迟来的坦克支援下，3排还是取得了进展。至夜，陆战28团已形成了一个围绕折钵山北侧的半圆，左翼推进650码（590米），中央推进500码，右翼推进1000码——在当时的情形下，进展已属良好。

北面的陆战4师和5师正向一片隐蔽的敌军阵地群进击，伤亡数字很快开始上升。硫磺岛西岸附近，在“谢尔曼”坦克的引领下，陆战26团和27团推进了1000余码，最终抵达了D日O-1线。硫磺岛东侧，在采石场周围的崎岖危险地带中，补强了1个连的陆战4师仅仅推进了50码。陆战24团2营G连指挥官、绰号“跳跳乔”[4]的约瑟夫·麦卡锡（Joseph J. McCarthy）上尉称：“我们登陆了257人，又接收了90名补充兵。在这347人中，只有35人得以在战斗结束时离开硫磺岛。”

施密特少将再次派出陆战3师21团，该团在“黄滩”登陆。日军继续彻夜释放破坏性火力，约150至200名日军在2号机场跑道末端集结，于23时30分向陆战23团阵线发起冲击。这股日军还未染指陆战队阵线，就被美军的地面火炮和舰炮合力歼灭。

D+3日

星期四的天气状况丝毫没有好转，但陆战28团官兵准备再度对折钵山发起攻击。“谢尔曼”坦克陷于泥中。在恶劣天气下，海军方面拒绝提供空中支援。厚地兼彦大佐手下仍有800至900名日军，他们无意让美军轻易取胜。Youamata[5]少佐称：“美军正开始攀爬第一级阶地，朝我方防御工事而来。现在，他们该尝尝我们的钢和铅了。”

当日，陆战部队攻击了折钵山低处的斜坡。部队几无机动空间。由于双方阵线距离过近，攻击部队也无法动用炮兵和坦克支援，让优势最大化。到了下午，侦察队已设法穿过了折钵山山脚四周。这座火山已被包围。山体北坡的激战，使日本守军的数量减至数百人，许多残余日军正通过迷宫般的坑道渗透过美陆战队阵线，加入北边的栗林忠道部队。最后的攻击将待次日发起。

美军继续向北扫荡，参战部队包括刚登陆的陆战 21 团。哈里·施密特将该团部署在 2 号机场周围的美军阵线中央，位于陆战 4 师和陆战 5 师之间。此处，池田益雄大佐的第 145 步兵联队把守着最为坚固

对前线部队而言，陆战队炮兵的支援十分关键。陆战部队的推进，大多伴随着来自近岸海军部队和前沿炮兵的连天炮火。（图源：美国国家档案和记录管理局）

的一段日军工事。陆战3师的这批生力军向机场以南的日军防御重地奔袭而去，遭遇了猛烈炮火的洗礼。当日，该团一共只推进了250码(230米)。

采石场附近东侧，“跳跳乔”钱伯斯将火箭发射车调上前线，轰击敌人的隐蔽处，使数十名日军向低处逃窜，被机枪火力大批射杀。钱伯斯本人在下午受了重伤，被疏散至医疗船上。

当日之中，日军发动了一系列强力反击，均被美军的猛烈炮火击退。随着天气进一步恶化，战火渐渐平息。美军的伤亡人员依旧拥堵

折钵山山脚附近，陆战队员用炸药炸毁了一处敌军阵位。攻击部队及时迅速地冲过了折钵山山脚，但要攻下这座火山，还需耗费数日之久。（图源：美国海军陆战队）

在海滩上，波涛汹涌的海面使坦克登陆舰无法疏散伤员。1 号机场附近的美军战线后方，陆战 4 师开辟了一片墓地。至此为止，死者的遗体仍成排躺在各自的雨披下——“堆得像柴火”，一名陆战队员如此形容道。

“奥本”号（Auburn）指挥舰上，“咆哮的疯子”史密斯正在盘点损失。3 天的战斗过后，根据报表记录，陆战 4 师伤亡 2517 人，陆战 5 师伤亡 2057 人——死伤人数共计 4574 人，而美军才刚抵达 O-1 线不久。史密斯所不知道的是，当其手下陆战官兵向北部的高地、沟壑、峡谷、冲沟和悬崖接近时，最坏的情况尚未到来。

D+4 日

2 月 23 日这天，陆战 28 团总算占领了折钵山。由于天气已大为好转，钱德勒 · 约翰逊（Chandler Johnson）中校发出了攻占折钵山山顶的命令，来自 3 排[6]的陆战队员于 8 时出发。哈尔 · 施里尔（Hal Schrier）中尉率领一支 40 人侦察队，背负武器与弹药，吃力地攀上了折钵山北坡。进展愈发困难，但抵抗却出奇地微弱。10 时，他们抵达了火山口边缘，与一些用手榴弹发起袭击的敌人交上了火。10 时 20 分，系于一段钢管上的星条旗在山顶竖起。“旗立起来啦”的喊声响彻了岛屿南半部，部队欢呼振奋，舰船纷纷鸣笛。

由于硫磺岛的 1/3 已为美军掌握，天气情况也大有好转，哈里 · 施密特少将登岛设立指挥部。经决定，陆战 3 师将继续留在中央，陆战 5 师居西，陆战 4 师居东。海军将继续以舰炮火力和航母舰载机提供支援，所有 3 个陆战师的坦克将合兵一处，由陆战 5 师的威廉 · 科林斯（William Collins）中校统一指挥。

D+4 日余下的大半时间中，美军都在巩固阵位，补给部队。不过，施密特正策划于次日发起一场大规模攻势，打破僵局。

933

D+5 日

施密特言出必行，以一张海军火力“巨网”为整条前线提供支援。一群群战机投下了炸弹与火箭弹，陆战队的火炮和迫击炮也消耗了海量弹药。

在规模浩大的舰炮和空中火力支援下，两座机场间的陆战 21 团带头出击。根据预定计划，美军坦克群将在步兵前方开路，但池田益雄已料到了这一手。两座机场的滑行道布满地雷，并覆盖在反坦克炮火力下。失去了装甲部队的掩护，美军陆战队便别无他法，只能选择最艰难的方式，以轻武器、手榴弹和火焰喷射器清除日军掩体和碉堡。在一幕仿佛一战重演的战斗场景中，美军陆战队向高地发起冲锋，日军也离开阵位实施反击，与美军展开白刃战。经过一番枪砸刀刺、脚踢拳打的狂乱混战，美军陆战队最终占领了高地。

与此同时，右翼的陆战 4 师 24 团正在争夺“查理狗岭”(Charlie Dog Ridge)。“查

图中，美军陆战队的科技与装备优势可见一斑。（图源：汤姆·伦莱因）

理狗岭”是一处陡崖，位于2号机场主跑道南边。在榴弹炮和迫击炮的支援下，陆战24团一路且炸且烧，向顶峰推进，承受了大量伤亡。17时，沃尔特·乔丹上校命令部队掘壕度夜。以硫磺岛一役的标准来看，D+5日的总体进展已属突出，但仍免不了有伤亡数字。D+1至D+5日间，美军共亡1034人，伤3741人，失踪5人，另有558人患上了战斗疲劳症（battle fatigue）。美军占领的区域不及硫磺岛一半，战役还将持续30天。

D+6至D+11日："绞肉机"

D+6日

施密特决心向北推进，穿越高地和3号机场，将敌军一分为二。他的选择受到了其他因素的影响。硫磺岛西岸拥有舰船可及的海滩，而美军迫切需要这些海滩，以便卸下大批运输舰船上堆积的海量装备与补给物资。由于冲绳之役将在2个月后打响，别处的美军也急需运输舰船。但日军此时仍控制着2号机场西北方的高地，能够有恃无恐地从这些高地上炮击岛屿西岸。

尽管硫磺岛南端仍处在许多日军火炮的射程之内，但1号机场一带已成了美军的建筑工地。逾2000名海蜂队员正在修筑跑道，供B-29轰炸机和P-51战斗机将来在此降落。

D+6日，也就是2月25日（星期日），美军开始向北突进。3营战士向2号机场主跑道末的高地推进，26辆“谢尔曼”坦克隆隆向前充当先锋，并连续遭遇了密集的敌军火力。日军防线中的最强据点是“彼得山”（Hill Peter），这是一处位于跑道附近的高凸地，高360英尺（110米）。美军一再发起猛攻，但至14时30分仅推进了200码（180米）。2营和1营运气稍好，抵达了机场北边。不过，“彼得山”仍在敌

10时20分，系在钢管上的星条旗竖了起来，“皮领圈”[7]摄影师卢·洛厄里（Lou Lowery）用相机记录了这一时刻。12时左右，美军竖起了一面更大的国旗，取代较小的旧旗。这一幕被美联社摄影师乔·罗森塔尔摄下，成了最有名的二战照片。（图源：美国海军）

对于清除洞穴、碉堡和掩体中的敌人，火焰喷射器是最实用的武器。火焰喷射器具有可怕的作战效果，拯救了无数陆战队员的生命。如果没有这种武器，许多陆战队员就不得不通过短兵相接来消灭敌人。（图源：汤姆·伦莱因）

军手中。左侧的陆战5师已行至3师战线前方400码（370米），奉命原地不动。右侧的陆战4师则遇到了一个工事群。工事群由4处难以攻克的防御据点组成，并称为“绞肉机”。第一处据点是382高地（以海拔高度命名），高地斜坡密布着数不清的碉堡和洞穴。第二处据点是南边400码处的浅洼地，人称“圆形剧场”（Amphitheater）。东面不远是第三处据点，即“火鸡丘”（Turkey Knob），上有一座大型碉堡。第四处据点是南村（Minami）废墟，此时已密布机枪工事。守卫这片杀戮之地的日军部队，是千田贞季少将的第2混成旅团。

陆战4师23团和24团的约3800名官兵准备攻打“绞肉机”。8时，美军照例在攻击前以舰炮火网和空袭火力招呼382高地。随后，双方展开了残酷的白刃战，幸存者在烟雾的掩护下撤退。“绞肉机”的首日战斗完全陷入僵局。美军付出了近500人的伤亡，前进了约100码(90米)。

D+7日

2月26日，星期一。美军在382高地取得的进展仍微不足道。西侧的陆战5师将目光投向了362A高地，此地位于西（Nishi）村以南600码（550米），四周碉堡、洞穴环绕。美军坦克碾过岩砾，为部队提供支援，但日军工事群坚不可摧。右侧不远处，坦克冲过了敌军工事，深入敌线100码。在舰炮火力支援下，陆战27团沿岛屿西岸前进。382高地之战的第二天，陆战25团替下了陆战24团。美军的攻击取得了良好开局，前进了100码以上。但是随后，来自“火鸡丘”的重机枪火力使进攻陷入停滞。

左侧的陆战23团设法穿过了机场周围环形道旁的雷区，但却在推进后止步于敌军的猛烈火力，损失了17名陆战队员。正是在此次交火中，19岁的二等兵道格拉斯·雅各布森（Douglas Jacobson）在不到30分钟内击毙了75名敌人，为自己赢得了荣誉勋章。

D+8日

“彼得山”依然突兀地卡在陆战3师阵线前部。8时，陆战9团的两个营——兰德尔（Randall）中校的1营和库什曼（Cushman）中校的

攻打硫磺岛期间，美军陆战队还使用了“巴祖卡”火箭筒。（图源：汤姆·伦莱因）

美军坦克在2号机场附近集结的同时，陆战24团G连官兵正在休息。他们即将再次对该区域的敌军碉堡发起攻击。（图源：美国海军陆战队）

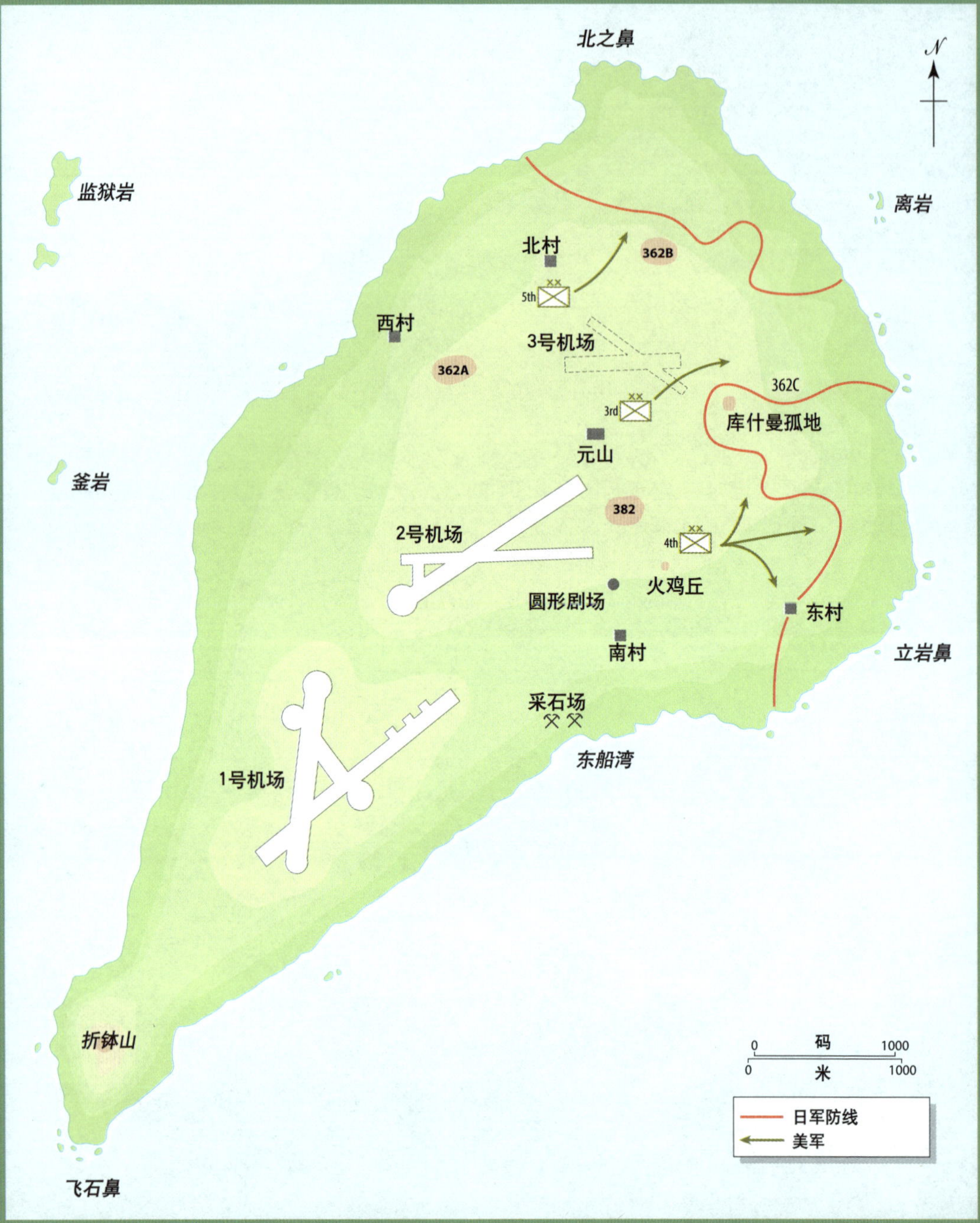

美军 D+19 日进展图示。（图源：鱼鹰出版有限公司）

2营向前移动，攻打日军工事群。1营顶着凶残的机枪和迫击炮火力寸步推进，抵达了山顶，但其后方却遭到了此前绕过的敌军阵位的火力压制。午后不久，美军再次发起协同作战，两营部队合力救出了被困的陆战队员。

在看似坚不可摧的“绞肉机”前，东面的陆战4师似乎陷入了困境。高地战况终日都处于上下拉锯中。高地脚下，经过艰苦的白刃战，美军陆战队总算完成了合围。白昼的最后数小时中，美军都在巩固危如累卵的战果。

随着战线进一步北延，美军坦克愈发难以在沟壑纵横、巨砾密布的地形上前进。战事正演变为一场可怕的人对人鏖战，伤亡与日俱增，俘虏寥寥可数。

D+9日

虽然施密特曾将D+9日预测为战役结束日，但他当天的命令，却是要求陆战3师向北岸推进。陆战21团于9时开拔，替下遭受重创的陆战9团。美军的大规模海陆炮火似乎震晕了敌军，陆战21团进展良好。他们一度遭遇了西竹一[8]男爵所率第26战车联队残余的部分95式轻坦，但这些坦克装甲薄弱，大半被歼。日军不久便恢复了过来。到了下午，抵抗火力再次加强，以至于美军又呼叫了第二次大规模炮击。13时，部队再次推进。这一回，美军延续了前进势头，如暴风骤雨般直扑元山（Motoyama）村废墟——这里曾是硫磺岛上最大的定居点。

陆战5师前线上，战士们仍在攻打362A高地——高地顶端散布着反坦克炮和迫击炮，高地斜坡密布着机枪。当日的唯一进展来自1营，该营在高地脚下附近前进了300码（270米）。“绞肉机”工事群的僵局仍未打破，陆战4师继续猛攻382高地和“火鸡丘”。美军多次试图包围这些据点，但均遭挫败。在发烟炮弹的掩护下，前锋部队开始撤退，

陆战4师战士慢慢肃清硫磺岛之敌。（图源：汤姆·伦莱因）

陆战 5 师沿岛屿西岸北进，占领了许多敌军炮位。图中，一名陆战队员正在一门日军海岸炮旁站岗。（图源：美国国家档案和记录管理局）

当日行动于 16 时 45 分结束。

D+10 日

遥望 3 号机场一夜后，陆战 3 师 21 团开始前进。日军的抵抗异常微弱，到 12 时，该团已在穿越机场主跑道。坦克滚滚向前，加强攻势。前锋部队抵达 362B 和 362C 高地前，一切进展顺利。这两处高地的防御更加严密，如堡垒般挡住了通往海岸的道路，阻遏了美军推进的势头。

两名陆战队员正在操作缴获的日制南部机枪[9]。与此同时，岛屿北部的战事愈发激烈。（图源：美国国家档案和记录管理局）

岛屿西岸，折钵山的征服者——陆战28团，此时已转战支援陆战5师前线，其全部3个营正在攻打362A高地北面的据点群。当日战事以舰炮轰击拉开序幕。随后，1营和2营发起猛攻，冲上高地斜坡，直抵顶峰。日军则已弃守阵地，遁入迷宫般的洞穴，在北边200码（180米）外的一条崎岖悬崖线——西岭（Nishi Ridge）上占据了新的阵位。

对陆战4师而言，382高地是打破僵局的关键。拿不下382高地，整个硫磺岛东侧便会牢牢掌握在敌人手中。在破晓前的黑暗中，陆战24师向前移动，替下陆战23师。残酷的战斗持续了一整日，战况来回拉锯。

将领们愈发担忧部队的作战效率。由于伤亡较大，指挥权从上尉转至中尉再至中士手中的例子并不鲜见，有时甚至得由二等兵接替指挥。

D+11 日

美军继续对 382 高地施加压力，“之宝”[10] 喷火坦克对洞穴喷射火焰，用掉了逾 1000 加仑燃油，但日军撤向了坑道深处。与此同时，经过当日中最为激烈的一些战斗，陆战 26 团占据了 382 高地顶端的一处立足点。伤亡极为骇人，在短短时间内，某作战单位接连失去了 5 名军官。

对于中路部队而言，向北部海岸疾进的希望正愈发黯淡。虽然大海就在 1500 码（1400 米）外，但陆战 3 师尚未拿下 362B 和 362C 高地。4000 名美军分两路出击，其中一路向 362B 高地前进，另一路部署于 3 号机场周围。通往 362B 高地之路地形平坦，覆盖在居高临下的敌军火炮射程内，几乎没有掩蔽物。坦克开上前来，在其掩护下，美军向高地脚下推进了 500 码（460 米）。

岛屿西岸，钱德勒·约翰逊（Chandler Johnson）上校指挥的陆战 28 团一部[11] 决定攻占西岭。部队沿 363A 高地左侧行进期间，遭到了猛烈的攻击，但仍推进至 363A 高地与西岭之间的沟壑。虽然约翰逊本人阵亡，但此地豁然开朗，“谢尔曼”坦克可对崖面实施轰击。

D+12 至 D+19 日：“死锁”

D+12 日

伤亡数字居高不下。到 D+12 日，美军陆战队的 1.6 万名官兵中，已有逾 3000 人阵亡。日军的伤亡数字更是惊人。栗林忠道中将手下的兵力，此时仅余 7000 人，不复 D 日当天的 2.1 万人，而战况依旧激烈。

经过一天的残酷战斗，陆战 5 师 26 团承受了重大伤亡，最终冲上了 362B 高地顶端，但敌人依旧占据着大片周边区域。不过，当日最好的消息，当属陆战 28 团攻占西岭。

陆战 3 师再次对上了“绞肉机”工事群，陆战 24 团成功包围了 382 高地。然而，这是当日仅有的重要实质性进展。不过，当天有 5 人因英勇行为获颁荣誉勋章，数字高得惊人。

D+13 日

天气愈发恶劣。由于能见度不佳，航母舰载机停止出动，舰炮亦取消轰击。栗林中将明白，战局已无可挽回地倒向美军一方。他向东京发

海滩附近，死者成排躺在各自的雨披下。安葬人员正在检查身份标识和私人物品。（图源：美国国家档案和记录管理局）

出电报：“我方据点或可再拖延战斗数日。聊以自慰的是，部下官兵面对敌方大军逐寸奋战，死而无憾……”根据栗林的预测，从悲观角度估计，他的守军还能再坚持 3 周。

东面的坦克和火箭发射器轰击“圆形剧场”的同时，中路的陆战 3 师未能取得任何重要进展。西面的陆战 5 师继续以火焰喷射器和手榴弹攻打较为暴露的阵位，但整条前线的进展乏善可陈。参战部队经历了陆战队史上最血腥的 2 周战斗，无疑急需休整。

当日，硫磺岛上降落了第一架 B-29“超级堡垒”轰炸机，成了全天的亮点。这架轰炸机此前在东京西南执行任务，被击伤后挣扎飞回。海军陆战队以流血牺牲换来的硫磺岛，正开始显现价值，将拯救数以千计航空部队空勤人员的生命。

“黛娜·迈特”号[12]是首架在硫磺岛上降落的“超级堡垒”轰炸机。这架轰炸机的到来引起了极大关注，陆战队员和海蜂队员纷纷前来围观这个大家伙。（图源：美国国家档案和记录管理局）

D+15 日

尽管仍处在敌军火力之下，但疲惫的陆战部队还是在 D+14 日休整了一天，并借此机会补充物资。D+15 日，部队再度发起全面突击。海军和海军陆战队炮兵发起了战役期间最为猛烈的炮击之一，在 67 分钟内倾泻了 22500 发炮弹，海军舰炮和航母战斗机也加入其中。

8 至 9 时之间，陆战 4 师和 5 师向前推进，但抵抗火力依旧猛烈。岛屿西岸的陆战 21 团和 27 团在有所进展前，止步于凶残的机枪和迫击炮火力，"之宝"喷火坦克提供的支援也收效甚微。陆战队员戴尔·沃利（Dale Worley）写道："他们快把 362 高地从地图上炸没了。到处都是尸体，地上血迹斑斑，气味令人作呕。"

中路的陆战 3 师同样进展寥寥。东面的陆战 24 团 3 营取得了当天最大的进展，但也仅仅推进了 350 码（320 米）。

D+16 日

362C 高地是挡在陆战 3 师与海岸间的最后一个主要障碍。为了潜入敌线 250 码（230 米）拿下这座高地，厄斯金少将策划了一场夜袭。5 时，在哈罗德·贝姆（Harold Boehm）中校的指挥下，陆战 9 团 3 营悄然前进。他们的好运持续了 30 分钟，直至被一名警觉的敌军机枪手打破。贝姆率部奋力向前，冲上了高地顶端。不过，胜利的喜悦并未持续多久。贝姆查看地图时，发现此处实为 331 高地，而非 362C 高地。在暴雨和黑暗中，硫磺岛的高地看起来十分相似。贝姆呼叫了炮火支援，率部顶着前方和两翼的猛烈抵抗向前推进。他们最终于 14 时抵达了真正的目标。

贝姆率部前往 362C 高地时，1 营和 2 营正在其右翼前进，但很快遭遇了激烈抵抗，抵抗火力来自前方和旁路。库什曼中校的 2 营无意

硫磺岛战役进程旷日持久，美军陆战队动用了各种武器对付敌人。图中可见卡宾枪和加兰德步枪。舰炮轰击过后，该岛显然已被夷为平地。（图源：汤姆·伦莱因）

中发现了西竹一男爵的战车联队残部，并很快发现自己陷入了包围。直到次日，2营余部才得以在坦克的支援下突围。在这片后来被称为“库什曼孤地”（Cushman's Pocket）的区域中，双方还将继续鏖战6日。陆战5师前线上，陆战26团正在接近西村废墟北边的一道脊线。该团发现，敌军的抵抗近乎于无。就在此时，这道脊线突然湮灭在一场巨大的爆炸中。日本人在指挥所里埋了雷，留给陆战队员的是43具战友的遗体。

陆战4师战区内，陆战23团和24团实施了一次巧妙机动，先挥师向东，然后陡然向南，将日军逼向已建立起防线的陆战25团。围困之下，日军选择违背栗林忠道的直接命令，发起“万岁冲锋”。24时左右，驱逐舰打出了如织的照明弹，照亮了大队日军，后者大批被歼，一无所获。晨光揭示了这场屠杀的规模。遗体清点结果显示，日军阵亡了近800人，这大概是他们在单日内遭受的最大伤亡，由此证明了栗林忠道为何不愿批准这次进攻。美军陆战队亡90人，伤257人。

图为一名阵亡的日军机枪手。穿越硫磺岛期间，陆战队员每天都会见到这样的场景。（图源：汤姆·伦莱因）

D+17 至 D+18 日

D+17 日，也就是 3 月 9 日，美军稳步推进。虽然又有 2 名年轻陆战队员被追授荣誉勋章，但美军并无突出进展。保罗·康纳利（Paul Connally）上尉率领的 28 人侦察队取得了最终突破，抵达海边。正当战士们在冰冷的海水中埋头洗脸时，迫击炮弹开始在他们之间落下。在一阵疯狂的混乱中，他们逃回了悬崖处的安全地带。康纳利已在水壶中灌满了海水，将其送交厄斯金少将，并捎上了一句话："供检视，勿饮用。"是夜，经历了焦头烂额的又一天后，陆战队员席地而卧。陆战 4 师和 5 师的前线进展不大，空中传来成百上千架飞机的嗡鸣，它们正在绕过硫磺岛东部，向东京发起首次"区域轰炸"空袭。

D+19 日

到 3 月 10 日，对交战双方而言，战事显然正在趋于高潮。"库什曼孤地"是个难以凿开的坚果，"绞肉机"和"火鸡丘"也有待攻克。不过，日军的忍耐已近极限。兵力的耗减，以及长时间缺乏补给的状况，正在产生恶果。岛屿西北角，栗林中将正在最后一隅组织防御。此地多被陆战队员称作"死亡谷"，位于北之鼻[13]以南约 500 码（460 米），是一片充斥着岩石、洞穴和冲沟的噩梦之地。1500 名残余的日军据守于此，准备实施最后的抵抗。

D+20 至 D+36 日："来自硫磺岛的诀别"

日军残部受困于 3 块独立区域：一块是"库什曼孤地"，一块是东

（Higashi）村与大海之间的东岸区域，还有一块是“死亡谷”。常规战法已被放弃，美军步兵与孤注一掷的敌人展开了殊死较量。坦克只能在少数几处区域，也就是推土机能清理出的道路处活动。由于双方前线纠缠错杂，地面炮火的作用大不如前，许多炮手也套上了战斗服。

岛屿西北方，陆战5师重新进行了编制和装备，准备对“死亡谷”（陆战队地图上标作“峡谷”[The Gorge]）发起最后突击。与此同时，陆战3师在“库什曼孤地”打了场血战，一点点磨掉了西竹一男爵的疯狂残部。在战斗中部分失明的男爵本人坚持到了最后，他的遗体一直未被发现。

千田贞季仍然把守着东村以东的一片区域。据俘虏估计，千田一部的兵力约为300人。为减少流血，厄斯金少将曾安排部下用扩音器广播劝降日军，阐明继续抵抗已徒劳无益。但因设备失灵，他的努力白费了。杀戮又持续了4日之久，该部守军全部被歼。

由于岛上目标仅余“死亡谷”，哈里·施密特认为战役胜利在望。他的想法可以理解。但遗憾的是，他对栗林忠道做出了误判。等在美军前方的，是另外10天的恶战，以及1724人的伤亡。“死亡谷”的长度约为700码（640米），宽度介于300至500码（270至460米），散布着通往岛屿两侧的数十条峡谷和冲沟。这片迷宫的某处洞穴内，栗林将

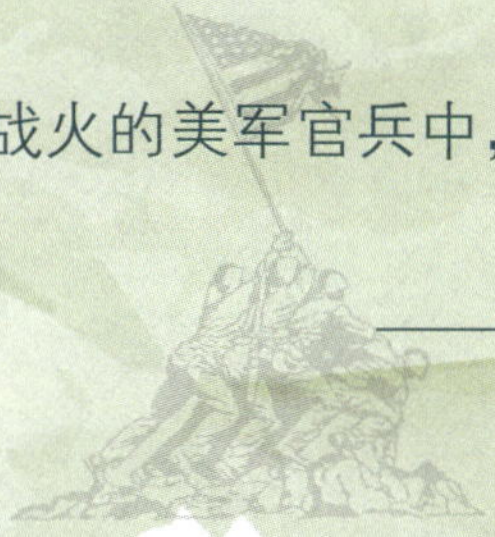

“在亲历硫磺岛战火的美军官兵中，非凡的勇气是种寻常品德。”

——切斯特·尼米兹上将

医护兵和担架员将部分伤员转移至海滩上的登陆艇。为了平息公众对不断上升的伤亡数字的恐慌，美军采取了一项讽刺之举，于3月14日宣布“占领”硫磺岛。在折钵山的阴影中，美军举行了一场仪式。正当哈里·施密特的人事官在仪式上宣读声明时，岛屿北部传来了密集炮火的隆隆巨响，几乎没过了他的声音。这一情形的讽刺意味有目共睹。（图源：美国国家档案和记录管理局）

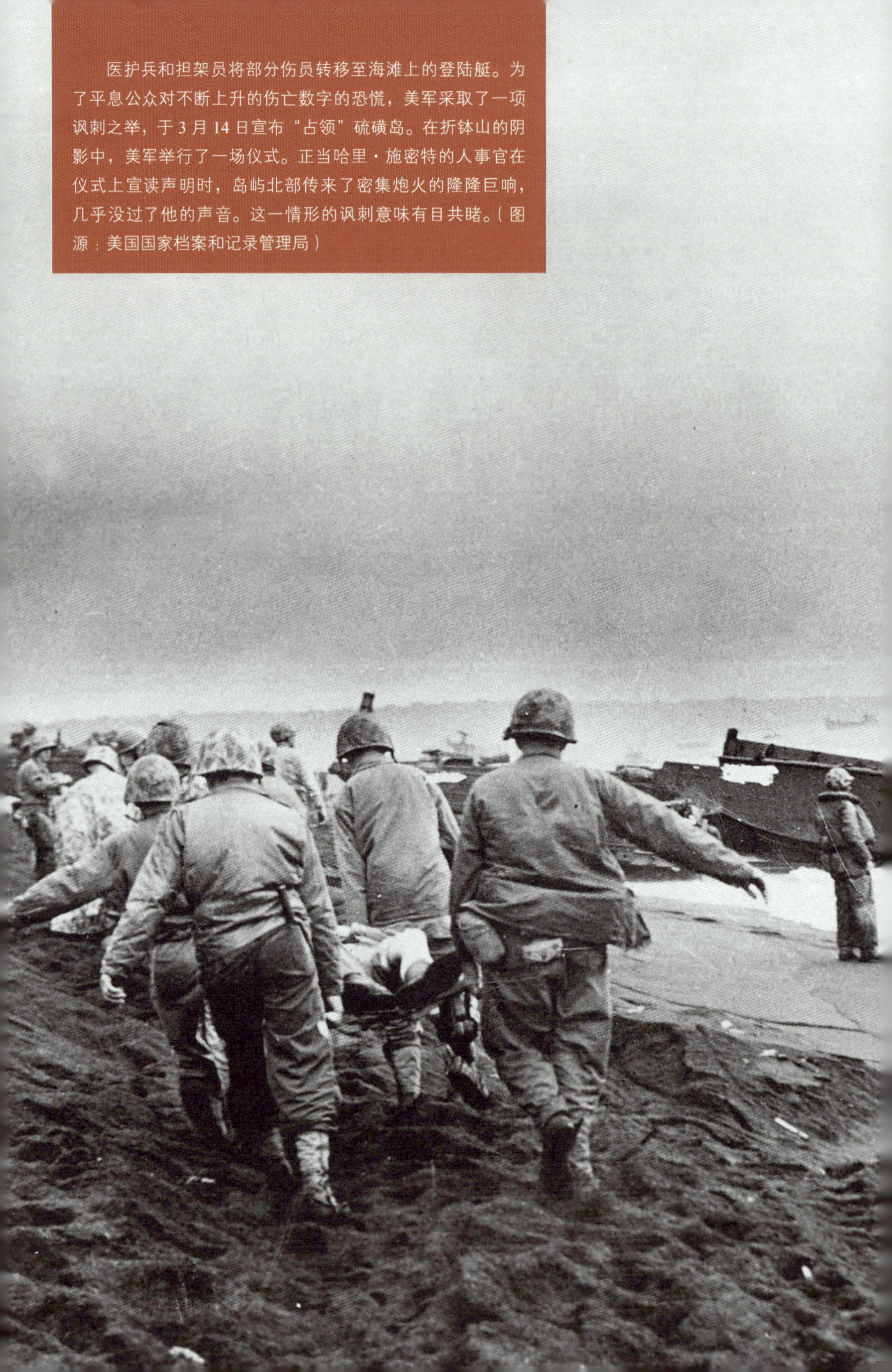

军正在谋划他的最后一搏。

利弗塞吉上校的陆战28团沿海岸挺进，在悬崖上占据了俯瞰“死亡谷”的阵地。同师余部则自中、自东发起攻击。在为期1周的消耗战中，陆战部队艰苦奋战，迫使日军步步后退。3月24日，敌据区域已缩小至约50码见方。喷火坦克每日消耗逾1万加仑燃料，将洞穴与岩隙烧灼殆尽。2营伤亡惨重，失去了作战能力。1营指挥官在9日内两度更迭——第一人身首异处，第二人被地雷炸残，第三人则在一阵机枪火力中失去了左臂。

厄斯金少将再次尝试劝说敌人放弃无望的挣扎。他派出日军战俘和二代日裔美国人（Nisei）与守军接触，但完全没有作用。3月26日黎明前的黑暗中，这场悲剧上演了最后一幕。一股200至300人的日军部队从“死亡谷”和其他分散的西岸阵位潜出，悄悄穿过陆战5师战区的沟壑，向2号机场和海岸间的一片帐篷区前进。帐篷区人员混杂，既有海蜂队和航空队成员，又有海岸勤务队人员和防空炮炮手。大多数人在睡梦中遇袭。响声惊动了同一区域的其他部队，一场枪打刀刺、拳打脚踢的殊死搏斗迅速蔓延开来。拂晓的晨光揭开了这场杀戮的全貌：44名飞行员和9名陆战队员丧生，另有119人负伤；日军袭击者有262人毙命，18人被俘。遇袭期间，第5先锋营的哈里·马丁（Harry Martin）中尉仓促组织了一条防线，并在战死前独力击杀了4名敌机枪手。他将成为最后一名获颁荣誉勋章的硫磺岛英雄，荣誉勋章的总数因而定格在了惊人的27枚。栗林中将之死一直笼罩在

硫磺岛上，俘虏难得一见。一群好奇的陆战队员停下脚步，目不转睛地看着一名被活捉的日本俘虏。（图源：美国国家档案和记录管理局）

神秘之中，但多数叙述都表明，栗田曾要求部下在敌军发现前将自己的尸体掩埋起来。

结局与影响

硫磺岛战役期间及其后，共有 2251 架“超级堡垒”轰炸机在岛上强行着陆。这意味着有大量机组成员获救。如果没有硫磺岛，他们将不得不在日本和马里亚纳群岛间跨度 1300 英里的大洋上迫降，生存机会渺茫。

“死亡谷”中，栗林将军藏身洞穴附近竖立的纪念碑。（图源：栗林太郎）

美军对菲律宾群岛的占领，以及4月对冲绳岛发起的进攻，加快了战争进程。第20航空队实施的纵火轰炸，以及投向广岛和长崎的原子弹，则了结了这场战争。在这些事件中，陆战部队付出巨大牺牲换来的硫磺岛，发挥了重要作用。硫磺岛上的惨烈战斗与疯狂抵抗清晰地表明，如果美军胆敢进攻日本本土，将会付出高昂的代价。

注释

[1] 1944年，美军经驼峰航线运送物资，支援B-29超级堡垒轰炸机从中国基地轰炸日本。

[2] 哈里·利弗塞吉（Harry Liversedge）是1920年安特卫普奥运会男子铅球铜牌得主。

[3] 托马斯·沃纳姆（Thomas Wornham）时任陆战27团团长。

[4] 约瑟夫·麦卡锡的外号与前文中的贾斯蒂斯·钱伯斯的外号相同，均为“跳跳乔”（Jumpin' Joe）。

[5] 无法查实对应的日文姓名，故保留英文。Youamata或为Yonomata。

[6] 指陆战28团2营E连3排。

[7] 皮领圈（leatherneck）是美国海军陆战队员的俚称，来源于早期美国海军陆战队和英国皇家海军陆战队制服的护颈皮革领。

[8] 西竹一是1932年洛杉矶奥运会马术场地障碍赛金牌得主。

[9] 南部机枪即92式重机枪，该型机枪的研发者为南部麒次郎。

[10] 之宝（Zippo）为一种美制金属打火机。

[11] 钱德勒·约翰逊为陆战28团2营营长。

[12] “黛娜·迈特”号（Dinah Might）之名或取自发音相似的“Dynamite”，意为达纳炸药。

[13] 北之鼻（Kitano Point，日语：北ノ鼻），意为北角。

陆战 1 师突击部队搭乘 Mk 3 型两栖履带车（LVT-[3]）破浪前行。拍摄视角朝向履带车尾部，可见 1 挺 .50 口径 HB-M2 机枪。履带车两侧各有一排 5 加仑（19 升）水桶，既可供登岸后使用，又可抵挡轻武器火力。整场太平洋战争中，冲绳登陆是规模最大的一次同步两栖突击行动，共有 1300 多艘舰船参与其中。（图源：美国海军陆战队）

第十章 冲绳岛

战役肇始

1945 年春，盟军在太平洋战场的运势扶摇直上。谁将成为最终的胜利者，已毫无疑问。仅有的问题在于，最后一战将在何时打响，以及还有多少人要死。

日军明白下一步将会发生什么，但无法确知美军将在何处下手。经过排除，日军大本营圈定了可能的目标：与中国大陆隔海相望的台湾岛，或位于日本列岛西南、属于琉球群岛的冲绳岛。日军开始对这两片区域进行增援。与此同时，美军第 5 舰队和第 10 集团军正穿越太平洋，浩浩荡荡向各座岛屿基地挺进。

双方计划

日军计划

1945 年，仍在菲律宾勉力顽抗的日本帝国陆军部队，仅余一些分散的残部。日本帝国海军舰船大多沉入了太平洋底部。一度望而生畏的航母航空兵，已不复存在。美军潜艇切断了日本的海上航道，B-29 轰炸机向日本城市肆意倾泻炸弹。

日本判断台湾岛和琉球群岛将遭到攻击，准备与美军战至僵持。日本寄望以“大和魂”[1]挺过美军的集中火力和无限物资，并力图对美军造成无法接受的损失，争取议和。

第 32 军的战斗口号，直截了当地阐明了这一“消耗战”计划：

一机换一舰，
一艇换一船，
一人换十敌或一坦克。

（大正）14 年（1925 年）式 105 毫米加农炮工事炮眼。工事掘入山体一侧，由混凝土和石灰岩筑成。虽然此炮射程有限，但仍能与四散分布的其他火炮一道，将火力集中于敌军可能行经的特定区域。类似阵位由原木而非混凝土筑成。（图源：美国海军陆战队）

不过，牛岛满中将指挥的第32军并非齐装满员，只能防御约1/3的地区。根据第32军的部署，第62师团防区南起那霸、首里，北至联结北谷地峡（冲绳第二窄的岛颈，宽3.5英里 [5.6公里]）东西海岸的一条阵线。在这条面北的前线上，部分阵地掘筑在与中部平原南边接壤的第一片高地上，而美军恰恰将在中部平原登陆。过了这关，还有条更为强大的防线，防线重点是西北至东南的浦添村断崖、棚原断崖和数道山脊，地形崎岖，长4500码（4100米）。主防线则位于更南处，以首里城[2]和一片崎岖辽阔的山岭地带为中心。劳师远征的疲惫美军将一头撞上构筑得法、难以攻克的日军防御工事。

第24师团据守冲绳岛南端，防范美军在此登陆，并充当第32军的预备队。第44独立混成旅团（IMB）位于第62师团东南，负责守卫知念半岛。据判断，美军有可能在岛屿东南方的港川（Minatogawa——美方文件中多记为Minatoga）海滩登陆。冲绳方面根据地队守卫着第62师团西南的小禄半岛，准备按照日本帝国海军的作战理论，在海滨与美军交战。日军并未完全放弃岛屿北部。第1特设联队（由机场勤务人员组成）负责屏护位于中部平原的读谷机场和嘉手纳机场。联队规模的第2

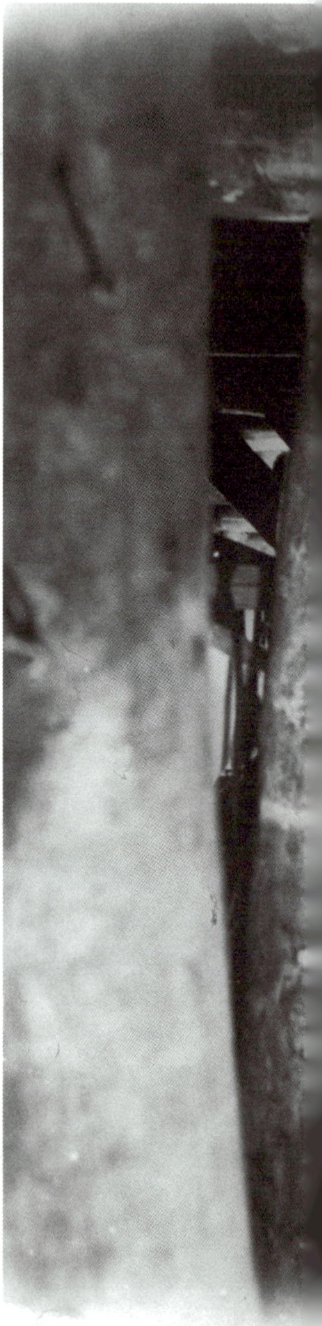

这是一段长100英尺（30米）、经原木加固的坑道，分连着5个房间。坑道位于伊江岛，应是作为部队掩蔽处、指挥所、救护站、弹药库和补给库使用。（图源：美国海军陆战队）

由混凝土、石灰岩和原木筑就的坚实地堡线。该地堡线位于国吉西南 500 至 600 码（460 至 550 米）、糸满以南 1200 码（1100 米）的真荣里高地。只有被大口径炮弹或重型炸弹直接命中，这种地堡才可被破坏。（图源：美国陆军）

步兵队（分遣自第 44 独立混成旅团）进驻冲绳西北岸的本部半岛，对美军形成牵制。其下属的一个大队位于本部半岛西边的伊江岛，与其他小部队一同驻防此岛。

第 32 军并不指望能得到事先允诺的空中支援。为了生存下来，最大限度地阻滞美军，第 32 军将掘筑大量防御工事。数以千计的碉堡、掩体、枪炮工事和作战阵位纷纷竣工。地形特征融入防御工事，各类武器选址得当，形成了浓密交叠的火力网。围绕着岛上的制高点，日军建立了多条跨岛防线。庞大的坑道体系亦得到掘筑，总长度超过 60 英里（97 公里），足以庇护第 32 军的十万之众。这些阵线交重往复，其构筑与改进工作将持续至战役结束。期间，日军将在苦战中被逼向南方。补给品和军需品均贮存于地下掩蔽部和洞穴中。

美军计划

冲绳战役的主要登陆行动，将于 1945 年 4 月 1 日（L 日[3]）8 时 30 分（H 时）发起。这是太平洋战争中规模最大的同步两栖突击行动，美军的 2 个陆战师和 2 个陆军师将在 8 英里宽的海滩上并排登陆。第 3 两栖军将在读谷机场对侧登陆，其陆战 6 师居左。陆战 6 师将迅速插向岛内，夺取读谷机场，在狭窄的石川地峡处切断冲绳岛，保护第 10 集团军北侧。该师陆战 22 团将居左登陆。该师陆战 4 团将居右登陆，重点攻击读谷机场。该师陆战 29 团为第 3 两栖军预备队，将根据命令再行登陆。第 3 两栖军右侧的陆战 1 师将发起猛攻，冲上读谷机场南边的海岸，与右方的第 24 军保持联系。该师陆战 7 团将居左登陆，陆战 5 团居右。陆战 1 团将任该师预备队，跟随陆战 7 团上岸。与此同时，美军将根据需要攻占东部诸岛，进一步保护第 10 集团军向海的东翼。

比谢川（河）是第 3 两栖军和第 24 军最初的地理边界。久经战火的第 7 步兵师将在第 24 军左侧登陆，与第 3 两栖军保持联系，夺取嘉手纳机场。其中，第 17 步兵团居左，第 32 步兵团居右。第 184 步兵团担任师预备队。第 96 步兵师将在嘉手纳机场南方登陆，其第 381 步兵团居左，第 383 步兵团居右。第 382 步兵团担任军预备队。第 7 步兵师不设师预备队，但第 382 步兵团将在第 381 步兵团后登陆，准备应对日军自南发起的反击。第 24 军炮兵部队将在必要时登陆，支援该军进攻。第 24 军占领嘉手纳机场后，其主要任务便在于挥师向南，占领自西向东至久场崎的一条战线，将日军封锁于南部。

L 日早晨，陆战 1 师战士从突击运输舰转移至车辆人员登陆艇上。（图源：美国海军陆战队）

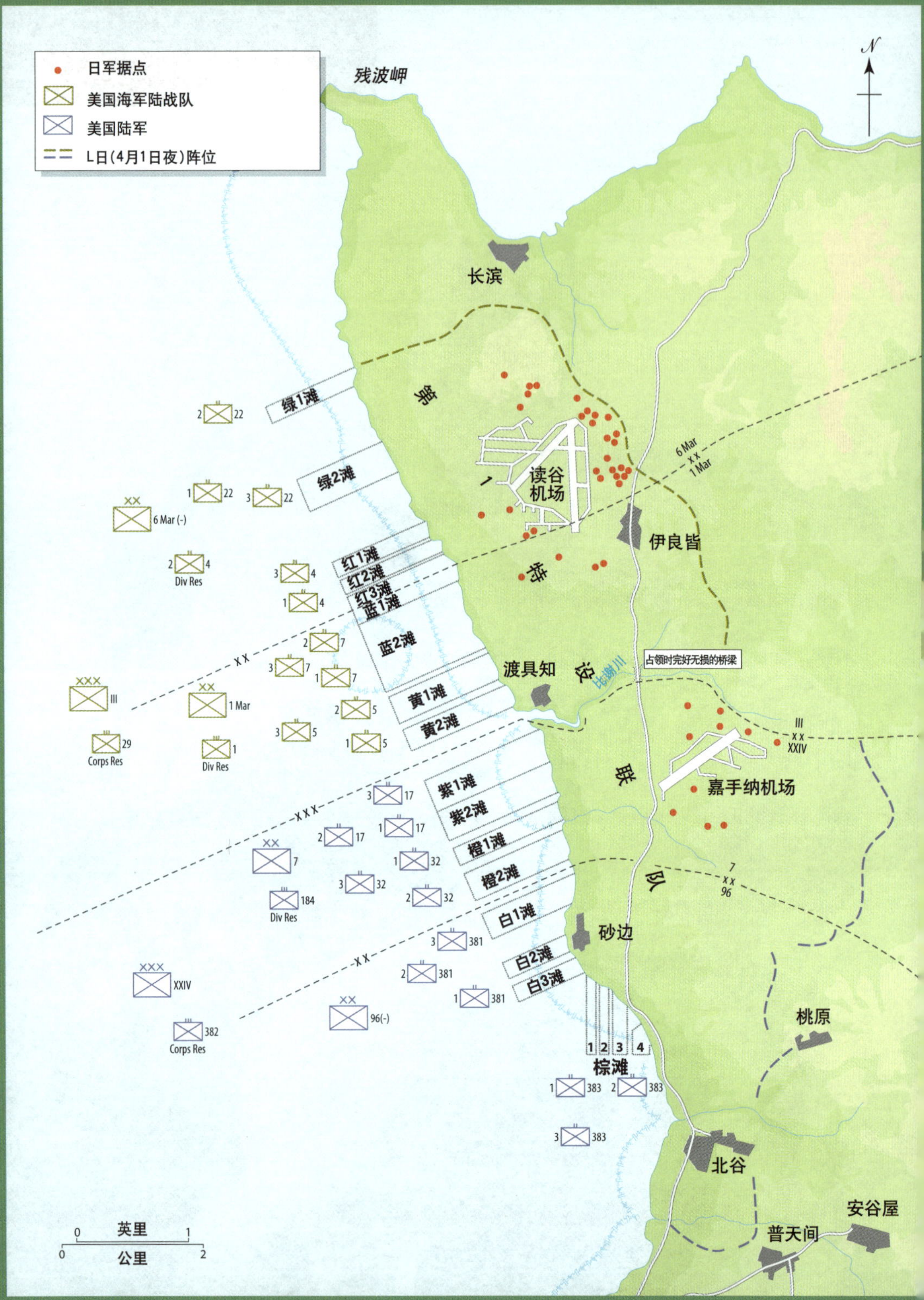

冲绳登陆海滩图示。（图源：鱼鹰出版有限公司）

第 10 集团军海上预备队仍将由陆战 2 师担任，远征军海上预备队则为第 27 步兵师。

一旦美军切断冲绳岛，分割孤立日军部队，占领岛屿中央区域，第 24 军便会向南推进，其第 7 步兵师居左（东），第 96 步兵师居右（西），夺取主目标区——冲绳岛南端。第 3 两栖军将策应第 24 军，以陆战 1 师巩固岛上已占区域；同时，陆战 6 师将向前推进，肃清岛屿北端。第 77 步兵师随后将夺取伊江岛。随着第 24 军向南推进，其前线也会随着岛屿宽度的增加而拉长，因此，第 27 步兵师将在必要时登陆。

登陆部队的初期空中支援，将由 14 艘护航航母提供。第 51 特遣编队将运送登陆部队，使之在岸上站稳脚跟，并提供近距离空中支援和舰炮火力支援。第 5 舰队的快速航母打击部队（第 58 特遣编队）和英国航母部队（第 57 特遣编队）将对日本列岛和琉球群岛的日军航空基地实施攻击，并攻击日本帝国舰队的任何残余力量。

双方指挥官

美军指挥官

雷蒙德·斯普鲁恩斯上将任第 50 特遣编队（第 5 舰队及中太平洋特遣部队）指挥官，是硫磺岛战役和冲绳战役的最终负责人。

里士满·凯利·特纳少将任联合远征部队指挥官，负责指挥所有两栖登陆行动，一如硫磺岛一役。小西蒙·巴克纳（Simon B. Buckner Jr）中将任远征部队与第 10 集团军（第 56 特遣编队 [TF-56]）司令，其父是美国内战时期的一名南军将领[4]。后来，就在美军宣布占领冲绳岛的 3 天前，巴克纳在视察部队时阵亡。彼时，他的部队正向日军的最后防线前进。

约翰·霍奇（John R. Hodge）少将指挥第 24 军参加了莱特岛激战，

后率该军余部返回夏威夷，加入新成立的第10集团军，为攻击冲绳做准备。罗伊·盖格少将曾在布干维尔和佩莱利乌与霍奇共事过，任第3两栖军军长。巴克纳中将在1945年6月18日阵亡后，盖格短暂接手第10集团军，成了仅有的一位指挥野战集团军的海军陆战队军官。与此同时，他还保留着对第3两栖军的指挥权。

日军指挥官

1944年8月8日，日军大本营指派牛岛满中将出任第32军军长。稳重内敛的牛岛满选择了一名性情迥异的军官担任他的参谋长，也就是狂热大胆、莽撞猛进的长勇少将。长勇是冲绳地下防御工事的主要推动者，但也对灾难性的五月攻势负有责任。

第32军的参谋团队中，还有一名军衔相对较低，但却同样重要的特殊人物——高级作战参谋八原博通大佐。八原博通具有深厚的高等军事教育背景，曾就读于日本陆军大学，并曾作为军官赴美交流，被公认为其专业领域内的专家。

双方部队

美军部队——第51特遣编队

第51特遣编队是支联合作战部队，由美国陆军、海军和海军陆战队所属部队组成，其航空力量也来自这三个军种。第51特遣编队本身是另一支特遣部队——第50特遣编队的组成部分，后者包含了第5舰队和中太平洋特遣部队，指挥官为斯普鲁恩斯上将。由于斯普鲁恩斯担负着实施攻击的任务，他还直接掌控着另2支参战特遣编队。

马克·米彻尔中将指挥的快速航母部队（第58特遣编队）拥有88

从左至右：中太平洋特遣部队兼第 5 舰队司令斯普鲁恩斯上将；太平洋战区总司令尼米兹五星上将；第 10 集团军司令小西蒙·巴克纳中将。（图源：美国海军陆战队）

艘舰船，包括 11 艘舰队航母和 6 艘轻型航母，搭载飞机近 1400 架，由 7 艘战列舰、18 艘巡洋舰、大批驱逐舰和护卫舰以及一支大规模后勤保障群提供支援。海军中将伯纳德·罗林斯（Bernard Rawlings）爵士的英国航母部队（第 57 特遣编队）出动了 4 艘航母、2 艘战列舰、5 艘巡洋舰、14 艘驱逐舰外加一支辅助船队。该编队的 260 架飞机大多产自美国。第 50 特遣编队还可依赖于其他司令部提供的支援，包括：潜艇部队，太平洋舰队，在华美国陆军航空部队，以及自马里亚纳群岛出动的第 20 航空队的 B-29 轰炸机。

第 51 特遣编队（即联合远征部队）由 5 支较小的特遣编队和 3 支特遣群组成，指挥官为特纳少将。该特遣编队的许多海军单位刚参加过硫磺岛一役，几乎没有得到片刻喘息。不过，硫磺岛之役使美军的指挥与通信体系经受了实战检验，为美军带来了优势。

美国陆军

第 10 集团军由 2 支军级部队组成，分别来自陆军和海军陆战队。此外，第 10 集团军还独一无二地拥有专属战术航空队。该集团军的陆军兵力为 10.2 万人，其中非师属炮兵部队、战斗支援部队和司令部直属部队逾 3.8 万人，勤务部队约 9000 人。逾 8.8 万名海军陆战队员与 1.8 万名海军人员（主要为海蜂队和医务人员）一同得到部署。第 10 集团军突击部队，也就是初始突击的登陆兵力，总计 182821 人。

第 10 集团军直接指挥第 53 防空炮旅、5 个防空炮群、6 个 90 毫米防空炮营、3 个 40 毫米防空炮营以及宪兵、通信兵和医务兵部队。

第 24 军（南路登陆部队）由霍奇少将指挥，已拥有与海军陆战队第 5 两栖军并肩作战的宝贵经验。约瑟夫·希茨（Josef R. Sheetz）准将的第 24 军炮兵部队拥有 3 个炮群和 14 个火炮口径不一的炮兵营。4 个步兵师[5]划归第 24 军指挥。第 7 步兵师、第 77 步兵师和第 96 步兵师为加强师，平均兵力 2.2 万人，但各师均存在 1000 人左右的步兵缺额。

第 7 步兵师是正规军，曾参与莱特岛一役，并为冲绳战役做好了准备。该师又称“刺刀师”，由阿奇博尔德・阿诺德（Archibald V. Arnold）少将指挥。

第 96 步兵师人称“神枪手师”。二战期间，该师均由詹姆斯・布拉德利（James L. Bradley）少将指挥，包括冲绳一役。

第 27 步兵师是海上预备队，将成为下一个抵达冲绳的美军师。该师兵力仅 1.6 万余人，师长为小乔治・格里纳（George W. Griner Jr）少将。

第 77 步兵师是陆军预备役师，也是最后一个登陆冲绳的师。在安德鲁・布鲁斯（Andrew B. Bruce）少将的指挥下，该师将担任西路登陆部队，首先夺取冲绳以西诸岛。

美国海军陆战队

划入第 10 集团军的陆战部队是第 3 两栖军，军长为盖格少将。第 3 两栖军炮兵部队由戴维・尼默（David R. Nimmer）准将指挥，包括 2 个各辖 3 个营的临时炮群，为两栖军的 2 个师提供支援。

参战的 3 个陆战师中，只有 2 个师 [6] 将在冲绳岛上作战，但第三个师 [7] 也将扮演重要角色。与陆军各师不同的是，各陆战师均投入了 100% 的步兵兵力，外加 2500 名补充兵员。

同此前讨论过的一样，绰号“老家伙”（Old Breed）的陆战 1 师成立于 1942 年 2 月 1 日。该师兵力逾 2.4 万人，由小莱缪尔・谢泼德（Lemuel C. Shepherd Jr）少将指挥。陆战 2 师于 1941 年 2 月 1 日在圣地亚哥成立，前身为陆战 2 旅。该师大部既参加了 1942 至 1943 年的瓜岛之战，又参加了 1944 年夏的塞班岛和提尼安岛之战。该师兵力 2.2 万人，由托马斯・沃森少将指挥。

一辆 D-18 推土机从 Mk 6 型坦克登陆艇驶出。其他工兵装备也将随之下艇。这艘 119.5 英尺（36.4 米）长的登陆艇可搭载 4 辆重型坦克或 150 吨货物。艇上装备了 2 门 20 毫米炮。艇尾可以开启，因此数艘坦克登陆艇可首尾相缀，形成连接海岸与坦克登陆舰的浮桥，供车辆径直驶过。（图源：美国陆军）

日军部队

第 32 军组建于 1944 年 4 月 1 日，也就是美军登陆之日前 1 年，负责防卫冲绳岛。该军虽得到了第 44 独立混成旅团的补强，但从未齐装满员过。

在藤冈武雄中将的指挥下，第 62 师团也部署到了冲绳岛上。第 62 师团配备了约 300 人的工兵队、通信队和辎重队，以及 1 座野战医院。

冲绳岛上实力最强的一支日军部队，是雨宫巽中将指挥的第 24 师团。该师团组建于 1939 年 12 月，未经战火，但训练有素。数千名冲绳平民被征入民防队和劳工队，或充入正规部队。

冲绳日军的陆军兵力总计 6.7 万人，其中约 5000 人为配属日军正规部队的冲绳籍征召兵。第 32 军中，约有 2.9 万人隶属于劳工队、勤务队和专业保障部队。

此外，日军还部署了约 3825 名海军人员和逾 6000 名平民战斗人员。

陆战各师均拥有一支由 12 辆火箭发射卡车组成的分遣队。卡车分为 2 组，每组 6 辆。车上载有 4.5 英寸（114 毫米）口径火箭发射器，重 1 吨。车组成员被称作“巴克·罗杰斯好汉”（Buck Rogers Men），这个外号源自同时代科幻小说中的主人公。卡车的绰号则为“沙弟安迪”[8]，得自一款流行玩具。每辆卡车均载有 3 具 Mk 7 型火箭发射架，发射架各装载 12 枚火箭。这些卡车可在 4 秒内发射 36 枚高爆火箭和白磷火箭，射程 1100 码（1000 米）。（图源：美国海军陆战队）

初期行动

初期登陆行动

庆良间列岛是冲绳以西 15 英里的一片岛群，由 8 座地形崎岖的岛屿组成。庆良间列岛将成为美军舰队补充燃料、重整军备、修理维护的基地。在攻打硫磺岛期间，美军认识到了拥有这样一座基地的必要性。庆良间列岛的设防岛屿仅有 4 座，守军 975 人，均来自日本帝国海军。美军轻易拿下了这片岛群。

3 月 31 日，美军又占领了渡具知海滩西南 11 英里的庆伊濑岛，没有遇到抵抗。陆战队侦察兵此前已确认，庆伊濑岛的各座小岛[9]均无人占领。第 420 野战炮兵群与第 531 营和第 532 营一同登陆，为主要登陆行动提供支援，将冲绳南部覆盖在 155 毫米炮的射程范围内。

3 月 29 日，飞越冲绳上空的侦察机报告，全岛似乎已被放弃。3 月 30 日 10 时，蛙人部队下水，破坏反登陆艇障碍物。主攻行动蓄势待发。

两栖部队在冲绳以西集结。航母部队在冲绳东面约 50 英里就位。3 月 31 日，陆战 2 师佯攻群登船出发，到达港川海滩东南方海域。日军认为，美军最有可能在港川海滩实施主要登陆行动。不过，这次登陆只是虚晃一枪。自 3 月 29 日起，美军水下爆破队的侦察兵和扫雷舰就开始在近岸处活动，使佯攻行动愈发逼真。

主要登陆行动

1945 年 4 月 1 日（L 日）破晓，登陆海滩上细浪逐岸。运输舰船和坦克登陆舰在岸边 3 至 7 英里外抛锚。5 时 30 分，登陆前的密集炮火完全覆盖了延伸至岛内 1000 码（910 米）的一片区域，每 100 平方码（84 平方米）倾泻炮弹约 25 发。太阳在丘陵连绵的岛屿后升起，陆军战士和陆战队员在晕船之余，第一次见到了烟尘笼罩下的冲绳。8 时，数十艘步兵登陆炮艇向海滩驶去，艇上的 3 英寸（76 毫米）炮和 40 毫米炮火光频闪。8 时 15 分，数以百计的两栖履带车组成了突击波次。

5 分钟后，调度艇放下三角尖旗，绵延 8 英里的两栖履带车群卷起滚滚白浪，向 4000 码（3700 米）外的海滩驶去。舰炮火力转向岛内的同时，64 架舰载机对海滩施以扫射和轰炸。就在 4 个美军师向海岸疾进时，港川海滩的陆战 2 师也实施了佯攻。不曾想，这支部队反而最先出现了伤亡——日军的神风特攻飞机击中了 1 艘运输船和 1 艘坦克登陆舰。除了招致空中打击外，此次佯攻未能引来日军增援部队。

首波突击部队于 8 时 30 分（H 时）登陆。日军仅以零星的迫击炮和火炮火力作为回应，且未触及目标。由于 3473 名未经训练的机场勤务部队人员望风而溃，岸上的抵抗近乎为零。该部队只有半数人员装备了武器，而且几乎没有重武器。佩莱利乌岛和硫磺岛的血腥一幕并未在冲绳重演，没有部队在海滩上遭到屠戮。相反，头 1 小时内，有 5 万名官兵登陆。比谢川是第 3 两栖军和第 24 军战区的边界，毁坏的自杀艇和小船阻塞其中。陆军战士和陆战队员向岛内推进的同时，体型更大的登陆载具和舰船于 14 时开始输送炮兵和支援部队。潮水逐渐退去，露出了水下的礁石，重装备的卸载进度因而放缓。傍午时分，陆战 4 团抵达读谷机场边缘，第 17 步兵团则位于嘉手纳机场。美军本未指望在 L+3 日前占领这两座机场。

傍晚时分，美军已稳稳建立起了 15000 码（13700 米）的滩头阵地，登陆的部队又增加了 1 万人。据 4 个突击师报告，攻打冲绳首日中，仅有 28 人阵亡，27 人失踪，104 人负伤。

4月1日，第7步兵师第32步兵团所属部队自“橙滩”出发，向岛内的嘉手纳机场推进。图为他们在推进期间休整。前方的战士带着M2三脚架，用于架设.30口径M1919A4机枪，此外还携带了250发装M1弹箱。他的左胯处是防毒面具挎包和M1910鹤嘴锄。身后的喷火手配备了M2-2火焰喷射器。（图源：美国陆军）

分割冲绳

L+1 日晨，陆战 2 师再次在冲绳东南部海滩实施佯攻。但除了使牛岛满得以宣称美军已被击退外，此次佯攻全无作用。美军牢牢掌握了两座机场及其周围的高地。守军未能在机场安放炸药。到 L+1 日下午，嘉手纳机场已可用于紧急降落，读谷机场亦在次日投用。在此期间，美军占领了比谢川上的主桥，桥体完好无损。一个问题萦绕在每个人心中，那就是："敌人在哪儿？"

此后 2 天，天气状况依然良好，美军继续快速推进。陆战 6 师向北行军，到 4 月 4 日已拿下了狭窄的石川地峡。陆战 1 师和第 7 步兵师于 3 日下午抵达东侧海岸。5 日，陆战部队又占领了胜连半岛 [10]。第 96 步兵师转而向右，开始南进。东侧海岸的第 7 步兵师所属部队亦然。到 L+3 日，他们已建立起穿越北谷地峡的面南阵线。根据早前的预想，所有部队都需经过 2 周苦战方可抵达当前阵位。

补给物资不断累积，支援部队继续登岸。空载的运输舰船启程离去。每个夜晚，舰队都分散开来，部分舰船在渐增的空袭中沦为受害者，但从总体上看，日军已于 D 日之前撤往南方。

4 月 4 日，天气开始恶化，但对于日军的真实意图，美军司令部只能猜测。由于日军仍藏身地下，南部的空

行军穿越冲绳的部队。美军的登陆行动几乎未遇抵抗，到首日终了，攻击部队已占据了 15000 码的滩头阵地。（图源：美国国家档案和记录管理局）

中侦察一无所获。

攻势延续

第10集团军的进展

4月4日，霍奇少将命令第7步兵师和第96步兵师向南攻击。日军的计划是：以第62师团守住主要的北部防线；同时，第24师团和第44独立混成旅团预备待命，破坏美军在南部海岸实施的任何登陆行动。第62师团及其支援炮兵占据了制高点，阵位极为有利，能清楚地观察到下方平原的第24军阵区。第62师团的防御体系呈梯次配置，其中，第63旅团掘筑了穿越岛屿的防御工事，第64旅团负责守卫侧翼的西海岸。

4月6至8日，在第63旅团的顽强抵抗下，第24军各部停止前进。这支掩护部队抵挡了美军8日之久，造成第24军逾1500人伤亡，但自身也付出了近4500人阵亡的代价。外围的首里防线此时已失去掩护，第24军将顶着愈发强硬的抵抗继续前进。

4月9日，第96步兵师第383步兵团对1000码（910米）长的嘉数高地发起攻击，但被日军打退。反复进攻之后，美军最终于4月12日夺取了这座高地。守军第63旅团损失5750人，美军第96步兵师损失451人。战斗期间，面对崎岖的地形和强硬的抵抗，向东推进的第7步兵师进展缓慢。第7步兵师的战区仅占第24军前线的1/3，但在地形因素的限制下，该师的正面区域实则更窄。此地几乎不存在道路体系，后勤运输备受阻碍。

一部分更为好斗的日军军官，对己方的防御策略焦躁不满，叫嚣着反攻。为了稳住他们，八原博通大佐分析道，即便反击取得成功，反击部队也会暴露在平原上的大规模美军火力之下。不过，美军在首里外围防线的停滞不前，使牛岛满中将做出了让步。

反击于4月12日[11]19时发起。日军实施了30分钟的密集轰击，

> “在冲绳岛上，陆战队员和陆军战士经历了地狱熔炉般的考验，考验来自雨水、高温、毒蛇、蚊群……人粪和满是蛆虫的腐烂人肉散发的恶臭……”
>
> ——冲绳战役无名老兵

掩护渗透行动。此次攻击力度过小、协调不周，因为许多指挥官意识到个中荒唐后，便按兵不动。

相比之下，美第96步兵师却遇到了组织有序的持续反击。日第272独立步兵大队实施了有力的攻击，使嘉数高地上的美第381步兵团度过了难熬的一夜。战斗持续至4月13日夜和4月14日凌晨。但到拂晓时，战斗已全部结束。这一战使美军的前进脚步放缓了数日，但日军损失了数以百计的兵员，美军的损失则未过百。美军继续缓慢南进，准备在更崎岖的地形上对首里主防线实施突击。

北进

第24军向首里缓慢推进的同时，第3两栖军卷入了迥然不同的战事。陆战1师守卫着读谷机场和登陆海滩，占领了第24军身后的跨岛区域。陆战6师已占领了石川地峡，其陆战22团位于北部，也就是地峡开始变宽处。4月6日晨，在坦克的支援下，陆战29团沿岛屿西岸北进。与此同时，陆战4团沿东岸北进。日军已炸毁桥梁，布设地雷，但抵抗强度甚弱。经过对高地丘陵的彻底搜索，美军最终于4月8日判定敌军已将兵力集中于冲绳岛西北海岸，即本部半岛。陆战29团正越

冲绳岛上，装备 .30 口径 M1917 重机枪的美军陆战队员向糖面包山（Sugar Loaf Hill）山顶前进。（图源：汤姆·伦莱因）

US ARMY

美陆军某坦克连准备从山脊线后向前推进。这些 M4A3“谢尔曼”坦克的大白星标志均已涂黑，以免成为反坦克炮的标靶。与当时的同类武器相比，日军的 1 式（1941 年）47 毫米反坦克炮虽然性能平平，但却能有效对抗“谢尔曼”坦克。（图源：美国陆军）

过半岛入口西行。随后数日，敌情频现，但双方没有爆发决战。西进期间，陆战部队遭遇了更为顽强的抵抗，愈发恶劣的地形条件加剧了这种状况。

八重岳（山）高1200英尺（370米），敌军在周围的防御工事布阵。崎岖多岩的地形挡住了装甲部队，对守军而言颇为理想。此地守军是全副武装的“宇土支队”[12]，来自第44独立混成旅团，兵力1500人。初期的小规模战斗和调度持续了数日之久，但4月14日，陆战29团和陆战4团正式发起攻击。4月17日，美军对八重岳发起了最后突击，但直到次日才将其肃清。日军阵亡人数计约700人。不过，还是有相当一部分日军得以逃脱，在北部荒野展开旷日持久的游击战，以数不清的小规模战斗、一击即撤的突袭和冷枪伏击制造了大量伤亡。

5月4日，兵员不足的第27步兵师替下了北部的陆战6师。陆战6师已亡236人，伤1601人。美军最终于8月4日宣布占领冲绳北部全境，但仍有小股残敌未被剿灭。日军阵亡1000人以上，约500人被俘。

伊江岛登陆

伊江岛（Ie Shima，常被称作Ie Jima）代号“不可或缺”（Indispensable），距本部半岛西端3.5英里，位于渡具知海滩以北20英里。该岛

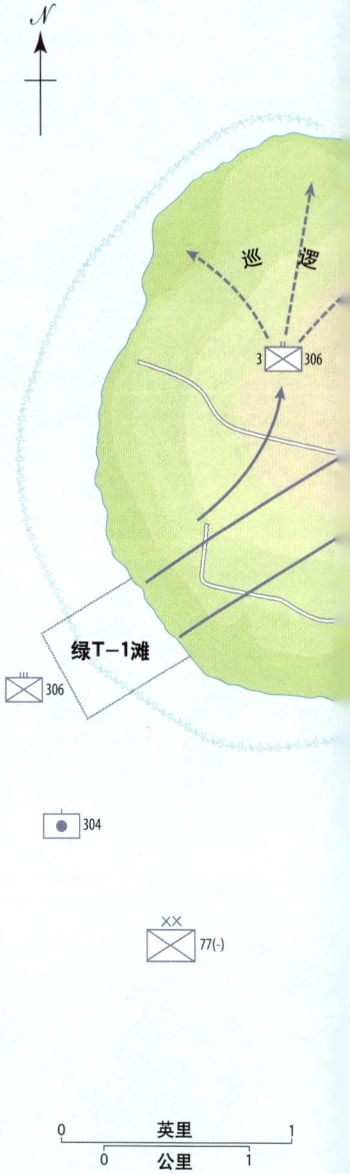

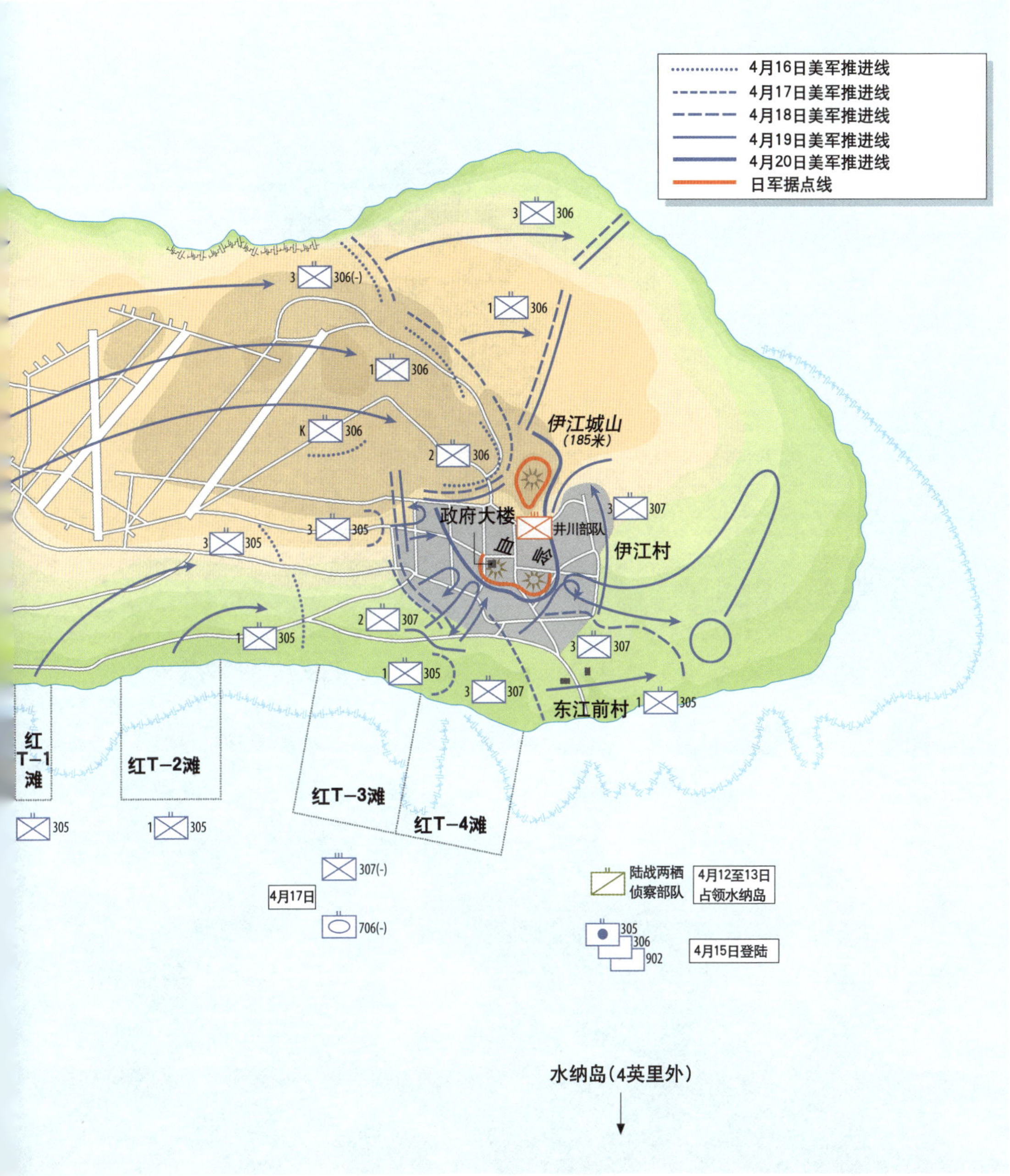

美军突袭伊江岛图示。(图源:鱼鹰出版有限公司)

的北部和西北部海岸悬崖林立，最高达100英尺（30米），其间散布着数以百计的洞穴。南部海岸一线则遍布沙滩，沙滩宽度介于9至35码（8至32米），低矮的悬崖间杂其中，将沙滩分为125至900码（115至820米）不等的滩段。岛屿东部，伊江城山拔地而起。此山高600英尺（180米），是个圆锥形石灰岩山峰，蜂窝般密布着由坑道和碉堡加以强化的洞穴和沟壑。城山南侧是伊江城杂乱蔓延的石砌建筑。岛屿中央是3座呈“XI”形分布的机场，长度介于6000至7000英尺（1800至2100米）。岛上居民8000人，但其中约3000人已疏散至冲绳。伊江岛由“井川[13]部队”的3000人守卫，辅以包括妇女在内的1500名武装平民。城山周围和伊江城中构筑了大量防御工事。

水纳岛是伊江岛以南4英里的一座小岛。4月12日（13日），太平洋舰队陆战队侦察营占领了此岛。4月15日，3个炮兵营进驻该岛。第77步兵师离开了冲绳岛东南300英里的驻地，于4月16日（W日）晨对伊江岛发起突击，突击行动得到了海军炮火的全力支援。7时58分（S时），第306

一名喷火手在冲绳岛上前行。照片摄下时，美军正力图驱离该区域的日军。（图源：汤姆·伦莱因）

步兵团在西南部的“绿 T-1 滩”登陆。与此同时，第 305 步兵团（缺第 2 营）向中南部海岸的“红 T-1 滩”和“红 T-2 滩”出击。最初战况与冲绳岛一样，日军几乎未作抵抗。美军很快攻陷了机场，参战各团穿越岛屿向东扫荡。次日，美军抵达伊江城，日军抵抗增强。4 月 17 日晨，第 307 步兵团（缺第 1 营）与第 706 坦克营一部在“红 T-3 滩”登陆。到 4 月 18 日，在行动耗时过长的一片指责声中，美军围住了伊江城和伊江城山的北、西、南三面。美军反复进攻，但在猛烈的抵抗下寸步难行。在伊江城中心名为“政府大楼高地”[14] 的行政建筑附近，以及被称为“血岭”[15] 的高地周围，战况尤为艰难。4 月 20 日，美军肃清了伊江城大部区域，但直到次日才拿下伊江城山。日军在城山斜坡上继续抵抗，抵抗一直持续至 4 月 23 日。美军最终于 4 月 21 日 17 时 30 分宣布占领伊江岛，但肃清残敌的行动持续到了 26 日。日军损失 4700 人，其中 1500 名武装平民损失大半，另有 409 人被俘。留在岛上的平民死亡约 1/3。美军的损失为：218 人死亡或失踪，900 人负伤。

突击首里防线

到了此时，挡在第 24 军各陆军师面前的，是横贯冲绳岛的日军主防线——首里防线，该防线建立在首里以北的一连串陡峭山脊和断崖上。第 7 步兵师居东，第 96 步兵师居中，第 27 步兵师居西。自 4 月 14 日起，此三师原地停留，开始为 4 月 19 日的突击做准备。日军的整条前线仍由第 62 师团守卫。该师团第 64 旅团负责防卫西面和中央，第 63 旅团负责防卫东面。守军在高地和山脊上掘壕坚守，第 44 独立混成旅团殿后。

冲绳西岸的牧港湾分开了宇地泊和牧港两地。4 月 18 日夜，美军秘密架设了跨越牧港湾的浮桥，供第 27 步兵师实施初步攻击。该师第 106 步兵团拿下了浦添村断崖西北段的一处宝贵立足点，并在一次大胆的夜间渗透攻击中肃清了牧港村之敌。

4 月 19 日 6 时 40 分，主攻开始。此前，美军的 27 个炮兵营实施了大规模炮火准备，战舰和飞机也对日军后方区域狂轰滥炸。第 7 步兵师向日军防线东端的要害阵地——天际岭（Skyline Ridge）发起攻击，但在日军的密集火力下，该师在多数区域均被击退。居中的第 96 步兵师对守备强固的墓石岭[16]和西原高地发起攻击，但进展甚微，几乎没有攻占攻击发起线以外的任何土地。西侧，仅能在牧港湾南边勉强坚守的第 27 步兵师，却在浦添村断崖取得了新进展。不过，该师对嘉数高地发起的攻击未能成功。在穿越嘉数高地和西原高地之间的山口期间，第 193 坦克营脱离了第 105 步兵团 1 营，结果损失了 22 辆坦克。

次周，3 个步兵师继续顶着负隅顽抗的日军南进，但没有一支部队取得了 1300 码（1200 米）以上的进展。阵线上所有 3 个师的后备营组成了布拉德福德特遣部队。在装甲部队的强力支援下，该特遣部队最终于 4 月 24 日攻克了嘉数孤地（Kakazu Pocket），但日军已弃守此地。日军同样失去了一次实施成功反击的机会，因为美军已将一切兵力投入前线，没有后备部队。到了月底，多数部队都已取得了相对良好的进展，在许多区域向前推进了 1000 至 2000 码（900 至 1800 米）。第 96 步兵师的西侧依然受阻，未能在日军第 32 步兵联队把守的浦添村断崖取得进展。第 7 步兵师已在其侧翼（岛内一侧）取得了重大进展，但在幸地高地受阻于日军第 22 步兵联队。美军各师疲态尽显，战力低落。

这段时间内，有人提出以第 77 步兵师在港川以北的西南海岸实施侧翼登陆，迫使日军撤出首里防线的部队。4 月 17 至 22 日，巴克纳否决了这一提议，原因是：在日军阵线后方深处单送 1 个师登陆的做法风险过大，特别是考虑到由此带来的额外后勤负担，以及保护支援锚地所需的舰船。

4 月 30 日，陆战 1 师划转第 24 军指挥，替下了东侧的第 27 步兵师。第 77 步兵师虽然缺少 3 个营，但既担负着占领外围岛屿的任务，又负责替下饱受重创的第 96 步兵师。美军继续向南突进，穿越首里主防线。进攻一直持续到了 5 月 3 日，也正是在当天，日军发起了最为坚决的一次反击。

5月25日，在进抵首里城途中，陆战1师战士在激战后的战场上审视战事的血腥惨况。（图源：美国海军陆战队）

冲绳岛上，一名看似平民的日本男子从废墟中现身，向美军陆战队投降。其中一名美军战士手握 .45 口径手枪。（图源：汤姆·伦莱因）

日军的反击

旷日持久的防御战，令许多日军指挥官消沉不已。他们渴望发动反攻，阻止美军前进。对于如此愚蠢的出击行为，第32军作战参谋八原博通大佐做出了警告，但参谋长长勇少将的意见占了上风。5月3日夜，日军发起进攻，主要由第24师团在中部和东部出击。同时，日军还派兵在两侧海岸的美军后方登陆，发起突袭，策应主攻部队。虽然日军在部分区域略有突破，但美军击退了这次反击。经此一战，总兵力7.6万人的日军折损了约7000人，前线战力进一步下滑。美军部队伤亡不足700人，继续向南推进。此次反击完全是个愚蠢的错误。

日军此时以后勤部队为主体重建部队，准备打一场消耗战。第62师团的兵力仅余1/4，负责守卫西侧1/3防线。第24师团的兵力三去其一，负责守卫首里以北至东部海岸一线。第44独立混成旅团尚

日军神风艇（自杀艇）造价低廉，由胶合板制成，艇首内装有551磅（250千克）炸药。部分自杀艇的座舱两侧配有挂架，用于装载264磅（120千克）重的深水炸弹。这些自杀艇藏于洞穴或其他伪装掩体中，由两轮车运至下水坡道。16至17岁的志愿艇员，均为五年制军官院校的2、3年级军官学员。若艇员未能从任务中生还，便会被视为已经成功，追晋大尉衔。日军寄望于以“旋风”式Q艇袭击将美军舰队“炸成碎片”，但却从未如愿。（图源：汤姆·伦莱因）

存4/5兵力，负责支援第62师团。日军炮兵折损至半，每日弹药配给大幅锐减。

海上行动

整场战役期间，第51特遣编队为登岸部队提供了近距离空中支援，并实施了战斗空中巡逻，保护部队免遭空袭。此外，该编队还截击了神风特攻队，开展了侦察与反潜巡逻，提供了后勤保障、海上浮动医院和持续不断的炮火支援，并承担了其他必要勤务。

战役头2周，第57特遣编队（英国航母部队）在先岛群岛海域活动，消灭此处的机场。战役开始前及战役期间，第5舰队和第3舰队的快速航母一再发起攻击，消灭琉球群岛、台湾岛、中国大陆和九州的日军机场。

神风攻击

美军登陆冲绳之初，日军发起的神风攻击为数有限。但神风攻击的震撼威力，在4月6至7日得到了完全释放。这两天中，美军经历了一场由355

美海军陆战队第232中队（VMF-232）的深蓝色F4U-1“海盗”战斗机飞临冲绳南部上空，对地面目标实施打击。为地面部队提供近距离空中支援，是陆战队航空兵的主要任务之一。（图源：美国陆军）

40
47
47
44

架日机发起的大规模突袭。在19个小时内，美国海军舰船沉没6艘，受损21艘，伤亡逾500人。日军损失了近400架飞机，包括神风特攻飞机和实施掩护的常规战斗机。4月期间，日机攻势持续不减，特攻作战共造成14艘美军舰船沉没，90艘受损；常规空袭则造成1艘美军舰船沉没，47艘受损。日军为此付出了超过1100架飞机的代价。5月，日机空袭有增无减，集中打击哨戒舰艇、运输舰船、航空母舰以及美军机场。其中，5月下旬的攻势尤为猛烈。

日机的袭击一直持续到了战役尾声，于6月21至22日发起了最后一次攻击。日军主要发动了10次特攻作战，即菊水1至10号作战，出动飞机1465架。加上规模较小的攻击，共出动飞机1900架。其中，神风攻击击沉美军舰船26艘，击伤225艘；常规空袭击沉美军舰船2艘，击伤61艘。这些针对舰队发起的攻击，使美国海军承受了战争期间最高的伤亡率。

“大和”号之死

日军铤而走险，于4月6日出动“大和”号战列舰执行自杀性任务。这艘超级战列舰将驶向冲绳，在美军登陆场以南的海滩上主动搁浅，以18.1英寸（460毫米）巨炮轰击美军登岸部队和运输舰船。“大和”号及随行舰只携带的燃油，仅够单程航行。在“天1号作战”命令下，“大和”号战列舰、“矢矧”号轻巡洋舰和8艘驱逐舰自本州西南的德山锚地出击。舰队驶入开放海域后，很快被美军潜艇察觉。但入夜后，舰队转而向西，失去了踪迹。4月7日晨，美军航母舰载机发现了“大和”号。此前，“大和”号已转向西南，朝目标驶去。中午时分，第58特遣编队对该舰队展开攻击，以损失10架美机的代价，在2小时内击沉了“大和”号、“矢矧”号和4艘驱逐舰。没有空中掩护的“大和”号战列舰行程尚未及半，便与2487名舰员一同葬身水下。余下4艘受

图为陆战6师22团的一名机枪手。该机枪手正使用日制7.7毫米92式（1932年）机枪对付日军。该型机枪仿自一战时期的英制刘易斯机枪，属于日本帝国海军装备。地上放着机枪的47发弹鼓和补充弹药盒。（图源：美国海军陆战队）

“你要是死了，冲绳之战的真相就无人知晓。忍受这份暂时的耻辱。这是你长官的命令。”

——牛岛满中将。八原博通曾请求自尽，但被牛岛满以此番话拒绝。

损的护航驱逐舰则逃回了日本。

攻占冲绳南部

夺取首里

5 月 7 日，西侧的陆战 1 师重归第 3 两栖军指挥。美军南进的同时，岛屿的宽度也逐渐增加，因而有必要在前线部署第四个师。很快，陆战 6 师就奉命进驻陆战 1 师右侧的分区，将陆战 22 团插入前线。兵力不足的第 305 步兵团不再驻防伊江岛，改为前来补强第 77 步兵师。5 月 8 日，也就是德国宣布投降当日，休整后的第 96 步兵师替下了前线的第 7 步兵师。5 月 11 日，第 10 集团军攻势再起。前线上自东至西的部队分别为：第 96 步兵师，第 77 步兵师，陆战 1 师，和陆战 6 师。

5 月 22 日下起了大雨。十日之后，低地、冲沟、涧壑化为了过膝深的泥浆海。小溪、河流泛滥横溢，许多区域中，原已拥塞不堪的道路变得无法通行。

首里是美军的首要目标。美军的推进速度缓慢而稳定，尽管居中的 2 个师尚未像两翼部队那般深入首里防线。陆战 6 师在首里以西的糖面包山周围陷入激战，止步不前。同时，其他各师正在奋力夺取防御坚固的山脊和高地。日军前线部队无一建制完整，仅为残部。5 月 29 日，陆战 22 团攻下那霸。期间，陆战 5 团一部抓住机会，穿入第 77 步兵师战区，占领了令陆军咬牙切齿的首里城。就在同一天，美陆军部队在东岸取得突破，日军溃败，双方部队陷入一片混战，许多部队不时遭遇两面夹攻。

南进

5 月 25 日，日军第 62 师团穿过那霸西南的第 44 独立混成旅团防线后撤，然后对东面的第 24 军所属部队发起攻击。5 月 29 日，日军第 24 师团也撤出防区，与此同时，第 62 师团在后方建立了一条新防线。第 24 师团在糸满以南的西面海岸建立了一条新防线，第 44 独立混成旅团也于 5 月 31 日撤离，构建防线；该防线与第 24 师团的防线相连，一直延伸至东部海岸。随后，第 62 师团边打边撤，在 5 月 30 日至 6 月 4 日间穿过了各条新防线。小禄半岛上，兵力 1 万人的冲绳方面根据地队误解了命令，于 5 月 28 日过早南撤。由于对彼处的阵地不满，该部队立即返回了原先的基地，宁可搏命死守，也不愿与陆军部队一起逃走。[17]

日军第 32 军成功南撤，但战役之初的 5 万兵力，此时仅余 3 万人。日军将仍可作战的伤员留下，与后卫部队一同战斗至死。重伤员则被杀死。5 月 27 日，第 32 军司令部离开了首里城地下的坑道指挥所，于次日在津嘉山设立了临时指挥所，隔日又转移至南部海岸摩文仁附近的一座小山丘（89 高地）。滂沱的春雨开始落下，比正常时节晚了 2 周。大雨阻碍了双方的行动，但依赖车辆的美军受累最甚。

5 月 24 日，日军第 1 挺进团的伞兵对读谷机场发起了一次空降突袭，但在这场从日本策动的行动中，5 架运输机仅有 1 架成功着陆。日军伞兵摧毁了机场上的数架美机，但这股突袭者很快被歼灭。

日本帝国海军部队仍然控制着小禄半岛。小禄半岛位于那霸以南的西南海岸，美军陆战6师在此为那霸港所阻。但区区一片水体挡不住陆战6师前进的步伐，该师不出所料地实施了岸对岸两栖突击，于6月4日（K日）自那霸以北的西面海岸出击，突入那霸港，攻击敌军侧翼。

6时，陆战4团在那霸以南的“红1滩”和“红2滩”登陆，陆战29团紧随其后。此二团的支线行动虽未得到多大重视，但却比早前的一些两栖突击行动规模更大。此外，该行动还是二战中最后一次有抵抗的两栖突击行动。

此前的5月31日，战况已趋于稳定。日军防线摇摇欲坠，日军后卫部队大多在防线中部布阵。美军部队继续向南推进至6月初。

最后一战

经过艰苦的战斗，至6月11日，美军已将日军残部驱至冲绳南端的喜屋武岬[18]。美军的后方区域，仍存有许多零星抵抗的小股日军。日军此时的意图是：守住起自糸满以南西侧海岸的一条防线。防线穿过中部的连绵高地，延伸至港川以南的东侧海岸某处。这片区域大约横跨5英里，纵深3英里。6月15日，陆战8团在那霸登陆，划归陆战1师指挥，配合实施岛上最后的作战行动。6月18日，第10集团军司令巴克纳中将阵亡。阵亡前，他正在视察部队顶着日军最后的有组织抵抗向前推进。第10集团军转由罗伊·盖格少将指挥。

各突击师的分区已大大缩小，前线仅需部署3至5个生力营。第7步兵师于6月17日拿下了日军第44独立混成旅团据守的孤地（位于仲座西南的115高地上）。6月20日，美军第96步兵师离开前线，转而攻打日军第24师团据守的孤地。这片孤地范围较大，位于半岛中央的真荣平和真壁。直到6月22日，美军才有所进展。陆战6师肃清半岛西侧海岸的同时，陆战1师扫平了喜屋武城高地上的日军第62师团孤

陆战队员包围了一处疑似的日军藏身点。日军熟悉地形，对美军占有优势。但如图所见，美军陆战队拥有火力和人数优势。（图源：美国国家档案和记录管理局）

地，此地位于冲绳南端的滨海腹地。第 7 步兵师围住了日第 32 军司令部。司令部位于摩文仁以南的一处海岸山丘（89 高地）上，由第 24 师团的幸存者守卫。6 月 21 日，这些孤地多被肃清。当日 17 时，美军宣布占领冲绳。零星的抵抗依然存在，美军肃清残敌的行动持续了多日。6 月 22 日 3 时 40 分，牛岛满中将和长勇少将在 89 高地南面的洞穴外剖腹自杀。6月21至30日间，日军其余各师团、旅团指挥官及参谋人员在“光荣决死攻击”中毙命。

久米岛坐落于冲绳以西55英里。6月26至30日间，太平洋舰队陆战队两栖侦察营占领该岛，在此设立雷达站和战斗机引导中心。这支部队在岛屿东南岸登陆，没有遭遇守军（兵力估计为50人）抵抗，双方后来才会交手。这也是二战中的最后一次两栖突击行动。

结局与影响

在这场为期82天的残酷战役中，美日两军的交锋，证明了双方均已知晓的道理：胜者必须彻底摧毁对手。为了达成目标，获得战术优势，双方竭尽所能地运用了自身或有限，或充裕的资源。如果美国最终不得不进攻日本列岛，那么这一仗的实际情形，通过冲绳一役便可窥知。

太平洋战场上，只有菲律宾战役的伤亡超过了冲绳战役，但前者的规模和时长远甚后者。冲绳战役中，美国海军陆战队地面及航空部队死亡、失踪2938人，负伤16017人。美国陆军死亡、失踪4675人，负伤18099人。此外，战斗疲劳、疾病和非战斗负伤造成的伤亡，超过了26200人。美军航空部队共损失飞机763架，其中458架损失于作战之中。美国海军的损失高得出奇，共有36艘舰船沉没，368艘受损，其中43艘遭受重创，被拆解报废。美军舰船如此高的损失数字，很大程度上是由日军的自杀性袭击所致。此外，这类袭击还使美国海军承受了重大人员伤亡——4900人死亡、失踪，4800人负伤。英国航母部队（第57特遣编队）的作战损失为：4艘舰船受损，98架飞机报销，62人阵亡，82人负伤。

在冲绳岛和其他琉球群岛属岛上作战的日军部队和冲绳籍防卫队，共计超过10万人。由于作战持续时间、敌军部队数量、敌军死亡数虚报以及冲绳战事的性质等因素，伤亡人数很难估定。美方估计的日军伤亡人数逾 14.2 万，比全岛日军还多。根据一项更为现实可靠的估计，日军约有 6.6 万名战斗人员死亡，幸存者半数负伤。战役期间，共有 7400 名战斗人员被俘。另有约 3400 名未经武装的劳工被俘。日本投降后，大批部队自首。大约 1 万名日本帝国陆、海军人员在冲绳战役中活了下来，同样幸存的还有 8000 名冲绳籍防卫队成员和征召兵。日军损失了 7830 架飞机，其中 4155 架损失于作战之中，2655 架因操作原因报销，1020 架在九州和台湾的机场被毁。神风特攻队员死亡逾 4600 人，其他飞行员也有数以百计者死亡。“大和”号出击期间，日本帝国海军损失了逾 3650 名水兵。整场战役期间，日本共损失 16 艘战舰，损伤 4 艘。

据估计，到战役终了，冲绳平民的死亡数量达 4.2 万至 5 万人。死亡原因包括：日军或美军的作战行动；自杀或被日军杀害（阻其投降或盗其食物）。战后研究发现，平民的遇害人数超过了 12.2 万，近乎当地人口数量的 1/3，堪比广岛和长崎两地死亡人数之和（12 万人以上），一方文化支离破碎。

冲绳战役过后，又有大量日军在美军肃清残敌的行动中毙命，俘虏人数不断增加，最终于 1945 年 11 月底增至 16350 人。这是日军首次出现大批部队自愿投降的情况。8 月 16 日，日本宣布了投降意向。8 月 29 日，仍在庆良间列岛坚持抵抗的日海军部队，成了日本宣布投降意向后首批投降的日军。9 月 7 日，也就是日本正式投降后 5 天，加藤唯雄海军少将和纳见敏郎陆军中将（二人此前均驻扎于先岛群岛）代表琉球群岛日军，在嘉手纳机场向美国陆军上将史迪威投降。琉球群岛的其他岛屿上，仍有约 10.5 万名日本帝国陆、海军人员。少量日本和冲绳叛军对美国占领军展开了低烈度游击战，直至 1947 年方才彻底投降。

9月3日的本部半岛上，一名日本帝国海军大尉向美陆战1师7团投降。此人的身份是第183海军攻击部队步枪大队（183rd Naval Attack Force Rifle Battalion）指挥官。与日本陆军所着的草绿色野战服相比，日本海军的野战服绿得更深。更明显的标志，是其野战帽上的黄色锚徽。（图源：美国海军陆战队）

注释

[1] 大和魂（Japanese spirit）原指日本民族固有的精神，曾被军国主义者利用。

[2] 首里城（Shuri Castle）历史上是琉球国的国都。

[3] L日（L-Day）指1945年4月1日的“冰山行动”登陆日（Landing Day）。“冰山行动”是冲绳战役的代号。

[4] 即西蒙·玻利瓦尔·巴克纳（Simon Bolivar Buckner，1823—1914）。

[5] 分别为第7步兵师、第27步兵师、第77步兵师和第96步兵师。

[6] 指陆战1师和陆战6师。

[7] 指陆战2师。

[8] “沙弟安迪”（Sandy Andy）是一种由滑轮、漏斗、滑轨、小车组成的升降式运沙玩具，流行于20世纪早期。

[9] 庆伊濑岛由3个环礁岛组成。

[10] 胜连半岛又名与胜半岛。

[11] 1945年4月12日，时任美国总统富兰克林·罗斯福去世。

[12] “宇土支队”即第44独立混成旅团第2步兵队，指挥官为宇土武彦大佐。

[13] 指日军第44独立混成旅团第2步兵队第1大队长井川正少佐。

[14] 政府大楼高地（Government House Hill），日方称之为“学校高地”。

[15] 血岭（Bloody Ridge），日方称之为“女山”。

[16] 墓石岭（Tombstone Ridge），日方称之为“我如古东侧高地”。

[17] 冲绳方面根据地队属于日本帝国海军。

[18] 喜屋武岬又译喜屋武半岛。

英汉词语对照表

人名	
Alexander A. Vandegrift	亚历山大·范德格里夫特
Alexander Patch	亚历山大·帕奇
Alfred E. Montgomery	艾尔弗雷德·蒙哥马利
Andrew B. Bruce	安德鲁·布鲁斯
Archibald V. Arnold	阿奇博尔德·阿诺德
Arleigh Burke	阿利·伯克
Aubrey Fitch	奥布里·菲奇
Bernard Ireland	伯纳德·爱尔兰
Bernard Rawlings	伯纳德·罗林斯
Bob Libby	鲍勃·利比
Carey A. Randall	凯里·兰德尔
Carl Smith	卡尔·史密斯
Carleton H. Wright	卡尔顿·赖特
Chandler Johnson	钱德勒·约翰逊
Charles H. Corlett	查尔斯·科利特
Chester W. Nimitz	切斯特·尼米兹
Chuichi Hara	原忠一
Chuichi Nagumo	南云忠一
Clarence McClusky	克拉伦斯·麦克拉斯基
Clifton B. Cates	克利夫顿·凯茨
Clifton Sprague	克利夫顿·斯普拉格
Cordell Hull	科德尔·赫尔
Curtis D. O’Sullivan	柯蒂斯·奥沙利文
D. W. Loomis	D. W. 卢米斯
Dale Dye	代尔·戴
Dale Worley	戴尔·沃利
Daniel J. Callaghan	丹尼尔·卡拉汉
Darren Cole	达伦·科尔
Dave G. Houser	戴夫·豪泽
David M. Shoup	戴维·舒普
David R. Nimmer	戴维·尼默
De Jong	德容
Delaney	德莱尼
Derrick Wright	德里克·赖特
Douglas Jacobson	道格拉斯·雅各布森
Douglas MacArthur	道格拉斯·麦克阿瑟
Earl Jones	厄尔·琼斯
Edwin A. Pollock	埃德温·波洛克
Elliott Buckmaster	埃利奥特·巴克马斯特
Elmer Hall	埃尔默·霍尔
Emperor Hirohito	裕仁天皇
Ernest J. King	欧内斯特·金
Eugene Lindsey	尤金·林赛
F. J. Thomas	弗朗西斯·托马斯
Felix Stump	菲利克斯·斯顿普
Frank Holland	弗兰克·霍兰
Frank Jack Fletcher	弗兰克·杰克·弗莱彻
Franklin A. Hart	富兰克林·哈特
Frederick Sherman	弗雷德里克·谢尔曼
Fusata Iida	饭田房太
George H. Fort	乔治·福特
George L. Weyler	乔治·韦勒
George P. Hunt	乔治·亨特
George W. Griner Jr	乔治·格里纳
George Welch	乔治·韦尔奇
Gerald Bogan	杰拉尔德·博根
Gordon Jones	戈登·琼斯
Gordon L. Rottman	戈登·罗特曼
Graves B. Erskine	格雷夫斯·厄斯金
Gunichi Mikawa	三川军一
H. F. Kingman	H. F. 金曼
Hal Schrier	哈尔·施里尔
Harold Boehm	哈罗德·贝姆
Harold D. Harris	哈罗德·哈里斯
Harold R. Stark	哈罗德·斯塔克
Harry Liversedge	哈里·利弗塞吉
Harry Martin	哈里·马丁

Harry Schmidt	哈里・施密特
Harry W. Hill	哈里・希尔
Harukichi Hyakutake/ Haruyoshi Hyakutake	百武晴吉
Heihachiro Togo	东乡平八郎
Henry Crowe	亨利・克罗
Herbert Amey	赫伯特・埃米
Herbert Deighton	赫伯特・戴顿
Herman H. Hanneken	赫尔曼・汉纳根
Hideki Tojo	东条英机
Hiromichi Yahara	八原博通
Holland M. Smith	霍兰・史密斯
Huffman	赫夫曼
Husband E. Kimmel	赫斯本德・金梅尔
Ikeda	池田（增雄）
Inoue Shigeyoshi	井上成美
Isaac Kidd	艾萨克・基德
Isamu Cho	长勇
Isoroku Yamamoto	山本五十六
Iyozo Fujita	藤田怡与藏
J. G. Crace	约翰・克雷斯
J. K. Taussig	小约瑟夫・陶西格
J. L. Kenworthy	杰西・肯沃西
Jacob Vouza	雅各布・沃扎
James Gray	詹姆斯・格雷
James L. Bradley	詹姆斯・布拉德利
Jesse B. Oldendorf	杰西・奥尔登多夫
Jim Moran	吉姆・莫兰
Jinichi Goto	后藤仁一
Jinichi Kusaka	草鹿任一
Jisaburo Ozawa	小泽治三郎
Jisaku Okada	冈田次作
Joe Rosenthal	乔・罗森塔尔
John Lanigan	约翰・拉尼根
John McCain	约翰・麦凯恩
John R. Hodge	约翰・霍奇
John Shoettel	约翰・舍特尔
John T. Walker	约翰・沃克
John Thach	约翰・撒奇
John Waldron	约翰・沃尔德伦
Joichi Tomonaga	友永丈市
Josef R. Sheetz	约瑟夫・希茨

Joseph Mueller	约瑟夫・米勒
Julian C. Smith	朱利安・史密斯
Justice M. Chambers	贾斯蒂斯・钱伯斯
Kakuichi Takahashi	高桥赫一
Kanehiko Asuchi (Atsuchi)	厚地兼彦
Kazuo Sakamaki	酒卷和男
Keiji Shibasaki	柴崎惠次
Keller E. Rockey	凯勒・罗基
Kenjiro Murai	村井权治郎
Kenneth McLeod	肯尼思・麦克劳德
Kenneth Taylor	肯尼思・泰勒
Kensaku Oda	小田健作
Kermit Tyler	克米特・泰勒
Kichisaburo Nomura	野村吉三郎
Kiyohide Shima	志摩清英
Kiyono Ichiki	一木清直
Kiyotake Kawaguchi	川口清健
Kunio Nakagawa	中川州男
Lance Massey	兰斯・马西
Lawrence Hays	劳伦斯・海斯
Leigh Noyes	利・诺伊斯
Lemuel C. Shepherd Jr	小莱缪尔・谢泼德
Lewis B. Puller	刘易斯・普勒
Lockard	洛卡德
Logan Ramsey	洛根・拉姆齐
Lou Lowery	卢・洛厄里
Louis R. Jones	路易斯・琼斯
Mac Pherson	马克・弗森
Marc A. Mitscher	马克・米彻尔
Marc J. Logie	马克・洛吉
Mark Stille	马克・斯蒂尔
Masao Maruyama	丸山政男
Masuda Nisuka	升田仁助
Merrit A. Edson	梅里特・埃德森
Michael Ryan	迈克尔・瑞安
Michio Kobayashi	小林道雄
Michiyuki Yamada	山田道行
Mineichi Koga	古贺峰一
Minoru Genda	源田实
Mitsuo Fuchida	渊田美津雄
Mitsuo Matsuzaki	松崎三男

Mitsuru Ushijima	牛岛满
Monzo Akiyama	秋山门造
Nishizo Tuskahara	冢原二四三
Nobutake Kondo	近藤信竹
Norman Scott	诺曼・斯科特
Paul Connally	保罗・康纳利
Paul J. Mueller	保罗・米勒
Philip Jarrett	菲利普・贾勒特
Poindexter	波因德克斯特
Presley M. Rixey	普雷斯利・里克西
R. C. McCloy	拉塞尔・麦克洛伊
Raizo Tanaka	田中赖三
Ralph A. Ofstie	拉尔夫・奥夫斯蒂
Ralph Davison	拉尔夫・戴维森
Raymond A. Spruance	雷蒙德・斯普鲁恩斯
Raymond P. Rodgers	雷蒙德・罗杰斯
Richard Best	理查德・贝斯特
Richard L. Conolly	理查德・康诺利
Richmond Kelly Turner	里士满・凯利・特纳
Robert Carney	罗伯特・卡尼
Robert E. Cushman	罗伯特・库什曼
Robert Ghormley	罗伯特・戈姆利
Robert H. Ruud	罗伯特・拉德
Robert O' Neill	罗伯特・奥尼尔
Robert Sherrod	罗伯特・谢罗德
Roger Chesneau	罗杰・切斯诺
Rood	鲁德
Roy S. Geiger	罗伊・盖格
Rufus W. Oakley	鲁弗斯・奥克利
Ryunosuke Kusaka	草鹿龙之介
Sadao Inoue	井上贞卫
Sam Griffith	山姆・格里菲思
Senda Sadasue	千田贞季
Shigeharu Murata	村田重治
Shigekazu Shimazaki	岛崎重和
Shigeru Fukudome	福留繁
Shigeru Itaya	板谷茂
Shojo Nishimura	西村祥治
Simon B. Buckner Jr	小西蒙・巴克纳
Soemu Toyoda	丰田副武
Stanhope Ring	斯坦诺普・林

Stilwell	史迪威
Sumio Nono	能野澄夫
Tadamichi Kuribayashi	栗林忠道
Tadao Fuchikami	渊上忠雄
Tadao Kato	加藤唯雄
Tadashi Sumiyoshi	住吉正
Takagi Takeo	高木武雄
Takeichi Nishi	西竹一
Takeo Fujioka	藤冈武雄
Takeo Kurita	栗田健男
Takijiro Onishi	大西泷治郎
Takso Yamaguchi	山口武雄
Tamon Yamaguchi	山口多闻
Taro Kuribayashi	栗林太郎
Tatsumi Amamiya	雨宫巽
Theodore S. Wilkinson	西奥多・威尔金森
Thomas C. Kinkaid	托马斯・金凯德
Thomas E. Watson	托马斯・沃森
Thomas L. Sprague	托马斯・斯普拉格
Thomas Wornham	托马斯・沃纳姆
Tom Laemlein	汤姆・伦莱因
Toshiro Nomi	纳见敏郎
Ushio Goto	后藤丑雄
Uttrick	乌特里克
Walter C. Short	沃尔特・肖特
Walter Jordan	沃尔特・乔丹
Walter Wensinger	沃尔特・温辛格
Wayne C. Zimmerman	韦恩・齐默尔曼
William Blandy	威廉・布兰迪
William Collins	威廉・科林斯
William F. Halsey	威廉・哈尔西
William H. P. Blandly	威廉・布兰德利
William Outerbridge	威廉・奥特布里奇
William Rupertus	威廉・鲁佩图斯
Willis Lee	威利斯・李
Wood Kyle	伍德・凯尔
Yoshimi Nishida	西田祥实
Yoshioka Ito	伊藤贤三
地名	
Agarii-Mae	东江前
Akarakoro Point	阿卡拉科罗角

Alligator Creek	短吻鳄溪
Amiangal Ridge	阿米安加尔岭
Angaur	安加尔（岛）
Angaur Bowl	安加尔包尔
Arno Atoll	阿尔诺环礁
Atanniya	安谷屋
Attu Island	阿图岛
Babelthuap	巴伯尔图阿普（岛）
Bairiki Island	拜里基岛
Banraeba Village	班拉埃巴村
Basey	巴塞
Bataan	巴丹
Belleau Wood	贝洛森林
Betio Island	贝肖岛
Bikeman Island	拜克曼岛
Bikenibeu Village	比克尼贝乌村
Bishi Gawa	比谢川
Bohol Island	保和岛
Bonegi River	博纳吉河
Bonin Islands	小笠原群岛
Borneo	婆罗洲
Bougainville	布干维尔
Brunei Bay	文莱湾
Buariki Village	布阿里基村
Calalin Island	卡拉林岛
Calvados Reef	卡尔瓦多斯礁
Cape Engaño	恩加尼奥角
Cape Esperance	埃斯佩兰斯角
Cape Medorom	梅多朗角
Cape Ngaramudel	那拉穆德尔角
Cape Ngariois	那里奥伊斯角
Cape Ngatpokul	那特波库尔角
Cape Pkul a Mlagalp	普库朗拉加尔普角
Cape Pkulangelul	普库兰格鲁尔角
Carolines	加罗林群岛
Celebes	西里伯斯（岛）
Chatan Isthmus	北谷地峡
China Strait	中国海峡
Chinen Peninsula	知念半岛
Choiseul	舒瓦瑟尔（岛）
Concord Bridge	康科德桥

Dalop Island	达洛普岛
Darrit Island	达里特岛
Deboyne Island	德博因岛
Dinagat	迪纳加特（岛）
Dulag	杜拉格
Dutch East Indies	荷属东印度
East Boat Basin	东船湾
Ebeye Island	伊拜岛
Edgigen	埃吉根（岛）
Eita Village	埃塔村
Engebi	恩格比（岛）
Eniwetok Atoll	埃尼威托克环礁
Ennubirr	恩努比尔（岛）
Ennuebing	恩努埃宾（岛）
Ennugarret	恩努加勒特（岛）
Ennumennet	恩努门内特（岛）
Fiji Islands	斐济群岛
Florida Island	佛罗里达岛
Florida Islands	佛罗里达群岛
Ford Island	福特岛
Futema	普天间
Garangaoi Cove	加兰高伊湾
Garekoro	加勒科罗
Gavutu	加武图（岛）
Gilberts	吉尔伯特群岛
Green Island	格林岛
Guadalcanal	瓜达尔卡纳尔（岛）
Guam	关岛
Hagushi Beaches	渡具知海滩
Halavo	哈拉沃
Hanare Rock	离岩
Hashirajima Anchorage	柱岛泊地
Hawaiian Islands	夏威夷群岛
Hibuson	希布松（岛）
Hitokappu Bay	单冠湾
Home Islands	日本列岛
Homonhon	霍蒙洪（岛）
Honshu	本州
Hospital Point	医院角
Ie shima	伊江岛
Ie Town	伊江村

Iegusugu Pinnacle	伊江城山
Ilogual Cove	伊洛瓜尔湾
Inland Sea	濑户内海
Irammiya	伊良皆
Ishikawa Isthmus	石川地峡
Itoman	糸满
Iwo Jima	硫磺岛
Jaluit	贾卢伊特（环礁）
Japtan Island	贾普坦岛
Jomard Passage	若马尔水道
Kakuzu (Kakazu) Ridge	嘉数高地
Kama Rock	釜岩
Kamilianlul Mountain	卡米连卢尔山
Kaneohe	卡内奥赫
Kangoku Rock	监狱岩
Katchin Peninsula	胜连半岛
Keise Shima	庆伊濑岛
Kerama Retto	庆良间列岛
Kiska Island	基斯卡岛
Kitano Point	北之鼻
Kiyamu-Gusuku Ridge	喜屋武城高地
Kiyan Peninsula	喜屋武岬
Kochi Ridge	幸地高地
Kokumbona village	科孔博纳村
Koli Point	科利角
Kongauru Island	康加乌鲁岛
Koror	科罗尔（岛）
Kossol Passage	科索尔水道
Kuba Saki	久场崎
Kume Shima	久米岛
Kunishi	国吉
Kure Island	库雷岛
Kurile Islands	千岛群岛
Kusaie Island	库赛埃岛
Kwajalein Atoll	夸贾林环礁
Lae	莱城
Lahaina	拉海纳
Leyte	莱特（岛）
Leyte Gulf	莱特湾
Limasawa	利马萨瓦（岛）
Lingga Roads	林加锚地

Long Reef	长礁
Louisiades	路易西亚德群岛
Lunga Point	伦加角
Lunga River	伦加河
Luzon	吕宋（岛）
Mabuni	摩文仁
Machinato	牧港
Machinato Inlet	牧港湾
Machinato Village	牧港村
Majuro Atoll	马朱罗环礁
Makabe	真壁
Makin	马金（环礁）
Malaita	马来塔（岛）
Malaya	马来亚
Maloelap Atoll	马洛埃拉普环礁
Maranenuka Village	马拉内努卡村
Marianas	马里亚纳群岛
Marshalls	马绍尔群岛
Matanikau River	马塔尼考河
Medeera	真荣平
Mellu	梅卢（岛）
Mezado Ridge	真荣里高地
Mille	米利（环礁）
Minatogawa Beaches	港川海滩
Mindanao	棉兰老（岛）
Mindanao Sea	棉兰老海
Mindoro	民都洛（岛）
Minna Shima	水纳岛
Misima Island	米西马岛
Momobaru	桃原
Morotai	莫罗泰（岛）
Motobu Peninsula	本部半岛
Motoyama	元山
Mount Austen	奥斯汀山
Mount Suribachi	折钵山
Na'a	纳阿
Nabeina Village	纳贝那村
Nagahama	长滨
Naha	那霸
Naha Harbor	那霸港
Nakaza	仲座

Namur	纳穆尔（岛）
National Government Station	国家政府站
Nauru Island	瑙鲁岛
Negros	内格罗斯（岛）
Netherlands East Indies	荷属东印度群岛
New Britain	新不列颠（岛）
New Caledonia	新喀里多尼亚
New Georgia	新乔治亚
New Ireland	新爱尔兰（岛）
Ngabad Island	那巴德岛
Ngardololok	那多洛洛克
Ngarmoked Island	那莫克德岛
Ngesebus Island	内瑟布斯岛
Nishibaru Ridge	西原高地
Noto Village	诺托村
Nuatabu Village	努阿塔布村
Obella	奥贝拉（岛）
Opana Ridge	奥帕纳岭
Ormoc Bay	奥尔莫克湾
Oroku Peninsula	小禄半岛
Palaus	帕劳群岛
Palawan Passage	巴拉望水道
Palo	帕洛
Panaon Island	帕纳翁岛
Papua	巴布亚
Papua New Guinea	巴布亚新几内亚
Parry Island	帕里岛
Pavuvu	帕武武（岛）
Peleliu	佩莱利乌（岛）
Point Cruz	克鲁兹角
Port Arthur	旅顺港（阿瑟港）
Port Moresby	莫尔兹比港
Quantico	匡提科
Rabaul	拉包尔
Rennell Island	伦内尔岛
Roi Island	罗伊岛
Roi-Namur	罗伊－纳穆尔（岛）
Romauldo Hill	罗莫尔多山
Rossel Island	罗塞尔岛
Ryukyus	琉球群岛
Sakishima Gunto	先岛群岛
Salamaua	萨拉马瓦
Samar	萨马（岛）
Samoa	萨摩亚
San Bernardino Strait	圣贝纳迪诺海峡
San Cristobal	圣克里斯托瓦尔
San Joaquin	圣华金
San Jose	圣何塞
San Pedro Bay	圣佩德罗湾
Santa Cruz Islands	圣克鲁斯群岛
Savo Island	萨沃岛
Shortland	肖特兰（岛）
Shuri	首里
Shuri Castle	首里城
Sibuyan Sea	锡布延海
Skyline Ridge	天际岭
Solomon Islands	所罗门群岛
Solomon Sea	所罗门海
Sugar Loaf Ridge/Hill	糖面包山
Sulu Sea	苏禄海
Sunabe	砂边
Surigao Strait	苏里高海峡
Tabiteuea Village	博塔村
Tablas Strait	塔布拉斯海峡
Tachiiwa Point	立岩鼻
Tacloban	塔克洛班
Tagula Island	塔古拉岛
Taivu Point	塔伊乌角
Tanabaru Escarpment	棚原断崖
Tanambogo	塔南博戈（岛）
Taranto	塔兰托
Tarario Mission Station	塔拉里奥传教站
Taratai Village	塔拉泰村
Tarawa Atoll	塔拉瓦环礁
Tassafaronga Point	塔萨法隆格角
Teariniba Village	特阿里尼巴村
Temakin Point	泰马金角
Tinian	提尼安（岛）
Tobiishi Point	飞石鼻
Tombstone Ridge	墓石岭
Townsville	汤斯维尔
Trobriand Island	特罗布里恩岛

Truk	特鲁克
Tsukazan	津嘉山
Tuckers Point	塔克斯角
Tulagi	图拉吉（岛）
Uchitomari	宇地泊
Ulithi	乌利西（环礁）
Umurbrogol Mountains	翁默布罗戈山区
Urasoe-Mura Escarpment	浦添村断崖
Village of Tasimboko	塔西姆博科村
Volcano Islands	火山列岛
Wake Island	威克岛
Wellington	惠灵顿
Western Carolines	西加罗林群岛
Woodlark Island	伍德拉克岛
Wotje Atoll	沃杰环礁
Yae Take	八重岳
Yap	雅浦（群岛）
Zampo Misaki	残波岬
其他	
10.5cm Model 14 (1925) gun	（大正）14 年（1925 年）式 105 毫米加农炮
1010 Dock (Pier)	1010 码头
106th Infantry	第 106 步兵团
10th Army	第 10 集团军
10th Army Floating Reserve	第 10 集团军海上预备队
111th Construction Unit	第 111 设营队
11th Air Fleet	第 11 航空舰队
14th Division Tank Unit	第 14 师团战车队
14th Naval District	第 14 海军军区
16th Infantry Regiment	第 16 步兵联队
17th Army	（日军）第 17 军
17th Destroyer Division	第 17 驱逐队
17th Infantry	第 17 步兵团
1st Air Fleet	第 1 航空舰队
1st Amphibious Brigade	第 1 海上机动旅团
1st Armored Amphibian Tractor Battalion	第 1 两栖装甲履带车营
1st Carrier Division	第 1 航空战队
1st Defense Battalion	第 1 防卫营
1st Destroyer Squadron	第 1 水雷战队
1st Kido Butai	第 1 机动部队
1st Marine Aircraft Wing	海军陆战队第 1 飞行联队
1st Marine Division	海军陆战队第 1 师（陆战 1 师）
1st Parachute Battalion	第 1 伞降营
1st Raider Battalion	第 1 突袭营
1st Raiding Brigade	（日军）第 1 挺进团
1st Specially Established Regiment	第 1 特设联队
1st Supply Unit	第 1 补给队
20th Air Force	第 20 航空队
22nd Air Flotilla	第 22 航空战队
23rd RCT	第 23 团级战斗队
24th Air Flotilla	第 24 航空战队
26th Tank Regiment	第 26 战车联队
272nd IIB (Independent Infantry Battalion)	第 272 独立步兵大队
275th Air Unit	第 275 航空队
281st Air Unit	第 281 航空队
28th Infantry Regiment	第 28 步兵联队
2nd Carrier Division	第 2 航空战队
2nd Fleet	（日军）第 2 舰队
2nd Infantry Unit	第 2 步兵队
2nd Kido Butai	第 2 机动部队
2nd Marine Brigade	陆战 2 旅
2nd Marines	海军陆战队第 2 团
2nd Mixed Brigade	第 2 混成旅团
2nd Mobile Battalion	第 2 机动大队
2nd Submarine Division	第 2 潜水队
2nd Tank Battalion	第 2 坦克营
32nd Army	（日军）第 32 军
32nd Army Headquarters	第 32 军司令部
32nd Infantry	第 32 步兵联队
345th Bomb Group	第 345 轰炸大队
346th Independent Infantry Battalion	346 独立步兵大队
3rd Battleship Division	第 3 战队
3rd Kure Special Naval Landing Force	吴镇守府第 3 特别陆战队
3rd Mobile Battalion	第 3 机动大队
3rd Special Base Defense Force	第 3 特别根据地队
420th Field Artillery Group	第 420 野战炮兵群
44th Independent Mixed Brigade (IMB)	第 44 独立混成旅团
46th Base Force	第 46 根据地队
46th Pursuit Squadron	第 46 驱逐中队
494th Heavy Bombardment Group	第 494 重型轰炸大队

4th Amphibian Tractor Battalion	第 4 两栖履带车营
4th Infantry Regiment	第 4 步兵联队
4th Marine Base Defense Aircraft Wing	海军陆战队第 4 基地防御飞行联队
52nd Division	第 52 师团
53rd Independent Mixed Brigade (IMB)	第 53 独立混成旅团
5th Amphibious Force	第 5 两栖部队
5th Carrier Division	第 5 航空战队
5th Cruiser Division	第 5 战队
5th Fleet Amphibious Force	第 5 舰队两栖部队
5th Pioneers	第 5 先锋营
61st Guard Force	第 61 警备队
6th Base Force	第 6 根据地队
6th Communications Unit	第 6 通信队
6th Marines	美国海军陆战队第 6 团
6th Ranger Battalion	第 6 突击兵营
6th Submarine Base Force	第 6 潜水基地队
6th Yokosuka SNLF	横须贺第 6 特别陆战队
708th Amphibian Tank Battalion	第 708 两栖坦克营
735th Air Unit	第 735 航空队
767th Tank Battalion	第 767 坦克营
7th Air Force	第 7 航空队
7th Cavalry Reconnaissance Troop	第 7 骑兵侦察队
7th Division	第 7 师团
7th Infantry Division	第 7 步兵师
8th Cruiser Division	第 8 战队
952nd Air Unit	第 952 航空队
Abukuma	“阿武隈”号（轻巡洋舰）
Aeronautical Department	（日本）海军航空本部
Aichi E13A1 Type 11 reconnaissance float plane	爱知 E13A1 “11” 型零式水上侦察机
Akagi	“赤城”号（航空母舰）
Akiguma	“秋云”号（驱逐舰）
AL Operation	AL 作战
Alligator assault	短吻鳄突击
Amagi-class battlecruiser	天城级战列巡洋舰
Americal Division	美喀师
American Naval War College	美国海军战争学院
Amphibious Training Unit 9	第 9 两栖训练队
Angaur Attack Group	安加尔攻击群
Angaur Sector Unit	安加尔地区队

AO	澳大利亚勋章
Army Air Corps	陆军航空队
Army Air Forces	陆军航空军
Army Air Forces Southwest Pacific	西南太平洋战区陆军航空队
Asagumo	“朝云”号（驱逐舰）
Assistant Division commander	助理师长
Atago	“爱宕”号（重巡洋舰）
Atlantic Fleet	大西洋舰队
Avenger	“复仇者”（鱼雷轰炸机）
B-24 Liberator bomber	B-24 “解放者” 轰炸机
B-26 Marauder Bomber	B-26 “劫掠者” 轰炸机
B-29 Superfortress	B-29 “超级堡垒”（轰炸机）
Banana Wars	香蕉战争
Battalion	（日军）大队
Battle for Henderson Field	亨德森机场之战
Battle of Cape Esperance	埃斯佩兰斯角海战
Battle of Santa Cruz	圣克鲁斯海战
Battle of Sibuyan Sea	锡布延海之战
Battle of Tassafaronga	塔萨法隆格海战
Battle of the Eastern Solomons	东所罗门群岛海战
Battle of the Tenaru	特纳鲁河之战
Battle of Tsingtao	青岛战役
Battle of Tsushima	对马海战
Battlecruiser	战列巡洋舰
Battleship Row	战列舰大街
Bayonet Division	刺刀师
Bazooka	“巴祖卡”火箭筒
BB	战列舰
Bellows Field	贝洛斯机场
Bloody Ridge	血岭
Bombing Squadron Five	第 5 轰炸中队
Bracket	（炮的）夹叉射击
Bradford Task Force	布拉德福德特遣部队
Brigade	（日军）旅团
British Carrier Force	英国航母部队
British Pacific Fleet	英国太平洋舰队
Bronze Star	铜星勋章
Brown water	“褐水”海军
Burns-Philp pier/wharf	伯恩斯－菲尔普码头

Captain	（日本）陆军大尉
Carrier division	（日本）航空战队
Central Pacific Task Forces	中太平洋特遣部队
Centre Group	中央舰队
Charlie Dog Ridge	查理狗岭
Chasing salvoes	追随齐射落点
Chikuma	“筑摩”号（重巡洋舰）
Chitose	“千岁”号（航空母舰）
Chiyoda	“千代田”号（航空母舰）
Chokai	“鸟海”号（重巡洋舰）
CINCPAC headquarters	太平洋舰队司令部
Climb Mount Niitaka	攀登新高山
Combined Fleet	联合舰队
Commandant of the US Marine Corps	美国海军陆战队司令
Commander	（日本海军）中佐
Commander Fleet Marine Forces Pacific	太平洋舰队陆战队司令
Commander of the Southwest Pacific Area (CINCSWPA)	西南太平洋战区司令
Commander-in-Chief Pacific Fleet (CINCPAC)	太平洋舰队总司令
Commander-in-Chief Pacific Ocean Areas (CINCPOA)	太平洋战区总司令
Commander-in-Chief US Fleet	美国舰队总司令
Company	（日军）中队
Construction battalion	（日军）建设大队
Cushman's Pocket	库什曼孤地
Deadeye Division	神枪手师
Desron 54	第 54 驱逐舰中队
Distinguished Flying Cross	杰出飞行十字勋章
Distinguished Service Cross	杰出服役十字勋章
Distinguished Service Medal	杰出服役勋章
Division	（日军）师团
Douglas Devastator	道格拉斯 TBD “蹂躏者”（鱼雷轰炸机）
Dugout Sunday	洞壕星期日
DUKW	DUKW 两栖运输车
Eldorado	“埃尔多拉多”号（两栖指挥舰）
European Theater of Operations	欧洲战区
Ewa Marine Corps Air Station	埃瓦海军陆战队航空站

Ewa Mooring Mast Field	埃瓦系泊杆机场
Expeditionary Force	远征部队
Expeditionary Troops	远征军
Expeditionary Troops Floating Reserve	远征军海上预备队
F-2A Buffalo	F-2A “水牛”战斗机
F4U-1 Corsair fighter	F4U-1 “海盗”战斗机
F6F Hellcat	F6F “地狱猫”（战斗机）
Fast Carrier Force	快速航母部队
First Air Group	（日军）第 1 航空队
First Battle for Guadalcanal	第一次瓜岛海战
First Battle of the Matanikau	第一次马塔尼考河战斗
Flintlock, Jr	小燧发枪（行动）
Flying Fortresses	飞行堡垒
Fort Shafter	沙夫特要塞
Fuso	“扶桑”号（战列舰）
Gifu	岐阜要塞
H8K “Emily”	H8K “2”式飞行艇
Haruna	“榛名”号（战列舰）
Hatsuzuki	“初月”号（驱逐舰）
Hawaii Operation	夏威夷行动
Hawaiian Air Depot	夏威夷航空补给站
Headquarters troops	司令部直属部队
Hickam Field	希卡姆机场
Hiei	“比睿”号（战列舰）
Higgins boat	希金斯登陆艇
Hill 200	200 高地
Hill Peter	彼得山
Hiryu	“飞龙”号（航空母舰）
HMAS Australia	“澳大利亚”号（巡洋舰）
HMAS Shropshire	“什罗普郡”号（巡洋舰）
Hon D. Litt.	名誉文学博士
Hulton-Deutsch Collection	赫尔顿－多伊奇收藏
Hyuga	“日向”号（航空战列舰）
Igawa Unit	井川部队
III Amphibious Corps (IIIAC)	第 3 两栖军
III Amphibious Corps Artillery	第 3 两栖军炮兵部队
IJA	日本帝国陆军
IJN	日本帝国海军
Imperial General Headquarters (IGHQ)	（日军）大本营
Imperial Marines	帝国海军陆战队

Iron Bottom Sound	铁底湾
Ise	“伊势”号（航空战列舰）
Japanese spirit	大和魂
Japanese War College	日本陆军大学
Joint Expeditionary Force Reserve	联合远征部队预备队
Kadena Airfield	嘉手纳机场
Kaga	“加贺”号（航空母舰）
Kakazu Pocket	嘉数孤地
Kanji	日本汉字
Kawaguchi Brigade	川口支队
Kenyo Maru	“健洋丸”号（补给船）
Kido Butai	机动部队
Kikuzuki	“菊月”号（驱逐舰）
Kingfisher spotterplane	“翠鸟”观察机
Kirishima	“雾岛”号（战列舰）
Kiska Task Force	基斯卡特遣部队
Kokuyo Maru	“国洋丸”号（补给船）
Kongo	“金刚”号（战列舰）
Kyokuto Maru	“极东丸”号（补给船）
Landing ship, dock (LSD)	船坞登陆舰
Landing ships, tank (LST)	坦克登陆舰
LCI (G)	步兵登陆炮艇
LCM	机械化登陆艇
LCT	坦克登陆艇
Lunga Perimeter	伦加防御圈
LVT (A)	履带式装甲登陆车
LVT (Landing Vehicle Tracked)	履带式登陆车
M1 ammunition can	M1 弹箱
M1910 pick-mattock	M1910 鹤嘴锄
M197	M197 加特林机炮
M2 tripod	M2 三脚架
Majuro Attack Group	马朱罗攻击群
Majuro Landing Force	马朱罗登陆部队
Manchurian Incident	九一八事变
Mariners' Museum	海员博物馆
Medal of Honor	荣誉勋章
MI Operation	MI 作战
Michishio	“满潮”号（驱逐舰）
Mikuma	“三隈”号（重巡洋舰）
MO Invasion Force	MO 攻略部队

MO Operation	MO 作战
Mogame class	最上级
Mogami	“最上”号（重巡洋舰）
Mountain gun battery	（日军）山炮中队
Musashi	“武藏”号（战列舰）
Myoko	“妙高”号（重巡洋舰）
Nachi	“那智”号（重巡洋舰）
Nagara	“长良”号（驱逐舰）
Nagato	“长门”号（战列舰）
Nakajima B5N2 Type 97	中岛 B5N2“97”式舰载攻击机
Nakajima E8N "Dave" float-plane	中岛 E8N“95”式水上飞机
Nambo machine gun	南部机枪
NARA	美国国家档案和记录管理局
National Archives	（美国）国家档案馆
Naval Academy	（江田岛）海军兵学校
Naval Air Station (NAS)	（福特岛）海军航空站
Naval General Staff	（日本海军）军令部
Navy and Marine Corps Medal	海军及陆战队勋章
Navy Cross	海军十字勋章
New Jersey	“新泽西”号（战列舰）
Nippon Maru	“日本丸”号（补给船）
Nowake	“野分”号（驱逐舰）
Officer Candidate School.	候补军官学校
Okinawa Naval Base Force	冲绳方面根据地队
Okinawan Boeitai	冲绳籍防卫队
Operation Catchpole	法警行动
Operation Detachment	分遣行动
Operation Flintlock	燧发枪行动
Operation Galvanic	电流行动
Operation Hailstone	冰雹行动
Operation Stalemate	和棋行动
Operation Stalemate II	和棋 II 号行动
Oyodo	“大淀”号（轻巡洋舰）
P-400	P-400“空中飞蛇”战斗机
P-51 Mustang	P-51“野马”（战斗机）
PA	公共广播系统
Palau District Group	帕劳地区守备军
Parent LST	坦克登陆母舰
Patrol Wing 2	第 2 巡逻联队
PBY	PBY“卡特琳娜”水上飞机

Peleliu Attack Group	佩莱利乌攻击群
Peleliu Sector Unit	佩莱利乌地区队
Point Luck	幸运点
Point of departure	攻击发起点
Prince of Wales	“威尔士亲王”号(战列舰)
PT boat	鱼雷巡逻艇
Quartermaster	航海军士
R/V	会合点
Radar picket destroyer	雷达哨驱逐舰
Regiment	(日军)联队
Reising .45cal submachine gun	赖辛 .45 口径冲锋枪
Repulse	“反击”号(战列巡洋舰)
Ryujo	“龙骧”号(航空母舰)
Saratoga	“萨拉托加”号(航空母舰)
Sasebo 7th SNLF	佐世保第 7 特别陆战队
Sazanami	“涟”号(驱逐舰)
SB2C Helldiver	SB2C“地狱俯冲者”(俯冲轰炸机)
SBD Dauntless	SBD 无畏式(侦察)俯冲轰炸机
Seabee (Naval Construction Battalions)	海蜂队(海军修建营)
Seaplane carrier/tender	水上飞机母舰
Secretary of the Navy	(美国)海军作战部长
Section	分队,分排
Section Chief	分排长
Separate	独立团
Service craft	勤务船
Service troops	勤务部队
Shaped charge	锥形炸药
Sherman tank	“谢尔曼”坦克
Shigure	“时雨”号(驱逐舰)
Shikoku Maru	“神国丸”号(补给船)
SHO	捷号作战
SHO-1	捷 1 号作战
Shoho	“祥凤”号(航空母舰)
Shokaku	“翔鹤”号(航空母舰)
Shore Party	海岸勤务队
Shuri defenses	首里防线
Shuttle-bombing	穿梭轰炸
Siberian Expedition	西伯利亚干涉
Signal Corps	(美国)陆军通信兵(部队)
Slot	海槽
Smoke marker	发烟标示弹
Smoke shell	烟雾炮弹
Smoking shell	发烟炮弹
SOP	标准作业流程
Soryu	“苍龙”号(航空母舰)
South Pacific Area	南太平洋战区
South Sea Force	南洋部队(第 4 舰队)
Southern Operations	南方作战
Southwest Pacific Area Naval Forces	西南太平洋战区海军部队
Special attack force	特别攻击队
Special Navy Landing Force (SNLF)	海军特别陆战队
Specialized support unit	专业保障部队
Spotter aircraft	侦察机
Staging base	中途补给基地
Statue of Liberty Division	自由女神师
Stuart light tank	斯图亚特轻型坦克
Sub-chaser	猎潜舰艇
Supply and service platoon	补给勤务排
Supporting artillery	支援炮兵
Supreme Commander of the Southwest Pacific Area	西南太平洋战区最高司令
Surf	拍岸浪
Surface line officer	水面作战指挥官
Tactical Group 1 (TacGrp 1)	第 1 战术队
Taffy 1	塔菲 1 号(第 77 特遣编队第 4 特遣群第 1 特遣分队)
Takao	“高雄”号(重巡洋舰)
Tama	“多摩”号(轻巡洋舰)
Tank destroyer	坦克歼击车
Tank unit	(第 1 海上机动旅团)战车队
Tasimboko Raid	塔西姆博科突袭战
Task Force 17 (TF-17)	第 17 特遣编队
Task group	特遣群
Task unit	特遣分队
Ten-Ichi Operation	天 1 号作战
TF-50.3	第 50 特遣编队第 3 特遣群
TG-17.3	第 17 特遣编队第 3 特遣群
TG-38.3	第 38 特遣编队第 3 特遣群
TG-51.11	第 51 特遣编队第 11 特遣群

TG-77.4	第 77 特遣编队第 4 特遣群
Thach Weave	撒奇剪
The Courageous Battle Vows	《奋战宣言》
The Fighting Fourth	斗战四师
Time Life Pictures	时代生活图片
Toei Maru	“东荣丸”号（补给船）
Tohu Maru	“东邦丸”号（补给船）
Tokuyama Naval Base	德山锚地
Tokyo Express	东京快车
Tone	“利根”号（重巡洋舰）
Tone No. 4	“利根”号重巡洋舰第 4 号侦察机
Training ship	教练舰
Transport Division (TRANSDIV)	运输支队
Treaty-class	条约级
Troop transport	运兵船
Turkey Knob	火鸡丘
Type 91 air-launched torpedo	91 式空射鱼雷
Type 91 Model 1 torpedoe	91 式改 1 型鱼雷
Type 95 light tank	95 式轻型坦克
Type 97 flying boat	97 式飞行艇（水上飞机）
Type 99 Aichi bomber	爱知 99 式舰载俯冲轰炸机
Type A midget submarine	“甲标的甲型”袖珍潜艇
Udo Force	宇土支队
Underwater Demolition Team (UDT)	水下爆破队
United States Naval Institute Photo Archive	美国海军学会图库
US Army Chief of Staff	美国陆军参谋长
US Naval Historical Center	美国海军历史中心
US Naval Institute	美国海军学会
USAF	美国空军
Ushio	“潮”号（驱逐舰）
USS Anderson	“安德森”号（驱逐舰）
USS Antares	“心宿二”号（补给船）
USS Arizona	“亚利桑那”号（战列舰）
USS Astoria	“阿斯托里亚”号（重巡洋舰）
USS Auburn	“奥本”号（指挥舰）
USS Bagley	“巴格利”号（驱逐舰）
USS Bailey	“贝利”号（驱逐舰）
USS Birmingham	“伯明翰”号（轻巡洋舰）
USS Blue	“布卢”号（驱逐舰）

USS Bunker Hill	“邦克山”号（航空母舰）
USS California	“加利福尼亚”号（战列舰）
USS Cassin	“卡辛”号（驱逐舰）
USS Colorado	“科罗拉多”号（战列舰）
USS Condor	“神鹫”号（扫雷艇）
USS Crossbill	“交嘴雀”号（扫雷艇）
USS Curtiss	“柯蒂斯”号（水上飞机母舰）
USS Dace	“雅罗鱼”号（潜艇）
USS Darter	“镖鲈”号（潜艇）
USS Dashiell	“达希尔”号（驱逐舰）
USS Downes	“唐斯”号（驱逐舰）
USS Essex	“埃塞克斯”号（航空母舰）
USS Frazier	“弗雷泽”号（驱逐舰）
USS Gambier Bay	“甘比尔湾”号（护航航空母舰）
USS Gansevoort	“甘斯沃尔特”号（驱逐舰）
USS Heermann	“黑尔曼”号（驱逐舰）
USS Helena	“海伦娜”号（轻巡洋舰）
USS Helm	“赫尔姆”号（驱逐舰）
USS Henry A. Wiley	“亨利·威利”号（驱逐舰）
USS Hoel	“赫尔”号（驱逐舰）
USS Honolulu	“火奴鲁鲁”号（轻巡洋舰）
USS Hornet	“大黄蜂”号（航空母舰）
USS Independence	“独立”号（航空母舰）
USS Indianapolis	“印第安纳波利斯”号（重巡洋舰）
USS Intrepid	“勇猛”号（航空母舰）
USS Jarvis	“贾维斯”号（巡洋舰）
USS Johnston	“约翰斯顿”号（驱逐舰）
USS Kitkun Bay	“基特昆湾”号（护航航空母舰）
USS Maryland	“马里兰”号（战列舰）
USS Meade	“米德”号（驱逐舰）
USS Missouri	“密苏里”号（战列舰）
USS Mobile	“莫比尔”号（轻巡洋舰）
USS Monaghan	“莫纳汉”号（驱逐舰）
USS Neosho	“尼欧肖”号（油船）
USS Nevada	“内华达”号（战列舰）
USS New Orleans	“新奥尔良”号（巡洋舰）
USS North Carolina	“北卡罗莱纳”号（战列舰）
USS Oglala	“奥格拉拉”号（布雷舰）
USS Oklahoma	“俄克拉荷马”号（战列舰）

USS Patterson	“帕特森”号（驱逐舰）
USS Pennsylvania	“宾夕法尼亚”号（战列舰）
USS Portland	“波特兰”号（重巡洋舰）
USS Pursuit	“追击”号（扫雷舰）
USS Quincy	“昆西”号（巡洋舰）
USS Raleigh	“罗利”号（轻巡洋舰）
USS Ralph Talbot	“拉尔夫·塔尔博特”号（驱逐舰）
USS Requisite	“必需”号（扫雷舰）
USS Ringgold	“林戈尔德”号（驱逐舰）
USS Russell	“拉塞尔”号（驱逐舰）
USS Santa Fe	“圣菲”号（轻巡洋舰）
USS Schroeder	“施罗德”号（驱逐舰）
USS Shaw	“肖”号（驱逐舰）
USS Sotoyomo	“索托约莫”号（港口拖船）
USS Spearfish	“旗鱼”号（潜艇）
USS St. Lo	“圣罗”号（护航航空母舰）
USS St. Louis	“圣路易斯”号（轻巡洋舰）
USS Tennessee	“田纳西”号（战列舰）
USS Utah	“犹他”号（教练舰，靶舰）
USS Vestal	“维斯塔尔”号（修理船）
USS Vincennes	“温森斯”号（巡洋舰）
USS Ward	“沃德”号（驱逐舰）
USS Wasp	“胡蜂”号（航空母舰）
USS Yorktown	“约克城”号（航空母舰）
V Amphibious Corps (VAC/VMAC)	第 5 两栖军
VB-3	第 3 轰炸机中队
VB-6	第 6 轰炸机中队
VF-6	第 6 战斗机中队
VMF-232	美国海军陆战队第 232 战斗机中队
VS-6	第 6 侦察机中队
VT-3	第 3 鱼雷机中队
VT-6	第 6 鱼雷机中队
Washington Naval Conference	华盛顿会议
Watchtower	瞭望台（行动）
Weapons company	武器连
Western Pacific Task Force	西太平洋特遣部队
Wheeler Field	惠勒机场
Wildcat	F4F“野猫”战斗机
XIV Army Air Forces	第 14 陆军航空队
XIV Corps	（美军）第 14 军
X-RAY Guadalcanal	“X 射线”瓜岛分队
XX Army Air Forces	第 20 陆军航空队
XXIV Corps	（美军）第 24 军
XXIV Corps Artillery	第 24 军炮兵部队
Yahagi	“矢矧”号（轻巡洋舰）
Yamagumo	“山云”号（驱逐舰）
Yamashiro	“山城”号（战列舰）
Yamato	“大和”号（战列舰）
Yamato Museum	大和博物馆
Y-OKE	“Y 牛轭”图拉吉分队
Yokohama Pier	横滨码头
Yokosuka 4th Special Naval Landing Force	横须贺第 4 特别陆战队
Yokosuka 5th Special Landing Force	横须贺第 5 特别陆战队
Yokosuka Special Naval Landing Force	横须贺海军特别陆战队
Yontan Airfield	读谷机场
Z Operation	Z 号作战
Zeke 52 fighter	零式 52 型战斗机
Zero-Sen	零战
Zuiho	“瑞凤”号（航空母舰）
Zuikaku	“瑞鹤”号（航空母舰）

历史图文系列

用图片和文字记录人类文明轨迹

金城出版社 GOLD WALL PRESS

策划：朱策英
Email:gwpbooks@yahoo.com

太平洋战争图文史：通往东京湾的胜利之路

［澳］罗伯特·奥尼尔 / 主编　傅建一 / 译

本书精选了二战中太平洋战争的 10 场经典战役，讲述了各自的起因、双方指挥官、攻守对抗、经过、结局等等，生动刻画了盟军从珍珠港到冲绳岛的血战历程。全书由 7 位世界知名二战史学家共同撰稿，澳大利亚社科院院士、牛津大学战争史教授担纲主编，图片丰富，文字翔实，堪称一部立体全景式太平洋战争史。

纳粹兴亡图文史：希特勒帝国的毁灭

［英］保罗·罗兰 / 著　晋艳 / 译

本书以批判的视角讲述了纳粹运动在德国的发展过程，以及希特勒的人生浮沉轨迹。根据大量史料，作者试图从希特勒的家庭出身、成长经历等分析其心理与性格特点，描述了他及其党羽如何壮大纳粹组织，并最终与第三帝国一起走向灭亡的可悲命运。

潜艇图文史：无声杀手和水下战争

［美］詹姆斯·德尔加多 / 著　傅建一 / 译

本书讲述了从 1578 年人类首次提出潜艇的想法，到 17 世纪 20 年代初世界上第一艘潜水器诞生，再到 1776 年用于战争意图的潜艇出现，直至现代核潜艇时代的整个发展轨迹。它呈现了一场兼具视觉与思想的盛宴，一段不屈不挠的海洋开拓历程，一部妙趣横生的人类海战史。

狙击图文史：影响人类战争的400年

［英］帕特·法里　马克·斯派瑟 / 著　傅建一 / 译

本书讲述了自 17 至 21 世纪的狙击发展史。全书跨越近 400 年的历程，囊括了战争历史、武器装备、技术水平、战术战略、军事知识、枪手传奇以及趣闻逸事等等。本书堪称一部图文并茂的另类世界战争史，也是一部独具特色的人类武器演进史，还是一部通俗易懂的军事技术进化史。

医学图文史：改变人类历史的7000年

［英］玛丽·道布森 / 著　苏静静 / 译

本书运用通俗易懂的文字和丰富的配图，以医学技术的发展为线，穿插了大量医学小百科，着重讲述了重要历史事件和人物的故事，论述了医学怎样改变人类历史的进程。这不是一本科普书，而是一部别样的世界人文史。

疾病图文史：影响世界历史的7000年

［英］玛丽·道布森 / 著　苏静静 / 译

本书运用通俗易懂的文字和丰富的配图，以人类疾病史为线，着重讲述了 30 类重大疾病背后的故事和发展脉络，论述了疾病怎样影响人类历史的进程。这是一部生动刻画人类 7000 年的疾病抗争史，也是世界文明的发展史。

间谍图文史：世界情报战5000年

［美］欧内斯特·弗克曼 / 著　李智　李世标 / 译

本书叙述了从古埃及到“互联网 +”时代的间谍活动的历史，包括重大谍报事件的经过，间谍机构的演变，间谍技术的发展过程等，文笔生动，详略得当，语言通俗，适合大众阅读。

二战图文史：战争历程完整实录（全2册）

［英］理查德·奥弗里 / 著　朱鸿飞 / 译

本书讲述了从战前各大国的政治角力，到 1939 年德国对波兰的闪电战，再到 1945 年日本遭原子弹轰炸后投降，直至战后国际大审判及全球政治格局。全书共分上下两册，展现了一部全景式的二战图文史。

第三帝国图文史：纳粹德国浮沉实录

［英］理查德·奥弗里 / 著　朱鸿飞 / 译

本书用图片和文字还原了纳粹德国真实的命运轨迹。这部编年体史学巨著通过简洁有力的叙述，辅以大量绝密的历史图片，珍贵的私人日记、权威的官方档案等资料，把第三帝国的发展历程（1933—1945）完整立体呈现出来。

世界战役史：还原50个历史大战场

［英］吉尔斯·麦克多诺 / 著　巩丽娟 / 译

人类的历史，某种意义上也是一部战争史。本书撷取了人类战争史中著名大战场，通过精练生动的文字，珍贵的图片资料，以及随处可见的战术思维、排兵布阵等智慧火花，细节性地展现了一部波澜壮阔的世界战役史。